刑事司法指南

2013 年第 1 集(总第 53 集)

主　　编：彭　东
副 主 编：王　军　聂建华
　　　　　黄　河　史卫忠
　　　　　侯亚辉　张凤艳
执行主编：侯亚辉

法律出版社
www.lawpress.com.cn
法律门
Access To Law
www.falvm.com.cn

《刑事司法指南》
2013年第1集(总第53集)

目　录

【刑法适用】

放贷生利型受贿行为的司法认定 …………………… 赵　慧(1)

【司法前沿】

翻供、不供案件庭审讯问技巧 …………………… 鲍　键(7)

【疑案剖析】

对违法票据承兑罪与违规出具金融票证罪辨析
………………………………………… 曹红虹　李　莹(29)

【法律释义】

《人民检察院刑事诉讼规则(试行)》修改主要问题的
理解与适用(上) ……………………… 陈国庆　李昊昕(36)

公诉工作与《人民检察院刑事诉讼规则(试行)》(一)
…… 黄　河　尚洪涛　张志强　吕卫华　张　军　郭竹梅(58)

公诉工作与《人民检察院刑事诉讼规则(试行)》(二)
………………………………………… 张晓津　吕卫华(101)

【2012 年刑事法律及司法解释(一)】

【刑法适用】

放贷生利型受贿行为的司法认定

赵　慧*

近年来,随着中央反腐败斗争力度的加大以及刑事法网的严密,受贿行为人的反侦查能力日益提高,受贿的手段与方式越来越隐蔽,以往那种赤裸裸地收受或者索取财物的方式已不多见,更多地表现为通过间接方式收受贿赂或者将受贿行为掺杂在市场经济活动中,企图逃避法律的惩罚。其中,行为人以放贷方式收取高额利息进行受贿就是明显一例,对此行为能否作为受贿处理在理论和实务界存在争议,值得引起我们高度重视。

所谓放贷生利型受贿,是国家工作人员利用自身职务上的便利为他人谋取利益,以自己或者特定关系人的名义向他人发放贷款收取高额利息来进行受贿的行为。据《钱江晚报》报道,广东茂名市原常务副市长杨光亮受贿案中,放贷生利是杨光亮以赃敛财的重要手段,办案人员在起获的赃物中发现了几十张借条,涉案金额达6000万元,利息高出银行贷款数倍。

在放贷生利型受贿中,由于行为人之间的借贷关系真实存在,

* 湖北省人民检察院刑事审判监督处副处长、法学博士。

有别于国家工作人员单纯收受他人财物那种典型受贿行为,其行为具有一定的迷惑性,司法实践中对其法律评价存在一定的分歧。有观点认为,在该种行为中,行为人之间存在真实的借贷关系,只要双方当事人意思自治,不违反法律的强制性规定,就应该将这种行为纳入私法调整范围内。即使双方当事人约定的利息超出银行同类贷款利率的四倍,也不能就此肯定该行为的刑事违法性。也有观点认为,这种借贷关系不是民事法意义上的资金拆借关系,而是当事人双方以民间借贷为名进行贿赂,应当作为受贿罪处理。对此,我们认为,放贷生利型受贿中,由于该行为中融入了一定的民间借贷因素,使该行为的性质容易与正常民事法律活动相混淆,因此需要从本质上确认该行为的性质,以便给予相当的法律处罚。

受贿罪侵犯了国家工作人员职务的廉洁性。职务的廉洁性要求决定了国家工作人员在执法办案活动中必须秉公执法,一旦国家工作人员在职务关系上索取或者收受他人财物,就会对其职务行为的公正性产生影响,进而背离其工作职责作为或者不作为。在国外刑事立法上,为了保障国家工作人员执法的公正性,多数国家刑法明文规定,只要公务员在职务关系上收受他人贿赂,就构成受贿罪;对于收受贿赂后为他人谋取利益的,属于委托受贿,必须按照受贿罪加重处罚。[①] 在我国,根据《刑法》第385条规定,国家工作人员索取他人财物的,构成受贿罪。对于国家工作人员收受他人的财物,尽管刑法规定要以"为他人谋取利益"为构成要件,但刑法学界普通认为,"为他人谋取利益"并不要求为他人谋取到实际利益,只要承诺为他人谋取利益的,就构成受贿罪。根据上述理解,在收受型受贿中,"为他人谋取利益"构成要件的功能在于,沟通行贿人提供的不正当报酬与国家工作人员职务行为的关联性,表明两者之间的"对价关系",为准确认定国家工作人员职务

① 参见黎宏:《刑法学》,法律出版社2012年版,第951页。

行为的廉洁性是否遭受侵犯提供事实支撑。司法实践中，只要收受型受贿中国家工作人员职务行为与不正当报酬存在对价关系，将此行为作为受贿罪处理已形成普遍共识。因此，在收受型受贿罪中，其犯罪本质在于权钱交易，即不正当报酬与职务行为之间的对价性。只要能够证实国家工作人员收受贿赂与利用职务便利为他人谋取利益之间存在因果关系，就应当肯定受贿罪的成立。

从受贿罪的本质出发，可以认定放贷生利型受罪行为符合刑法规定的受贿罪犯罪构成，依法应当追究刑事责任。具体理由如下：(1)双方当事人关系特定。在放贷生利型受贿中，双方当事人不是单纯的民事法律主体，缺乏普通民事借贷关系赖以成立的信任基础，而是建立在国家工作人员利用职务便利为所谓借款人谋取利益的基础上，存在法律禁止的共同利益关系。司法实践中，放贷生利型受贿中的双方当事人往往并不相识，而是在谋求职务行为的交易性过程建立情感基础，其情感基础比较脆弱，依附于国家工作人员的职务行为。(2)利息约定特别。在放贷生利型受贿中，双方当事人约定的借款利息明显高于银行同期贷款利率甚至超出当地同期民间资金拆借利息，其收益回报明显不合情理。(3)职务行为与借贷行为的关系链条特殊。普通民间借贷关系中，双方当事人借贷关系的成立往往是自发、自愿的，相互之间不存在依附性。而在放贷生利型受贿中，双方当事人"借贷关系"建立在国家工作人员利用职务便利为借款人谋取利益的基础上。一方面，国家工作人员利用职务上的便利为他人谋取利益，确保行贿人在市场竞争中取得不当竞争优势，进而确保自身的借款安全和利息收益；另一方面，行贿人通过国家工作人员的职务行为谋求不正当利益，其支付的所谓利息实际上是对国家工作人员违法滥用职务行为的一种对价性给付。正是由于国家工作人员利用职务上的便利为借款人谋取利益，才为建立所谓的借贷关系打下了基础，从而在当事人之间形成利益共同体，体现了权钱交易的本质特征。

值得注意的是，国家工作人员作为社会一员，离不开参与社会经济活动，包括与其他社会成员发生正常的民间借贷关系，需要与放贷生利型受贿行为加以区别。对此，把握的关键在于，该借贷活动是否糅合了权钱交易的因素，体现了不正当报酬与职务行为的对价性关系。如果能够得出否定性结论，则应当将该行为排除在受贿罪之外。(1)国家工作人员与亲戚、朋友基于亲情、友情等互助关系产生借贷行为的，没有利用职务便利为他们谋取利益，不论该利息是否高于银行同期贷款利率以及高于银行同期贷款利率比例多少，都应当确认该借贷行为的合法性；(2)国家工作人员没有利用职务便利为他人谋取利益，通过将钱借贷给他人获取高额利息的，不管该利息收入是否合法，不能将该行为作为受贿罪处理；(3)国家工作人员利用职务便利为他人谋取利益，并与行为人之间建立借贷关系，国家工作人员实际出资并且所约定利息没有超出银行同期贷款利率或者超过银行同期贷款利率比例不大的，不宜将该行为作为受贿罪处理；(4)国家工作人员利用职务便利为他人谋取利益，并与行为人之间建立借贷关系，所约定的利息高于银行同期贷款利率，但该利率是借款人事先设定的不针对特定人的借款条件，如果能查实其他与借款人没有共同利益关系的债权人也享受了该利率，也不宜将该行为作为犯罪处理。

在明确放贷生利型行为的性质后，如何确定该种受贿罪中的数额在司法实践中争议较大，概述起来，主要有以下几种观点：(1)全部数额标准说。该说认为，在放贷生利型受贿罪中，所谓的借贷关系就是为了进行受贿非法目的而采取的一种合法掩盖手段，双方当事人既没有正当、合理的借款事由，又无真实、自愿的借款意愿，应当将全部利息款认定为受贿数额，没有必要扣除利息。①

① 马谨斌："收取高额利息为他人谋取利益应认定受贿罪"，载《检察日报》2012年5月2日。

(2)同类行业同期民间拆借利率标准说。放贷生利型受贿中,双方当事人之间的借贷关系属于不正当的借贷关系,但考虑到借贷行为的客观存在,从有利于被告人原则出发,以当地同类行业同期民间资金拆借利息作为计算标准,超出部分利息认定为受贿数额。在江苏省海门市原副市长张永斌受贿案中,南通市中级人民法院采纳的就是同类行业同期民间拆借利率标准说。[①] (3)银行同期贷款利率四倍标准说。该说认为,应以同期银行贷款利率的四倍作为确定受贿数额的标准,超出同期银行贷款利率四倍以外的利息,认定为受贿数额。在湖北省仙桃市规划管理局原局长李选民受贿案中,法院采取了该说。[②] (4)借款人同期借款利息标准说。该说认为,在确定放贷生利型受贿数额中,应以借款人同期向其他债权人借款的利息作为确定受贿罪数额的标准,超出该标准的,认定为受贿数额。在湖北省武汉市东西湖区交通局原副局长丁昌池受贿案中,武汉市中级人民法院采纳的就是该说。[③]

分析上述观点,我们认为,放贷生利型受贿是一种以借贷等合法形式掩盖受贿非法目的的行为,体现了权钱交易的本质特征,应当作为受贿罪予以处理。在该行为中,行为人之间的借贷事实客观存在,尽管该事实并不能掩盖权钱交易的本质特征,但在处理上应当与普通受贿行为加以区别。全部数额标准说片面强调了放贷生利型受贿行为的违法性,主张将全部利息收入认定为受贿数额,忽视了行为人之间借贷事实的客观存在,故不可取。同类行业同期民间拆借利率标准说、银行同期贷款利率四倍标准说和借款人同期借款利息标准说都充分认识到放贷生利型受贿案中行为人之

① 徐德高、徐瑾:“收取远高于正常借款的利息是受贿”,载《检察日报》2010年5月25日。

② 参见湖北省仙桃市人民法院2010仙刑初字第89号刑事判决书。

③ 参见湖北省武汉市中级人民法院2010武刑初字第39号刑事判决书。

间借贷关系的客观事实，在肯定借贷关系存在的前提下寻求法律范围内最大限度保护借款人的合法权益，忽视了放贷生利型受贿行为属于以借贷为名进行权钱交易的本质属性，因此上述观点值得商榷。另外，同类行业同期民间拆借利率标准说本身就没有统一、权威性标准，易导致认定的随意性。银行同期贷款利率四倍标准说是认定民间融资利息是否合法的法律标准，将其作为放贷生利型受贿罪的数额认定标准有过于保护犯罪分子之嫌，也背离了法律预防和惩治腐败犯罪的目的。对于借款人同期借款利息标准说而言，一旦借款人存在多个借款利息，如何进行选择就成为难题，故标准过于随意，不具有可操作性。综上，我们认为，在认定放贷生利型受贿数额时，既要深刻认识到以借贷为名谋取非法所得的实质，又要充分肯定国家工作人员实际出具借款这一客观事实，本着实事求是的原则，最大限度地实现惩罚犯罪与保障人权的有机统一。由此，我们主张银行同期贷款利率标准说，即在认定放贷生利型受贿案的犯罪数额时，依法扣除国家工作人员所出具借款可得预期收益即银行同期贷款利息后，其他部分为受贿数额。对于借款不满一年（含一年）的以国家一年定期存款利率为扣除标准，超出一年的以三年定期存款利率为扣除标准。这一标准，充分考虑了国家工作人员出具借款这一客观事实，依法保护其依照国家法定利率应当取得的预期利息收益，体现了保护犯罪人合法权益的执法理念。同时国家法定利率具有法定性和全国统一性，能够有效避免操作性的随意性和执法的不统一性，有利于法律的统一、正确实施。

（责任编辑：张寒玉）

【司法前沿】

翻供、不供案件庭审讯问技巧

鲍　键*

目　次

一、法庭讯问的重要意义
二、法庭讯问的目的
三、常见不供、翻供案件讯问中应避免的情况
四、讯问的一般性技巧
五、翻供、不供案件的讯问技巧
六、高度重视追加讯问的重要性

在2010年的全国第四次公诉工作会议(以下简称"四公会")上,曹建明检察长指出:"公诉是我国检察机关核心的标志性的职能之一,是法律监督的重要组成部分",这是对公诉工作重要地位的充分肯定。近几年来,"两个证据规定"的颁布实施和新刑诉法的修订,对公诉部门的工作提出了新的更高的要求,公诉工作中的

* 浙江省杭州市人民检察院公诉二处。

各项活动都越来越引人关注,尤其是在当下这个"人人掌握麦克风"的时代,公诉人在庭审中的各种言论、活动都日益成为社会公众以及媒体关注的焦点。在本文中,笔者将结合一些实际案例,探讨如何组织有效的讯问方法提高公诉人出庭效果和出庭能力,特别是在被告人翻供或不供情况下如何进行有效的庭审讯问。[①]

一、法庭讯问的重要意义

庭审活动对于我们每个公诉人都不陌生,是每名公诉人的日常基础性工作。庭审是控辩双方对案件事实、证据以及适用法律进行展示、说明、辩论以及发表意见的诉讼程序,是审判人员查明案情的重要途径;庭审也是全面展现公诉人风采和公诉人能力的重要平台,是公诉工作优劣的集中展示。最高人民检察院朱孝清副检察长在"四公会"上指出:"对于社会影响大、媒体关注度高的案件,各地要高度重视,由检察长、公诉处(科)长亲自出庭或在更大范围选配优秀公诉人出庭,务必把庭出好、出漂亮。要认真、全面审查案件,围绕认定重点和争议焦点,扎实做好各项准备工作;要加强出庭前的模拟演练,充分考虑可能出现的各种情况,完善出庭预案,增强应变能力;要充分利用多媒体示证系统,增强庭审效果。"因此,庭审活动的重要性愈发凸显。

表面上看,提问题,是人的一种日常行为。而公诉人在已经掌握全案证据的情况下对被告人进行讯问,应当不是一件难事。但现实情况却不容乐观。实践中,一些公诉人忽视被告人翻供可能带来的后果,认为只要被告人曾经有过供述,庭上翻供根本无须考虑。特别是我国目前定罪的基础性标准仍是"事实清楚,证据确

---

① 需要说明的是,尽管笔者认为讯问工作十分重要,但并非认为只要有好的讯问手段就可以解决任何问题,讯问仅仅是庭审环节中的重要组成部分,其前提当然是公诉人所起诉的案件符合"事实清楚,证据确实、充分"的要求,好的讯问是建立在良好的审查起诉工作基础之上的。

实、充分”,即进行实质性的考量和评价。因此,一些公诉人认为,庭审无非是“走过场”,无论法庭上讯问优劣如何,对于最终的结果都不会有任何影响,因此,一些公诉人主观上不重视被告人的翻供,客观上没有采取有效应对措施,导致庭审特别是讯问环节的被动出现。另外,现行法律及司法解释规定了刑事证据的采信规则,但仍然比较原则化,一些国际通行的证据规则仍未被引入,特别是程序法中关于法庭讯问规则还不明确,同时,在实践中也缺乏有效的公诉人讯问培训机制,因此,一些公诉人还缺乏对被告人翻供及不供情况的有效应对经验和技巧。随着社会文明程度及民众民主法制意识日益加强,民众对国家公职人员行为的关注度和要求也逐渐提高,公诉人在庭上的一言一行都可能成为媒体和社会的关注焦点。

2010 年,两高三部颁布了《关于办理死刑案件审查判断证据若干问题的规定》(以下简称《死刑证据规定》)以及《关于办理刑事案件排除非法证据若干问题的规定》(以下简称《排除非法证据规定》)。两个证据规定的出台,是我国司法进步的重要标志,是我国刑事证据制度的创新和突破。从公诉工作角度来说,两个证据规定是加强审查起诉工作的重要机遇,同时也是一种挑战,会对审查起诉工作会带来较大的冲击。两个证据规定较以往的一个重大突破在于,即对“直接言词原则”的进一步规定。《死刑证据规定》第 22 条规定:“对被告人供述和辩解的审查,应当结合控辩双方提供的所有证据以及被告人本人的全部供述和辩解进行。”“被告人庭前供述一致,庭审中翻供,但被告人不能合理说明翻供理由或者其辩解与全案证据相矛盾,而庭前供述与其他证据能够相互印证的,可以采信被告人庭前供述。”“被告人庭前供述和辩解出现反复,但庭审中供认的,且庭审中的供述与其他证据能够印证的,可以采信庭审中的供述;被告人庭前供述和辩解出现反复,庭审中不供认,且无其他证据与庭前供述印证的,不能采信庭前供述。”这样的规定，实际上表明审判人员应更加关注被告人当庭所作供述或辩解的内容，特别是被告人的辩解或者翻供与其他证据存在一定的印证关系时，倾向于采信被告人当庭的辩解。这就要求我们有必要杜绝以往片面重视侦查阶段口供，忽视当庭讯问环节的做法。我们更要注意强化讯问环节，及时发现漏洞，补强证据，特别是在被告人翻供及不供情况下的讯问策略设计。在引入非法证据预先审查的程序后，要注意避免被告人或辩护人以此为借口拖延诉讼节奏情况的发生。因此，如何在庭审中通过有效的讯问确保起诉质量和指控顺利进行是摆在我们面前的一个全新的命题。

二、法庭讯问的目的

如前文所言，如何在庭审中通过有效讯问确保起诉质量和指控的顺利进行，是摆在我们面前的全新命题。一个好的开始是成功的必要保证。讯问环节是庭审中除宣读起诉书外的第一个环节，组织有效、方式得当的讯问有利于整个庭审的顺利进行。有人可能认为，好的讯问应当是通过有效地组织讯问以迫使被告人当庭认罪。但笔者认为，公诉人法庭讯问的目的并非在于迫使被告人认罪，其重点在于通过有效讯问使审判人员对案情有所了解，对被告人供述的真实性或辩解的可信性形成初步判断。同时，通过有效的讯问固定被告人的某种供述或者辩解，为后续的举证环节作必要的准备，以确保庭审活动顺利进行。如果公诉人在庭审讯问环节没有达到良好的效果，可能会使审判人员对公诉人所指控的犯罪事实产生怀疑。在明确这一目的的情况下，我们要避免两种极端的做法，一方面，是公诉人要杜绝在面对被告人翻供、不供情况下，对被告人采取强势进行斥责的做法；另一方面，也要避免轻视被告人翻供或不供的情况，采取听之任之的态度。

三、常见不供、翻供案件讯问中应避免的情况

（1）避免在被告人不认罪或者翻供的情况下过于强势，避免使用挖苦讽刺性语言,或对被告人进行人格贬损,要避免在讯问环节和被告人过早进入正面冲突,使讯问陷入僵局。我们经常可以看到,公诉人面对不认罪或者翻供的被告人,可能会以较严厉的口吻予以驳斥,因此导致被告人表达强烈的抵触及反对情绪,进而导致公诉人与被告人在讯问阶段产生直接“冲突”的情况,以至于讯问陷入僵局。如被告人因公诉人讯问态度生硬,拒绝回答问题,导致讯问无法或难以正常进行。因此,如果讯问阶段过早进入正面冲突,不仅直接有损于公诉人文明理性的形象,也会使讯问陷入僵局,不利于庭审的顺利进行。其实如果碰到被告人翻供的情况,我们可以不必急于反驳,可以通过固定其辩解,在举证阶段通过举证来把被告人荒谬的辩解予以驳斥,这其实关系到公诉人“理性、平和、文明、规范”的执法观问题。

(2)讯问和举证不宜重合。在实践中,要避免被告人一旦不认罪,马上出示证据予以驳斥的情况。实践中,我们经常看到,当被告人一出现翻供,公诉人马上要求出示被告人的原供对其进行驳斥,但实际效果并不会好。原因在于:第一,既然被告人选择翻供,他就想好了翻供理由和对策,再与其强行辩论或者强行出示证据不解决实际问题,反而会导致情绪对立,影响庭审效果。第二,如果在讯问阶段进行举证,就会出现讯问和举证的混乱,导致法庭进程出现问题。如果被告人称原供系在遭到刑讯逼供情况下被迫交代,法庭还要启动调查程序。即使不存在刑讯逼供也会导致法庭进程出现拖延,还会引起公众对司法机关的质疑,产生司法机关就是靠口供定案的观念,产生不好的社会效果。第三,在被告人翻供的情况下,庭前的供述其实已经不再具备重要的证明力,只是可以强化审判人员的内心确信。此外,即使是在被告人翻供的情况下,公诉人也尽量不要在举证之初就宣读前供。一旦举证以宣读口供为开始,就反映出公诉人对于证据效力的认识和对指控体系组织证据的能力尚有欠缺。实际上,笔者并非认为公诉人在讯问阶段不能出示被告人以往的口供,而是需要讲求出示原供的合理时间点。简而言之,即应在固定当庭被告人某种辩解基础上,通过出示其原有供述或辩解,指出其矛盾点,使审判人员发现并明确被告人当庭辩解的无理性。

(3)要避免给被告人过多无理辩解的机会。简单地说,要避免过多问"为什么"的问题,特别是在被告人翻供情况下,避免问被告人翻供的理由。问"为什么"的问题,在翻供案件中相当于公诉人亲手打开了一个"潘多拉"的盒子,可能带来很多意想不到的问题与障碍。原因在于:第一,问"为什么"就相当于给被告人解释的机会,越给被告人过多解释的机会,越会影响公诉人对讯问的掌控能力。第二,公诉人很多时候并不知道被告人会回答什么。公诉人问不知道答案的问题,会导致讯问的效果大打折扣,被告人可能提出因所谓遭到刑讯逼供或者非法取证行为而导致庭审程序拖延;也可能因被告人回答的内容超出了公诉人的预判,导致公诉人难以掌控讯问内容及节奏。

(4)避免使用过于宽泛的问题或复合型问题(即一个问题中包含多个提问)。如果公诉人讯问此类问题,被告人可能因不理解问题而无法正确回答公诉人的讯问,导致回答内容跑偏甚至南辕北辙的情况出现,这样的讯问不会收到公诉人预期的效果。

(5)避免使用陷阱性问题。在被告人不认罪情况下,公诉人绝不能采用诡辩性的陷阱性问题进行发问。比如,在被告人不承认收受他人贿赂的情况下,问被告人:"你到底收了卡还是收了钱?"此类问题,实际上是被告人无法回答的问题。

(6)避免问要求被告人自身进行评价的问题。很多时候,公诉人会问被告人是否认识到自己犯罪,所犯何罪,在常见罪名中,如盗窃、伤害等案件,如此做法没有问题。但在一些定性存在疑难的案件中,此类案件实际意义不大。如在一起转换型抢劫案中,公诉人问被告人:"你是否知道你构成了什么罪?"被告人回答:"我构成转换型抢劫”，似乎太过“专业”。但如果被告人回答：“我只是去偷东西，被人发现，轻轻推了那个人一下，我只想逃跑，我只构成盗窃罪。”那么似乎，这样的回答又达不到公诉人发问的效果。事实上，转换型抢劫在理论界有很大的分歧和争议，让被告人来回答这样具有评判性的问题乃强人所难。具体构成什么罪最终须由法院来判，这种问题没有必要发问。这种情况下应该着重问被告人在被人发现后，推人的目的是什么，推人的强度是多大，造成了什么样的后果等。而不是要求其来判断，其到底构成抢劫还是盗窃的问题。

四、讯问的一般性技巧

(1)讯问开始和结束要明了、简洁。公诉人讯问要抓住重点，以希望审判人员印象最深的内容开始或结束，既要避免开始环节铺垫太多，没有进入正题；也要在问到所需的答案时，及时结束发问，避免画蛇添足。

(2)讯问的问题应尽量简洁清楚，范围不要太大，确保“一问一答”。简单明了的问题，既能让被告人更好地理解问题，从而作出比较清楚的回答；也能让审判人员在短时间内对案件有清晰地把握。特别是在“一问一答”的讯问节奏下，可以保证公诉人在讯问中始终发挥引导作用，确保被告人的回答总体上在公诉人的掌控之中。

(3)注意从没有争议，或被告人无法回避的问题开始，可以避免庭审讯问一开始就陷入对抗、尴尬的境地，有助于放松被告人戒备心。在翻供及不供案件中，尤其要重视这个问题。从无争议事实开始发问，公诉人有引导的空间。首先，没有争议的事实是不可否认的事实，如果被告人连没有争议的事实都否认，审判人员就会认为被告人的辩解不可信。其次，此类问题有助于放松被告人的抵触情绪。如果被告人翻供，其往往做好了与公诉人对抗的准备，从完全无争议开始，在某种程度上就消除或缓解了被告人和公诉人的抵触情绪,有利于公诉人进行后续的发问。

(4)要注意根据被告人自身特点问问题。不同教育背景的被告人,对公诉人讯问问题的理解不同,要注意变化问题的语言内容、讯问语句和句式,避免使用过于艰涩的言语。

(5)确保对讯问节奏、过程的掌握。对被告人可能出现的跑题、无理解释、对抗行为,公诉人应注意及时地拉回到讯问的主线中来,以避免庭审节奏拖延、重点不突出等问题。

(6)公诉人应讯问自己觉得有底或者已经预知答案的问题,尽量避免问“为什么”的问题。讯问过程,实际上是公诉人通过讯问的方式,由被告人向审判人员描述案件事实。因此,在讯问中,公诉人尽量要问自己已经预知答案的问题,以便掌握讯问节奏和整个流程,这样也有助于建立自信心。

(7)应尽量讯问被告人自身直接感知的问题,而非评价性、推断性问题。《死刑证据规定》第12条第3款规定:“证人的猜测性、评论性、推断性的证言,不能作为证据使用,但根据一般生活经验判断符合事实的除外。”这一对证人证言的要求,同样可以适用于对被告人的讯问,都应以问其直接自身感知问题为原则,评价性、推断性问题应以其可以进行正常的逻辑推理或生活经验判断为前提。

例:在某抢劫案中,A唆使B、C实施抢劫,而B、C又唆使D、E、F、G具体实施抢劫,而A、B、C案发时均不在现场参与作案。到案后,A否认犯罪事实,直接指认其犯罪的只有B、C的供述。二审中,根据新的证据发现,B、C的供述与其他证据存在一定矛盾之处,因此,认定A犯罪在证据上存在一定风险。法庭讯问时,A的辩护人先问E:“你是否认识A?”E回答:“不认识。”辩护人不再发问。轮到笔者发问时,笔者注意到E曾提到B提起过有个大老板雇用他们作案,案发前看到B与其他人在一起。笔者就问E:“你见过A没有?”E回答:“见过。”笔者继续问:“你在何种场合下见过A?"E回答:"案发前一天,A开着一辆白色宝马车送B到我们暂住处,事后B告诉我,A就是老板。"庭后,辩护人表示不解,提出为何E针对同样的问题作出不同回答。笔者向其表示,我们其实问的是两个不同的问题。一般情况下,"认识"与"见过"表达差不多的含义。但在本案中,"认识"就是一个评价性的词汇,而"见过"则是一种客观的描述。在这个案件中,笔者的最大感受是,我们应当问被告人其自身直接感知的问题。

(8)对于不认罪或者有较多辩解的被告人,可通过交叉询问的方法,[①]采用引导性发问方式,[②]即通过针对性、限定性讯问,发现被告人当庭辩解不可信,或使审判人员对其可信度产生怀疑。

《元照英美法词典》对"交叉询问"的定义是:"在听审或开庭审理程序中,一方当事人对对方提供的证人进行的询问。反询问应在提供证人的本方对该证人进行主询问(examination-in-chief)之后进行,目的在于核查证人的证言或质疑证人或者其证言的可信性,如指出证言与证人先前所作证言中的矛盾之处,向证人提出疑问,诱使证人承认某些事实亦削弱证言的可信性等。在交叉讯问中允许提诱导性问题(leading question),但通常只能限于主询问中涉及的事项以及证人的可信性问题。[③]"交叉询问的实质是一方对另一方证人通过当庭询问的方式进行检验,其重点是对对方证人证言的进行一种证据审查。在英美法中,交叉询问是英美法

① 英文单词为cross examination,在英美法庭审模式下,因被告人可以作为证人身份出庭,故一般以交叉询问这一概念表述。在本节所讨论问题中,对证人证言、被告人供述、辩解统一以证人证言予以表述。

② 引导性发问方式和诱导性发问方式实际上很难区分,在交叉询问下的引导性发问方式实际上就是要将对方证人诱导至矛盾之处,让其证言及可信度产生令人怀疑的效果。因此,究竟该发问方式是否应被禁止不完全取决于发问方式是否属于诱导性发问,而应考虑是在主询问程序使用还是在交叉询问中使用。

③ 薛波主编:《元照英美法词典》,法律出版社2003年版,第354页。

律庭审中公诉人或律师最常用的询问手段之一,也是庭审中最精彩的部分,常常表现为律师通过精彩的询问设计使法官或者陪审员发现证人(或被告人)当庭所做证言(或供述、辩解)存在不合理性、矛盾之处等。从英美法系司法实践来看,交叉询问的主要目的与主询问不同,交叉询问的提问者并非要通过证人证言构建某项事实,而是希望通过对对方证人的交叉询问,使法官或陪审团对该证人证言的可信度产生怀疑。询问人在交叉询问中往往会质疑证人的知识或记忆力、判断力,或者会揭示证人在某些事项上的偏见或者其证词的前后矛盾之处,其立足点是对对方证人的证言进行质疑。

但这种讯问方式是否可行,在我国还存在一定争议。我国刑事诉讼法及相关司法解释均并没有交叉询问程序的规定,更没有对引导性发问方式的规定。事实上,相关司法解释对诱导性发问是予以禁止性规定的。如《人民检察院刑事诉讼规则》第355条规定:“讯问被告人、询问证人应当避免可能影响陈述或者证言客观真实的诱导性讯问、询问以及其他不当讯问、询问。”“辩护人对被告人或者证人进行诱导性讯问、询问以及其他不当讯问、询问可能影响陈述或者证言的客观真实的,公诉人可以要求审判长制止或者要求对该项陈述或者证言不予采纳。”

笔者认为,该规定与交叉询问下的引导性发问是不矛盾的。交叉询问和主询问的立足点不同,交叉询问的目的就是为了通过某种方式,将证人本身或其证言中不合理或矛盾之处揭示出来,以达到否定或者排除证人证言的目的,在此过程中,必然需要通过归谬等一系列逻辑推理手段达到这一效果。而在询问(讯问)过程中,通过某种限定性的提问方式可以有效的达到这一目的,即一方律师采用这种方法就是为了将对方证人诱导至可能令人产生怀疑的场合。在主询问中,一方律师传召己方证人的目的,是通过询问让该证人阐述其所亲历的事实,在这种场合下,显然应通过询问开放性的问题(如在哪里,什么时间,什么事情等),让证人自行进行回答。如果在此时使用引导性发问方式,实际上是律师刻意限定或者要求证人按照其思路阐述案件事实。这两种询问程序所要解决的问题和立场是不同的。从本文意图讨论的内容看,笔者认为,通俗地说,即在被告人不认罪场合下,可以使用引导性发问。引导性发问并非要求被告人说出有利于控方的供述,而在于通过引导发问的方式驳斥被告人的无理辩解,使审判人员对其可信度产生质疑,或者迫使被告人接受或承认某项事实。因此,引导性发问的目的不在于确认起诉指控的事实,而在于对被告人的辩解可信度进行有效质疑,因此,从法理及域外司法实践来看,都没有太大的障碍。当然,问题在于,根据英美法司法实践,交叉询问发生在主询问之后,且内容应主要围绕主询问的内容。之所以做这样的规定,就是要避免一方律师通过交叉询问提问某些在主询问中并未提及的问题,或通过引导性发问方式扩张某些在主询问中并未涉及的事项,扰乱法官或陪审人员的判断。在我国,一审先由公诉人发问,在此时,如果公诉人直接以引导性发问讯问被告人,显然是不当的。笔者认为,可以在公诉人第一轮讯问中,采用开放性问题发问。如被告人拒不认罪,可暂停发问,待辩护人发问后,在补充讯问环节,通过交叉询问方式对其当庭无理辩解进行有效驳斥。而在上诉审中,因出庭检察员是在辩护人后发问,即没有这一程序障碍。

为说明前文所列举的各项基本规则,试举笔者开庭时一个实际案例以说明问题。

例:某职务侵占案件中,A 机械公司进行第二次转制。该公司原系集体企业,第一次转制是变原集体企业为部分自然人股东(一般为公司高管)及全体职工共同组成的职工持股会为股东的有限责任公司,第二次转制是指上述自然人股东向代表全体职工持股的职工持股会购买股份。A 公司在某年 1 月 1 日与 B 房地产公司签订土地使用权出让协议,协议约定,A公司应在5月1日向B公司移交土地,每提前一天移交,则由B公司奖励A公司4万元。事实上,A公司在3月1日向B公司移交了土地。6月1日,该公司召开股东大会商讨二次转制问题。在此期间,被告人A公司总经理甲、财务经理乙、副总经理丙、副总经理丁经商议,以当时未与B公司实际洽谈奖励款为由,未向审计师事务所及职工持股会披露B公司会给予A公司一笔奖励款的情况,在公告中也未披露上述债权的情况。10月1日,二次转制完毕。11月,甲、乙、丙、丁等人和B公司商谈奖励款一事,后将得到的奖励款约100万元(涉及A公司欠B公司钱款抵消问题)转到上述被告人的小金库,后分给二次转制后的公司的股东(即转制前的多名自然人股东)。被告人到案后辩称,首先,新公司继承了原公司的所有债务,因此,也应承继所有债权;其次,当时该公司面临巨额亏损,而自然人股东向职工购买股份的股价高于职工最初投资,职工没有任何损失;最后,在二次转制前,A公司确实未予B公司商谈具体奖励款项数额的问题。因此,上述被告均提出无罪辩解。由于是上诉案件,因此笔者作为出庭检察员在辩护人发问后进行如下发问:

检:"被告人甲,你是A公司的总经理,对不对?"甲:"对。"

检:"被告人甲,你公司与B公司在某年1月1日签订一份土地转让协议,对不对?"甲:"知道。"

检:"在该协议中,你公司与B公司约定,你公司应在5月1日向B公司移交土地,每提前一天移交,则由B公司奖励你公司奖励4万元,对不对?"甲:"对。"

检:"那么在5月1日前,你公司实际上已经向B公司移交了上述土地,对不对?"甲:"对。"(上述问题都是从无争议的事实进行发问的问题)

检:"那么按照协议约定,你公司可以从B公司获得奖励款,对不对?"甲:"我们当时没有谈,所以多少钱不知道。"(注意,此处

被告人提出了辩解）

检:“甲，具体B公司给你公司多少钱是一个实然的问题，出庭检察员问你的是根据协议，你公司可以从B公司获得奖励款，这是一个应然问题，你要听清楚，这是两个不同的事情，出庭检察员是要你根据协议及当时情况进行判断，你公司按照约定可以拿到奖励款，对不对?”（此处是针对被告人的辩解进行有效的回应，对其出现的解释进行必要的释法，把其引导回讯问主线）甲:“对。”

检:“那么按照相关法律的规定，这个奖励款属于应收债权，对不对?”甲:“对。”（此类判断性问题，属于可以被告人根据其自身地位及日常生活经验可以判断的问题）

检:“应收债权也是一种债权对不对?”甲:“对。”

检:“按照公司法的规定，有限公司在进行股份转让时，要向全体股东公告公司披露全部债权、债务情况对不对?”甲:“对。”

检:“那么这笔奖励款，也就是应收债权，是应该披露的，对不对?”甲:“对。”

检:“全体股东包括职工持股会，对不对?”甲:“对。”

检:“而事实上，你们没有向职工持股会这一股东，披露上述债权对不对?”甲（犹豫很久）:“对。”

检:“也就是说，你作为公司总经理，在明知存在这样一笔债权的情况下，没有向其他股东披露上述事实对不对?”甲（无奈地）:“对。”

检:“也就是说，你们违反了公司法的规定，对不对?”（决定关键的问题）甲:“对。”

检:“而在公司转制后，你们把这笔钱分掉了，对不对?”甲:“对。”

这个例子实际上就是用引导性的发问方法来引导被告人承认自己违反了公司法所规定的披露义务而没有对债权进行披露，从而构成职务侵占罪。在上述讯问中,注意一问一答的讯问方式,即逼迫性交叉询问技巧的运用。

五、翻供、不供案件的讯问技巧

(一)如何看待被告人翻供、不供

被告人翻供、不供是公诉人在审查起诉以及出庭中都会碰到的情况,笔者的体会是“无罪辩解不可怕,完全不供不可怕,半真半假才可怕”。其原因在于,完全无罪或者完全不供案件,相对来说,被告人的辩解比较单一,对其辩解的情况做必要分析,可以判断其真伪。但对于既存在真实成分,又有虚假成分的供述和辩解要注意认真分析,在此种情况下,被告人的供述和辩解或多或少会与其他证据会形成一定程度的印证关系,这就会给审查带来障碍,究竟哪些是可以采信的,哪些是不可以采信的,这就是一个去粗取精,去伪存真的过程。一般来看,如果被告人并未如实供述,其辩解属于谎言的话,会有以下的几个特点:大处说谎,小处未必说谎;关键情节说谎,非关键情节未必说谎(如作案时间,非作案时间)。从一个案件看,一个谎言需要靠另一个甚至多个谎言弥补。但凡是谎言必然有其漏洞和破绽,因此,作为公诉人,我们要熟悉全案证据,特别是掌握被告人供述与辩解变化的规律以及供述与辩解与其他证据的相互印证程度,就可以当庭戳穿其谎言,加强指控效果。实践中,我们公诉人由于职业习惯,经常会出现被告人一翻供就讯问其原因的做法,同时通过比较强势的法庭教育意图通过这种方法促使被告人认罪。但从实际情况看,效果不好。因此,只要坚持自信、理性、文明的心态,掌握好的讯问技巧,就可以有效的展开讯问,而不必与被告人当庭发生言语对抗,造成庭审效果不佳。

(二)翻供案件的特点及规律

1. 被告人供述有易变性,多是其为了脱罪或者掩饰的需要。被告人的翻供也因被告人个体差异而内容差异较大。在文化程度较低的被告人中,其翻供理由相对比较简单,翻供内容相对不合理成分较多;文化程度较高的被告人,多会围绕案件事实组织辩解,即其辩解往往与一些证据情况可以相互印证,这类不供或翻供案件审查难度较大。

2. 被告人翻供有变化规律,需要正确的认识。一般来说,被告人口供往往经历不供到全供,再到局部翻供三个阶段。因此,审查各阶段,特别是口供形成的时间点、背景、侦查措施等,对于形成有效的内心确信具有重要意义。

(三)翻供案件的审查重点

1. 重点考察原供产生的背景,是否属于自愿供述,是在何种情况下接受讯问,侦查活动是否符合法律规定等。

2. 要严格审查其原供与在案的其他证据相互印证的程度,这对于被告人供述和辩解的采信具有重要作用。

3. 要注意对其辩解中所解释内容的审查。俗话说"解释就是掩饰,掩饰就是事实"。因此,犯罪嫌疑人或被告人意图解释和掩饰的内容,也是我们审查的重点。

(四)常见翻供理由的审查和对策

目前来看,被告人对翻供的主要辩解及其解决方法有以下几种:

1. 自称遭到刑讯逼供。新刑事诉讼法及两个证据规定都规定了非法证据排除规则,要求先对这一内容进行审查,这是一个前置程序。这就决定了我们公诉人在审查过程中就要注意证据合法性问题,一般应尽量在审查起诉时或庭前会议时发现,以便早做应对。公诉人在当庭讯问中应避免讯问被告人的翻供原因的一个重要因素就是为了避免被告人及其辩护人借此发动非法证据审查程序,拖延诉讼进程的做法。

2. 自称受到侦查人员指供,或按照侦查人员写好的材料照抄。从实践角度看,主要的对策可以是在审查起诉阶段要求其书写自供材料,或者以审查起诉阶段所作讯问笔录为依据。同时,应加强对其自书材料的审查。例如,注意利用被告人自行书写材料中出现的错别字的分析论证,因为讯问人员的素质一般较高,一般不会出现错别字的情况,如果其自述材料中存在多处错别字,则其真实性的程度往往较高。此外,如被告人称多次笔录均受到指供,但几次供述内容不一致,则受到指供的可能性比较小,公诉人要有效利用这些细微的差异点。

3. 自称瞎编、虚假供述。要注意对其自称的瞎编或虚假供述的原因进行讯问,向其了解其所谓瞎编内容的出处,并想办法核实,进而抓住其谎言的漏洞,当庭揭穿其无理的回答,从而使审判人员确信其翻供或不供的理由不成立。

4. 自称没有阅读过笔录就签字。对此问题,在公诉环节,我们可以在制作笔录时,记载其阅读笔录时间,以防被告人的这一抗辩理由;也可以要求其书写自供材料避免这一抗辩理由。

（五）翻供、不供案件讯问具体对策

对翻供或不供案件,要依次审查原供的背景、供述取得是否存在合法性争议、是不是与在案其他证据相互印证等。然后根据不同情况,分别制定庭审讯问对策。

1. 不要急于否定其翻供,可以按照其辩解进行讯问,及时发现破绽。如果公诉人认为被告人在说谎,没有必要急于驳斥,因为凡是谎言就会有漏洞,被告人撒了一个谎就要用更多的谎言来解释,公诉人可以从谎言中发现漏洞,利用漏洞来驳斥被告人荒谬的谎言。

例:在笔者办理的一起受贿案件中,被告人收受某甲行贿款。但被告人当庭翻供称是瞎编的,其没有收受甲的行贿。笔者问:“你是否曾供述称你收了甲的钱?”被告人回答:“是,但我当时是瞎编的。”笔者问:“那你当时为什么要说是甲送你钱?”被告人说:“因为我们是好朋友,所以我提到他。”笔者继续问:“那你知不知道行贿也是犯罪?”被告人说:“知道。”笔者又问:“那既然甲没有行贿,而你又说甲有行贿犯罪事实,那你不是诬告甲吗?”被告人想了一下说:“是的,当时没想这么多。”笔者最后问:“按照你刚才的说法,因为你和甲是好朋友,所以你才对其诬告陷害,对吗?”被告人哑口无言。这起案件中,我们就是有效利用了被告人谎言中的漏洞来击穿其谎言,让审判人员和旁听的群众可以直接感知被告人辩解非常荒谬,明显是在撒谎,这也有助于对被告人的指控。

2. 注意利用原供中只有实施犯罪或者亲历者才能供述的情节,在讯问环节中加以固定。《死刑证据规定》第 34 条规定:“根据被告人的供述、指认提取到的隐蔽性很强的物证、书证且与其他证明犯罪事实发生的证据互相印证,并排除串供、逼供、诱供等可能的,可以认定有罪。”在开庭时,如果有这类情节,要通过讯问有效固定被告人对于此类事项的承认,以便在举证环节用其他证据予以印证或说明。

例:在一起有预谋的共同抢劫犯罪中,被告人沈某否认参与犯罪,而其情人的证言证实,案发后某一天沈某和其讲过前段时间其村棋牌室发生一起外地人抢劫案件,当时有一辆某省籍车辆在棋牌室附近进行了一周的蹲点。当庭讯问时,我们问其是否向其情妇说过上述的话。其表示认可。笔者又问他怎么知道这件事的,其称听公安人员说的,但又无法明确说出是哪个公安民警告诉他的。在讯问中,我们将其向其情人透露上述事实予以固定。在后续的举证及对证据归纳阶段,我们向合议庭说明:“本案中除了参与作案的被告人外,没有一个证人、被害人提及在案发前曾有一辆车在棋牌室外守候。”而被告人表示,该消息来源于公安,但不能说明哪个公安民警告诉其该信息。而其也从未表示过该信息来源于同案其他被告人。也就是说亲历过犯罪的人,没有人知道有这样一个细节。通过抓住这一细节,我们成功地实现了对被告人的指控。

3. 要注意堵住被告人提出新辩解的可能与机会,明确其供述。

如被告人当庭提出新的辩解,与以往辩解不同时,公诉人讯问时可要求其明确答案,阻止其产生新的辩解的可能。同时,根据其辩解的不同,抓住其漏洞,适时予以反驳。

例:某诈骗案中,甲某冒充公安厅长司机,先称其可以将乙的亲戚丙从拘留所弄出来,后从乙处骗取了几十万元。被告人在当庭讯问中辩解其在侦查机关所作供述都是遭到刑讯逼供的,是不真实的。其辩解称并非要诈骗,而是向乙借钱,其是先问乙借钱,后乙找到其要求其帮忙想办法将丙从看守所释放。对此,笔者并不反驳,而是问:"在案卷里,你除了有罪供述,还有一些是无罪辩解的,你做这些无罪辩解时,公安人员有没有刑讯逼供你?"被告人答:"没有。"笔者问:"那你的这些无罪辩解说的是真话吧?"被告人答:"是。"笔者问:"你今天当庭也是实事求是的回答的,对吧?"被告人答:"是。"于是笔者当庭要求出示被告人的某份作无罪辩解的证据,问:"这份笔录中,你表示不认罪,这份笔录的内容是真实的吧?"被告人答:"是真实的。"笔者于是要求被告人阅读,并将其中的辩解向法庭进行宣读。被告人看了之后不念,于是笔者向法庭宣读,在该份笔录中,被告人辩称"乙找到我,让我帮他想办法把丙从看守所弄出来,过了几天,我问乙借了钱。"接着笔者向法庭指出:"被告人当庭提出自己的辩解是真实的,而其以往所作辩解也是真实的,两个相互矛盾的事务不可能同时为真,否则违反矛盾律。而被告人两次自称都是真实的辩解,在借钱与请托事项的前后时间问题上,完全矛盾,请法庭注意被告人的上述辩解情况。"由此,审判人员对被告人的供述真实性产生怀疑。之后,我们通过庭审进一步举证,出示相关证据证明被告人以往的供述均系合法取得,且与其他证据相互印证,应采信其原供,法院采信了我们的观点,判决被告人有罪。在前文中,笔者提出反对在讯问阶段遇到被告人不供或翻供的情况即出示其原供的做法,但并非完全反对,而仅仅是认为不应在被告人一有翻供情况下,就希望通过举证驳斥被告人辩解的做法。而是应在固定其辩解情况下，适时出具相关证据，以达到有效对其进行驳斥的效果。

4. 迂回包抄，声东击西，对于问不下去的问题暂时搁置，换一个方法、角度、形式再去问。有的问题在讯问时可能得到的是被告人的回避，那就暂时搁置，通过讯问其他问题，然后再将前面的问题变化问法再次提出，被告人在无戒备的情况下，可能回答会有所不同。

例：在某起发生于 2011 年的未成年人故意伤害他人致死案中，我们已经掌握了大量关于被告人甲 1995 年出生的证据，甲始终否认其于 1995 年出生，庭审讯问中仍称其是 1997 年出生的，试图通过“作案时不满 14 周岁”来逃避刑事责任。开庭时，我们并不直接问其年龄问题，而是问一些其他同案人的情况。当被告人放松警惕的时候，公诉人用很平和的语气问其是哪年生的，甲回答是 1997 年生的。公诉人接着问属什么属相的。甲脱口而出“属猪的”。这时候甲的漏洞就出来了，1997 年是属牛的，而 1995 年才是属猪的。被告人口供的虚假性在讯问阶段得以显现，在后续举证环节得到进一步印证。

5. 讯问提问设计要做到环环相扣，步步紧逼，从无争议事实出发，最后要求被告人自行下结论，从而迫使其承认或者无法回答。

例：在某受贿案中，被告人系某法院执行局长，在配合上级法院到当地进行民事案件执行的过程中，收受申请执行人两万元钱。被告人承认收钱，但称没有利用职务上的便利，是上级法院的执行案件，与其无关。笔者问：“你是一名负责执行的审判人员，对执行的相关法律应该很熟悉吧？”被告人答：“对。”笔者问：“民事诉讼法关于执行的解释你是否熟悉？”被告人回答知晓。笔者问：“其中有一条规定，异地执行有两种情况：第一，到当地执行，由当地法院配合执行；第二，其他法院委托当地法院代为执行。是这样吗？”被告人表示同意。笔者问：“那本案中你涉嫌的事实是不是属于第一种情况?”被告人回答:“是的。”笔者问:“那你到现场配合执行是不是履行了该条规定的法定执行职务?”被告人回答:“是的。”笔者又问:“那你是在依法履行上述法定职务后收受了某某两万元钱,对不对?”被告人沉默不语。以上讯问,让人明确感觉被告人在履行完执行职务之后收受了他人给予的财物,“权钱交易”特征显而易见。

6. 当被告人辩解出现明显漏洞或不合理之处时,要注意“借力打力”,有效进行反击,从而迫使其承认或者无法回答。

例:某贪污案,被告人通过虚开发票向某公司打款,后以该公司培训费名义将款项供数人私分。被告人辩解这些钱是根据有关文件可供分配的奖金,只是财务手续不健全,因此采用走账的形式操作。庭审时,笔者并不直接揭穿其谎言,而是按照要求其明确由某公司给他们的款项究竟属于何种性质。被告人辩称系“回扣”。笔者即抓住这一问题讯问被告人:“根据我国哪种财务法规,在什么样的情况下,可以依法将回扣作为奖金发放?”被告人猝不及防,沉默不语。

7. 注意在讯问中,固定对于定罪有利的情节。此类情节,可能是被告人在作无罪辩解时没有仔细考虑的问题,或者与定罪关系不大,但可能对其供述或辩解真实性产生重大影响的事,而这些细节对于定罪具有重要意义。公诉人在讯问时应予以固定,并应根据具体情况选择在举证时予以说明,还是在讯问时予以明确驳斥。如陈某某职务侵占案,被告人供称系向单位董事会借款,但除其之外的所有董事均宣称不知情。本案中一证人称,其陪同被告人取款时,被告人告知其取款是为了过年给有关单位、领导送礼。公诉人讯问时,即就此讯问被告人,被告人承认曾向该证人作以上表示。公诉人随即反问:“送礼的钱是有去无回,借款是有借有还,既然是为了送礼,怎么可能是借款呢? 又如何归还呢?”被告人当庭沉默。尽管这一情节并非定案的关键,但在被告人对该证人做上述时,其并未考虑到这一表示的后果,是其真实想法的直接描述,而这一情节被我们固定下来后,也成为我们定案的重要理由。

8. 对于有数个被告人的案件,对同一关键细节而同案犯中有不同供述的情况,要在讯问中及时点明,以分化同案犯,确保合议庭形成内心确信。如在多人致一人死亡的案件中,可以利用被害人死亡的致害伤是锐器伤还是钝器伤这个细节,从同案犯的供述中去证实某被告人所持的是钝器还是锐器,从而确定各被告人在全案中的作用等。在讯问此类案件中,还要注意讯问的顺序,不必拘泥于起诉书列明被告人的顺序讯问,可将认罪被告人先进行讯问,在合议庭对整个案件有了全面了解后,再问不认罪被告人。

六、高度重视追加讯问的重要性

(1)认真听取被告人在回答公诉人、辩护人对同一问题上的细微差异,及时捕捉。一般来说,被告人面对公诉人及辩护人的心态是不同的,被告人对公诉人有心理上的抵触情绪,回答公诉人的问题在很多情况下也不可能达到公诉人想要的效果;而被告人往往心理上会对辩护人产生信赖,认为在回答辩护人发问时不需要刻意隐瞒或者小心谨慎,所作的回答的真实性往往较回答公诉人讯问时要高。所以当被告人翻供或者不供的情况下,在辩护人对被告人进行发问的时候,公诉人要抓住细小的差别或者漏洞,从而寻求突破。

(2)特别注意合议庭对被告人的讯问内容。这往往是合议庭对案件事实或证据最关注或认为最需要关注的地方。合议庭对被告人进行追加讯问,往往要解决几个问题:第一,认为控辩双方没有问清楚的问题;第二,审判长、合议庭最想了解的问题。针对合议庭问的内容,在举证阶段、公诉意见以及答辩阶段要进行补充和完善。

(3)对疏漏之处进行查漏补缺。公诉活动是一门有缺憾的艺术。法庭讯问时间相对较短,内容比较集中,不可测风险较大,公诉人在一轮讯问中,可能会有一些疏漏。而补充讯问就给了公诉人一次查漏补缺,弥补缺憾的机会。

(4)针对翻供及不供案件,补充讯问阶段可以对被告人进行交叉询问。如前文所言,根据英美法系的司法实践,交叉询问必须在主询问之后进行,而我国刑事诉讼法并未规定交叉询问方法。因此,被告人在翻供或不供的场合,其回答辩护人的问题阶段实际上可以解读为一种主询问,那么公诉人可以在补充讯问中,通过交叉询问方式,对其当庭辩解中不合理的内容提出质疑或予以驳斥,使审判人员对其可信度产生怀疑,以便于我们通过出示其原始供述或者其他客观证据以证明其犯罪事实。

(责任编辑:张寒玉)

【疑案剖析】

对违法票据承兑罪与违规出具金融票证罪辨析

——析车某、邢某等人非法出具金融票证案

曹红虹　李　莹*

目　次

一、基本案情
二、争议焦点
三、评析意见
(一)对没有真实贸易背景的银行承兑汇票,银行工作人员只能实施对违法票据承兑行为
(二)银行承兑汇票票据到期不能兑付造成银行垫付时转为不良贷款,不能认定为经济损失
(三)关于案例的定性研究
四、处理结果

* 最高人民检察院公诉厅起诉一处处长;最高人民检察院公诉厅起诉二处干部,北京师范大学刑科院博士研究生。

一、基本案情

1996年10月至1997年5月,犯罪嫌疑人车某担任农行某县支行副行长(主持工作)期间,在明知H公司没有缴纳保证金并已有逾期贷款的情况下,违反该地区《银行承兑汇票签发、兑付、贴现、再贴现管理办法(暂行)》的规定,与犯罪嫌疑人邢某合谋,经车某同意,对H公司为开票人的42份违规银行承兑汇票进行了承兑,涉及金额1亿余元。其中,19份银行承兑汇票逾期后,H公司未归还,造成银行垫付,形成不良贷款7000余万元。但1996年11月,车某在农行以及其他银行为H公司共争取了4000万的承兑汇票额度。这19份银行承兑汇票包含在4000万元的款项中,并且19笔不良贷款没有经过民事诉讼进行索要直接转为不良资产,车某为此被开除公职。车某被开除公职后,农行某县支行在19笔逾期贷款存在的情况下,仍旧为H公司开具的银行承兑汇票予以承兑。2000年3月,因农行整体上市的需要,上述不良贷款没有经过诉讼索要,经该银行新任行长向邢某进行劝说,邢某同意将上述不良贷款连同H公司及其关联企业的其他不良贷款共计1亿2000万元剥离至某资产管理公司。2003年5月,邢某出资6850万元以某煤矿公司名义回购了上述债权。截至案发,某资产管理公司合计回收7300余万元,最终4900余万元债权没能收回。

二、争议焦点

该案争议的焦点问题是:(1)对没有真实贸易背景的银行承兑汇票,银行工作人员实施的行为性质究竟是对违法承兑还是违规(非法)[①]出具?(2)银行承兑汇票到期不能兑付造成银行垫付时转为不良贷款,是否能认定为经济损失?(3)以欺骗手段骗取银行票据承兑,但没有直接导致银行损失的结果发生如何定性?

① 该案发生在刑法修正案(六)之前,因此认定的罪名为非法出具金融票证罪。

三、评析意见

(一)对没有真实贸易背景的银行承兑汇票,银行工作人员只能实施对违法票据承兑行为

有观点认为:银行工作人员代表银行出具银行承兑汇票,其行为当然是出具行为,如果银行明知票据申请人没有真实交易关系而故意或者违反规定为申请人签发银行承兑汇票的,银行工作人员涉嫌违规出具金融票证罪;如果票据申请人参与到该过程中,则涉嫌违规出具金融票证罪的共犯。法律依据是《金融违法行为处罚办法》第13条之规定:"金融机构不得出具与事实不符的信用证、保函、票据、存单、资信证明等金融票证。金融机构弄虚作假,出具与事实不符的信用证、保函、票据、存单、资信证明等金融票证的,给予警告,没收违法所得,并处违法所得1倍以上5倍以下的罚款,没有违法所得的,处10万元以上50万元以下的罚款;对该金融机构直接负责的高级管理人员、其他直接负责的主管人员和直接责任人员,给予开除的纪律处分;构成非法出具金融票证罪或者其他罪的,依法追究刑事责任。"

根据银行承兑汇票的运转方式,我们认为,对没有真实贸易背景的银行承兑汇票,银行工作人员只能实施对违法票据承兑行为,而不能实施出具行为。1997年12月1日前适用的《银行结算办法》第83条规定:"银行承兑汇票的出票人或持票人向银行提示承兑时,银行的信贷部门负责按照有关规定和审批程序,对出票人的资格、资信、购销合同和汇票记载的内容进行认真审查,必要时可由出票人提供担保。符合规定和承兑条件的,与出票人签订承兑协议。"1997年12月1日开始适用的《中国人民银行支付结算办法》第76条规定:"商业汇票分为商业承兑汇票和银行承兑汇票。银行承兑汇票由银行承兑。银行承兑汇票是由收款人或者承兑申请人签发,并由承兑申请人向开户银行申请,经银行审查同意承兑的汇票。"票据法中并没有刑法中"出具"的概念,与之等同的应当是签发、交付等概念。在银行承兑汇票票据关系中,是出票人签发汇票,由出票人的开户银行予以承兑汇票。因此,银行承兑汇票是由出票人即承兑申请人出具,一般由企业出票,银行只是承担承兑责任,而不是银行出具银行承兑汇票。商业汇票的出票人一般都是企业,按照出票后由谁承兑分为商业承兑汇票和银行承兑汇票,只有银行汇票才是由银行出具。在办理银行承兑汇票业务时,银行工作人员代表银行对出票人的承兑申请进行审查并进行承兑,是一个担保行为,银行对于银行承兑汇票不存在出具的问题,银行工作人员的行为性质也就不能认定为违规出具金融票证。

银行工作人员对没有真实的委托付款关系的票据进行承兑,其行为符合《刑法》第189条规定的对违法票据承兑的性质,造成重大损失的,构成对违法票据承兑罪。由于对违法票据承兑罪的共犯往往符合骗取票据承兑罪的构成要件,一般也不应单独将承兑申请人认定为对违法票据承兑罪的共犯,而应在银行工作人员构成对违法票据承兑罪的前提下,单独认定为该罪对合犯,即骗取票据承兑罪。我们之所以要作这样的区分,原因在于违规出具金融票证罪属于情节犯,如果一行为认定为违规出具金融票证,那么构成犯罪进而进行刑事处罚的可能性较大;而认定为结果犯的对违法票据承兑罪,则定罪的可能性相对较小,可能难以进行处罚。

(二)银行承兑汇票票据到期不能兑付造成银行垫付时转为不良贷款,不能认定为经济损失

为明确本案中的行为是否符合对违法票据承兑罪的犯罪构成要件,我们认为有必要继续分析该罪"造成重大损失"的要件。银行对违法票据进行承兑后,如银行承兑汇票到期后不能兑付造成银行垫付时,应当转为不良贷款。

对违法票据承兑、付款、保证罪的追诉标准是"造成直接经济损失数额在20万元以上"(本案案发时的追诉标准规定"造成直接经济损失数额在50万元以上")。根据相关司法解释,"直接经

济损失”,是指与行为有直接因果关系而造成的财产损毁、减少的实际价值;“间接经济损失”,是指由直接经济损失引起和牵连的其他损失,包括失去的在正常情况下可以获得的利益和为恢复正常的管理活动或者挽回所造成的损失所支付的各种开支、费用等。可见,直接经济损失不包括不良贷款。对违法票据承兑与该承兑汇票转逾期贷款暨最后形成的结果没有直接因果关系,不符合对违法票据承兑造成重大损失的条件,不能认定为对违法票据承兑罪。也就是说,虽然以欺骗手段取得银行票据承兑,但没有直接导致银行损失结果发生,不能认定为犯罪。

(三)关于案例的定性研究

1. 车某的行为定性

在本案中,从行为性质看,车某的行为性质宜认定为对违法票据承兑,不属于违规出具金融票证,但并不构成犯罪。主要理由是:(1)从主体上看,车某符合对违法票据承兑的主体条件,行为时属于银行工作人员。(2)从客观行为看,车某实施了对违反票据法规定的银行承兑汇票进行承兑的行为。在办理银行承兑汇票业务时,车某等人代表银行对H公司的承兑申请进行审查并进行承兑,是一个担保行为,出票人是H公司,银行对于银行承兑汇票不存在出具的问题。车某等银行工作人员,对当时邢某没有良好的资信保证的前提下,对没有真实的委托付款关系的票据进行了承兑,其行为符合《刑法》第189条规定的对违法票据承兑罪的性质。(3)从因果关系看,一是车某等人对违法票据进行承兑后,农行某县支行没有进行民事诉讼主张债权,没有穷尽追讨的民事手段,并且该行继续向H公司批准承兑汇票,表明认可H公司的偿还和资信能力;另外,据案发地农行省分行认定:“承兑汇票是银行信贷业务中的一种票据业务,当票据到期不能兑付造成银行垫付时,转为不良贷款,不能定为经济损失。”因此,19笔逾期贷款不能认定为最终的损失。二是2000年的资产剥离因车某已经被开除，与其无关，并且资产剥离也有当时农业银行整体上市、国家特殊金融政策的背景，因此，车某的行为与该承兑汇票转逾期贷款暨最后形成的结果没有直接因果关系，不符合对违法票据承兑造成重大损失的条件。三是本案所造成的损失恰值国家剥离政策出台，银行方面出于急于甩掉包袱的考虑，要求H公司剥离，最终邢某以60%份额回购了全部贷款，由此而产生的损失不是车某、邢某等人行为造成的直接损失，其行为与结果之间不存在刑法上必然的因果关系。(4)根据从旧兼从轻的原则，虽然车某等银行工作人员的行为性质是对违法票据承兑，但对违法票据承兑罪是在1997年《刑法》修改以后才有的罪名，在当时处理金融领域的犯罪参照和援引的是《全国人大常委会关于惩治破坏金融秩序犯罪的决定》，该决定只规定了非法出具金融票证罪。车某的承兑行为发生在1996年10月至1997年5月间，依照从旧兼从轻的原则，其行为也不构成犯罪。

2.邢某的行为定性

(1)邢某作为非银行工作人员，其行为不能构成违规出具金融票证罪和对违法票据承兑、付款、保证罪，因为两个罪名的主体要求都是金融机构工作人员。因为车某不构成对违法票据承兑罪，邢某作为非银行工作人员也不能构成对违法票据承兑罪的共犯。

(2)邢某不构成诈骗类的犯罪。犯罪嫌疑人邢某伪造没有真实交易的合同取得承兑汇票进而获得贴现款，在承兑汇票到期银行形成垫付的情况下，该承兑汇票所载金额被转为银行贷款。但现有证据不能证明邢某等人将贴现款用于生产经营以外的其他活动，不能认定邢某等人具有非法占有承兑汇票贴现款的故意，故不能认定邢某等人构成贷款诈骗罪、票据诈骗罪、合同诈骗罪等诈骗类的犯罪。

(3)邢某不构成骗取票据承兑罪。犯罪嫌疑人邢某伪造没有真实交易的合同取得承兑汇票,是以欺骗手段取得银行票据承兑,但如前所述,其行为没有直接导致银行损失结果发生,2000 年发生的资产剥离是当时的金融政策的要求,客观上不能认定为损失结果的数额,且这个罪名也是 2006 年刑法修正案(六)后增设的,因此不能认定邢某的行为构成骗取票据承兑罪。

四、处理结果

某市检察院经审查,认为车某、邢某等人的行为不符合对违法票据承兑罪“造成重大损失”的构成要件,根据适用刑法“从旧兼从轻”原则的要求,车某、邢某等人均不构成犯罪,均作出了不起诉的决定。但通过该案,我们可以得出以下结论:银行工作人员对没有真实贸易背景的银行承兑汇票予以承兑,造成重大损失的,构成对违法票据承兑罪,不构成违规出具金融票证罪;而票据承兑人等非银行工作人员一般不应认定为对违法票据承兑罪的共犯,而应单独认定为该罪对合犯的骗取票据承兑罪。

(责任编辑:张书铭)

【法律释义】

《人民检察院刑事诉讼规则(试行)》修改主要问题的理解与适用(上)

陈国庆　李昊昕*

目　次

一、修改的背景、主要任务和指导思想
二、修改的主要内容和问题
(一)关于检察业务工作机制,调整了提交检察委员会决定案件的范围
(二)关于管辖的有关问题
(三)关于辩护与代理的主要问题
(四)关于检察机关适用证据的主要问题
(五)关于适用强制措施的主要问题
(六)关于案件受理的主要问题

* 陈国庆,最高人民检察院检察委员会委员、法律政策研究室主任;李昊昕,最高人民检察院法律政策研究室副处长。

2012年11月22日，高检院印发了修改后的《人民检察院刑事诉讼规则（试行）》（以下简称《规则》）。对《规则》进行全面修改，是检察机关贯彻执行修改后的刑事诉讼法的重要举措，也是贯彻落实司法改革和检察改革的重要成果。修改后《规则》的颁布实施，对于保证人民检察院在刑事诉讼中严格依法办案，正确履行职责，规范执法活动，实现惩罚犯罪与保障人权的统一具有重要意义。为便于大家了解《规则》的主要内容和问题，准确理解和把握《规则》的精神，依法正确适用法定程序，对其中的主要问题说明和介绍如下。

一、修改的背景、主要任务和指导思想

2012年3月14日，十一届全国人大五次会议审议通过了《关于修改〈中华人民共和国刑事诉讼法〉的决定》，并于2013年1月1日起施行。这是中央司法体制和工作机制改革的重大成果，是完善中国特色社会主义法律体系的重大举措，是我国社会主义民主法制建设的重大成就，对于更加有效地惩罚犯罪、保护人民，更加有效地保障国家安全和社会公共安全，维护社会主义社会秩序、尊重和保障人权具有重大意义。

修改后刑诉法对我国刑事诉讼制度作了重要修改和完善，对检察工作将产生深远的影响。按照高检院工作部署，为了保证检察机关正确理解修改后刑事诉讼法的立法精神，保证涉及检察工作的刑事诉讼制度和法定程序的贯彻落实，进一步规范检察工作，加强对检察工作的监督制约，高检院启动了《人民检察院刑事诉讼规则》的修改工作，组织了专门的修改研究小组，全面收集近年来出台的司改文件、司法解释和有关规定，深入调查研究，对《规则》进行了全面修改。在修改过程中，注意征求和吸收有关部门的意见，对部门互涉、需统一协调的问题向有关机关作了汇报。2012年10月16日，最高人民检察院第十一届检察委员会第八十次会议讨论通过了修改后的《人民检察院刑事诉讼规则（试行）》，并于2012年11月22日正式发布。

这次《规则》修改的幅度很大,新增和修改的条文超过全部条文的80%。修改后的《规则》共17章计708条,比修改前的468条增加了240条,新增了辩护与代理、证据、案件受理、特别程序、案件管理5章,并将原《规则》第五章"审查逮捕"移至第九章"侦查"之后,作为第十章。除通则、管辖、回避、刑事司法协助等章变化较小外,其他各章修改、增加的内容较多。

《规则》的修改主要围绕以下几个方面进行:

一是对刑诉法涉及检察工作的概念、条文含义作出解释、界定。修改后刑诉法有一些概念、条文含义存在进一步作出解释的必要,如特别重大贿赂犯罪、指定居所监视居住等。对这些概念、条文作何理解,直接关系到检察权的正确行使,关系到保障诉讼当事人的权利,需要根据立法精神准确加以界定。

二是对刑诉法设定的制度进行细化。此次刑诉法修改增加了一些新的制度,在证据制度、强制措施、侦查措施、辩护制度、逮捕制度、公诉制度等方面都有新规定,有些规定比较原则。我们在《规则》中对这些制度进行细化,保证这些新规定能够正确实施。

三是对检察机关执行刑诉法的工作程序、操作程序作出规定。《规则》的另外一项重要任务,是对检察机关执行刑诉法相关规定的具体操作程序作出规定。包括检察机关受理案件后的内部移送、对办案流程的监控、对办案质量的管理以及新增职能的内部分工等,都在《规则》中加以明确,建立相应的工作机制。

在修改工作中坚持以下指导思想:

一是严格遵循立法精神。遵循立法精神是司法解释的重要原则。检察机关行使司法解释权,其宗旨必须从国家根本政治制度出发,其任务首先是理解立法精神,严格执行法律。在司法解释中首先就是要客观真实地发现和阐明立法原意,要坚持宪法和法律关于人民检察院的职能定位,坚持维护法制统一、尊严、权威的目标,既不曲解法律作扩大解释和自我授权,也不罔顾实际刻意作限缩解释。

二是惩治犯罪与保障人权并重。修改后刑诉法将"尊重和保障人权"明确写入总则,并在具体诉讼制度上就贯彻这一原则作出了更加具体的规定。检察机关在刑事诉讼中居于特殊地位,既要准确及时地查明犯罪事实,正确运用法律惩罚犯罪分子,又要保障无罪的人不受刑事追究,保障犯罪嫌疑人、被告人和其他诉讼参与人在刑事诉讼中的合法权利。

三是强化法律监督与强化自身监督并重。修改后刑诉法在进一步强化检察机关法律监督职能的同时,也对检察机关正确履行法律监督职责、严格公正执法提出了新的更高要求,对检察机关的执法理念、办案方式、工作机制提出了新的挑战。《规则》修改突出体现了监督者更要接受监督的理念,针对检察机关执法办案的重点环节,规定了较为完备的内部监督制约机制,以严格规范检察机关执法办案活动。

四是加强沟通协商,形成执法合力。各部门制定的相关司法解释和规范性文件应当在内容上保持一致,形成统一认识,这样才能在执法、司法中保持高度统一,取得良好的法律效果和社会效果。我们在修改过程中注意加强与最高人民法院、公安部、司法部等中央政法机关的沟通与协调,注意及时向中央政法委、全国人大常委会法工委汇报有关互涉问题,保证相关司法解释和规范性文件的协调一致。

二、修改的主要内容和问题

(一)关于检察业务工作机制,调整了提交检察委员会决定案件的范围

根据原《规则》的规定,对于有些事项,如存疑不起诉、相对不起诉、撤销不起诉决定提起公诉、对生效判决、裁定的抗诉等,均规定应当提交检委会讨论决定。对此,有意见认为,为了提高办案效

率,有利于宽严相济刑事政策的贯彻落实,应当对相关决定程序进行简化,根据具体情况来决定是否启动“检委会决定”程序,不必将检委会讨论决定作为必经程序。

我们认为,刑诉法明确规定应当由检委会决定的事项只有检察长的回避和重大刑事案件犯罪嫌疑人的审查批准逮捕,除上述事项外,对于其他事项法律并未要求一律提交检委会决定。是否需要提交检委会决定,可以根据案件情况,由检察长决定。2009年10月13日发布的《人民检察院检察委员会议事和工作规则》对检委会议事范围和程序作了明确规定,作这样的调整符合有关规定,有利于提高检察工作效率,符合检察工作的特点和工作机制。因此,将原《规则》相关条文中的必须由“检察委员会决定”的事项修改为“检察长或者检察委员会决定”。

(二)关于管辖的有关问题

1. 关于刑事诉讼法规定的“犯罪地”的界定

刑法、刑事诉讼法中均有关于犯罪地的规定。刑诉法规定的“犯罪地”是在刑法规定的“犯罪地”基础上为了解决具体刑事案件的司法机关管辖问题,涉及立案侦查、起诉和审判的管辖。而刑法规定的“犯罪地”是为了解决刑法的属地管辖问题,既包括犯罪行为发生地,也包括犯罪结果发生地。

当前,犯罪跨区域性、流动性增强,特别在电话、网络诈骗等犯罪中犯罪地难以界定,解决此类案件大量需要指定侦查、指定批捕、指定起诉和指定审判,因此有必要对犯罪地的范畴合理界定以适应实际办案的需要。比如,对于以非法占有为目的的财产犯罪,犯罪地应当包括犯罪行为发生地和犯罪分子实际取得或者实际控制财产的犯罪结果发生地。对于利用电话等对不特定人实施的财产犯罪,被害人财产遭受损失地可以视为犯罪地。对于利用计算机网络实施的犯罪,犯罪行为发生地应当包括主要用于实施犯罪行为的网站服务器所在地,网络接入地,网站建立者、管理者所在地,被侵害的计算机系统及其管理者所在地以及犯罪过程中犯罪分子、被害人使用的计算机系统所在地;犯罪结果发生地应当包括犯罪对象被侵害地,犯罪所得的实际取得地、藏匿地、转移地、使用地、销售地。

对于刑事案件有多个犯罪地的,由最先受理案件的犯罪地的人民法院管辖,在必要的时候,可以移送主要犯罪地的人民法院审判。相应的,对于上述犯罪案件,可以由最先发现犯罪的侦查机关立案侦查,必要时也可以移送主要犯罪地的侦查机关立案侦查,没有必要再行指定立案侦查。同时,对此类刑事案件需要逮捕犯罪嫌疑人的,由侦查该案件的侦查机关提请同级人民检察院审查批准,无须再行指定审查逮捕的人民检察院。对于此类案件,一般应当按照犯罪地确定负责审判的人民法院,需要依照刑诉法的规定指定管辖的,由人民检察院同级人民法院协商办理指定管辖的有关事宜。

2. 关于一人犯数罪、关联犯罪的并案处理

按照管辖分工,检察机关承担贪污贿赂犯罪和渎职侵权犯罪的侦查,公安机关承担其他普通刑事犯罪的侦查。在侦查实践中,经常遇到牵连管辖的问题,如有的犯罪嫌疑人既实施了贪污贿赂犯罪,又实施了应由公安机关管辖的其他刑事犯罪,有的犯罪嫌疑人实施的普通刑事犯罪与其他犯罪嫌疑人实施的渎职侵权犯罪相互关联。对于此类案件怎么处理,原《规则》第 12 条规定,人民检察院侦查直接受理的刑事案件涉及公安机关管辖的刑事案件,应当将属于公安机关管辖的刑事案件移送公安机关。这就造成一人犯数罪或者关联犯罪,往往由不同机关立案侦查,不利于集中调查取证,也不利于侦查、起诉、审判的衔接,影响刑事诉讼的顺利进行。例如,一些渎职犯罪的认定,往往与公安机关管辖的犯罪相关联,而公安机关管辖的犯罪往往又是构成这些渎职犯罪的要件,如徇私枉法罪、徇私舞弊不移交刑事案件罪、放纵走私罪、玩忽职守

罪等。而在实践中,对公安机关管辖的犯罪,由于检察机关无权管辖,致使相关的证据不能及时收集获取,或者延误侦查时机,妨碍侦查活动,影响了渎职犯罪的正常查处,也容易滋生腐败。

以主罪或最先发现作为确定侦查管辖的原则,对案件进行并案处理,有利于查明案件事实,许多国家在立法与司法实践中均采取这种做法。在《规则》中确立并案处理制度,对一人犯数罪及关联犯罪的并案侦查作出规定,符合司法实践的需要,也符合刑事诉讼原理。《规则》第12条第2款规定:"对于一人犯数罪、共同犯罪、多个犯罪嫌疑人实施的犯罪相互关联,并案处理有利于查明案件事实和诉讼进行的,人民检察院可以对相关犯罪案件并案处理。"

3.关于与人民法院协商指定审判管辖

《公安机关办理刑事案件程序规定》对公安机关的指定管辖作了规定,《规则》也对检察机关在立案侦查环节的指定管辖作了规定。在司法实践中,有些案件在侦查环节指定管辖后,为了有利于侦查、起诉、审判的衔接,也为了排除干扰,在审查起诉、审判阶段也需要指定管辖。为了保障整个诉讼程序的有序衔接,人民检察院在立案侦查中指定管辖的,应当与人民法院协商。但也有意见认为,在立案侦查中,指定管辖是从有利于案件突破、侦查保密、排除干扰等方面综合考虑的,如果在此环节就征求人民法院的意见,不利于案件侦查的进行。

我们认为,在侦查过程中就与人民法院协商指定管辖事宜,没有必要,也不利于对案件的侦查。而在审查起诉阶段与人民法院协商指定管辖事宜,如果人民法院不同意指定管辖,已经作了大量审查起诉工作的人民检察院需要将案件移送有管辖权的人民检察院,对司法资源是一种浪费;如果人民法院同意指定管辖,由于协商指定管辖事宜占用了大量的时间,人民检察院一个月的审查起诉期限将会非常紧张。因此,我们将协商的时间规定为"移送审查起诉前”，侦查机关可以在移送审查起诉前，将相关情况通报人民检察院公诉部门，由公诉部门具体办理与人民法院协商指定管辖的相关事宜。《规则》第 18 条第 2 款规定：“人民检察院在立案侦查中指定异地管辖，需要在异地起诉、审判的，应当在移送审查起诉前与人民法院协商指定管辖的相关事宜。”

另外，《规则》第 317 条规定：“上级公安机关指定犯罪地或者犯罪嫌疑人居住地以外的下级公安机关立案侦查的案件，需要逮捕犯罪嫌疑人的，由侦查该案件的公安机关提请同级人民检察院审查批准逮捕，人民检察院应当依法作出批准或者不批准逮捕的决定。”也就是说，公安机关在侦查阶段指定管辖的，检察机关在审查逮捕时不需要再指定管辖，而是直接作出批准或者不批准逮捕的决定。

4. 关于指定管辖与审查逮捕上提一级的协调

2009 年，高检院对职务犯罪案件审查逮捕制度进行了改革，分、州、市级人民检察院和县级人民检察院受理侦查的职务犯罪案件需要逮捕犯罪嫌疑人的，由上一级人民检察院审查决定。实行职务犯罪案件审查逮捕上提一级改革后，有些分、州、市院为了规避这一改革措施，将本院管辖的案件指定下级检察院侦查，由本院负责决定逮捕，削弱了改革效果。为了巩固司改成果，切实发挥逮捕上提一级制度的作用，应当对这种做法加以规制。《规则》第 18 条第 3 款规定：“分、州、市人民检察院办理直接立案侦查的案件，需要将属于本院管辖的案件指定下级人民检察院管辖的，应当报请上一级人民检察院批准。”

（三）关于辩护与代理的主要问题

1996 年《刑事诉讼法》规定犯罪嫌疑人委托辩护人的时间是从检察机关审查起诉开始，相应地，原来的人民检察院刑事诉讼规则将“辩护与代理”的内容放在了“审查起诉”一章，同时在“侦查”一章中规定了律师提供法律帮助的内容。为了适应修改后的刑事诉讼法对辩护制度所作的重大修改,《规则》在体例、结构方面作了调整,将有关辩护与代理的内容单独作为一章,并根据修改后刑诉法的规定,增加了诸多保障犯罪嫌疑人委托辩护人以及保障辩护人行使诉讼权利的内容。这样调整符合刑诉法修改的新要求,有利于更好地保障犯罪嫌疑人的合法权益,也有利于规范、制约检察工作依法进行。

1. 关于辩护律师会见特别重大贿赂犯罪案件的犯罪嫌疑人

修改后的《刑事诉讼法》第37条第3款规定,特别重大贿赂犯罪案件,在侦查期间辩护律师会见在押的犯罪嫌疑人,应当经侦查机关许可。为了落实这一规定,《规则》第45条规定:"对于特别重大贿赂犯罪案件,犯罪嫌疑人被羁押或者监视居住的,人民检察院侦查部门应当在将犯罪嫌疑人送交看守所或者送交公安机关执行时书面通知看守所或者公安机关,在侦查期间辩护律师会见犯罪嫌疑人的,应当经人民检察院许可。"

上述规定是为了有利于特别重大贿赂犯罪案件侦查工作的顺利进行,同时,也要有相关的配套措施保证辩护律师会见犯罪嫌疑人的权利。《规则》第46条从三个方面对此作了规定:一是为了防止侦查部门久拖不决,规定对于特别重大贿赂犯罪案件,辩护律师在侦查期间提出会见在押或者被监视居住的犯罪嫌疑人的,人民检察院侦查部门应当在三日以内提出是否许可的意见,以检察院的名义答复辩护律师;二是规定在办理案件过程中,检察机关如果认为有碍侦查的情形已经消失,辩护律师会见犯罪嫌疑人不需要再经过许可,并应当及时将这一信息通知看守所或者执行监视居住的公安机关以及辩护律师,以便于各方履行职责;三是为了保障辩护律师在案件移送审查起诉之前能够会见到犯罪嫌疑人,规定对于特别重大贿赂犯罪案件,检察机关在侦查终结前应当许可辩护律师会见犯罪嫌疑人,即不能整个侦查过程中都不许可会见。

2. 关于保障辩护人阅卷权

修改后的《刑事诉讼法》第 38 条规定，辩护律师自人民检察院对案件审查起诉之日起，可以查阅、摘抄、复制本案的案卷材料。其他辩护人经人民法院、人民检察院许可，也可以查阅、摘抄、复制上述材料。《规则》对于检察机关如何保障辩护人的阅卷权作了细化规定：

一是根据修改后的《刑事诉讼法》，明确规定检察机关自案件移送审查起诉之日起，应当允许辩护律师查阅、摘抄、复制本案的案卷材料，而不仅仅是原来规定的诉讼文书、技术性鉴定材料。

二是明确规定案卷材料范围包括诉讼文书和证据材料。证据材料既包括指控犯罪事实以及表明罪行严重等对犯罪嫌疑人不利的证据材料，也包括有从轻、减轻处罚情节等对犯罪嫌疑人有利的证据材料。

三是明确规定负责辩护人阅卷工作的部门。在总结一些地方检察机关实践经验的基础上，《规则》规定，辩护律师或者经过许可的其他辩护人到人民检察院查阅、摘抄、复制案卷材料的，由案件管理部门及时安排，由公诉部门提供案卷材料。因公诉部门工作等原因无法及时安排的，应当向辩护人说明，并安排辩护人自即日起 3 个工作日以内阅卷，公诉部门应当予以配合。

四是明确规定辩护人复制案卷的方式及收费的有关问题。为方便辩护人的阅卷工作，《规则》明确规定辩护人可以采取复印、拍照等方式复制案卷材料。同时规定辩护人复制案卷材料的，检察机关只收取必需的工本费用；对于承办法律援助案件的律师，可以减收、免收相关费用。

3. 关于辩护人涉嫌犯罪案件的管辖

修改后的《刑事诉讼法》第 42 条规定，辩护人涉嫌有关伪证等干扰司法机关诉讼活动的犯罪的，应当由办理辩护人所承办案件的侦查机关以外的侦查机关办理。该条所说的“侦查机关”是否包括检察机关，存在不同意见。有观点认为，辩护人毁灭证据、伪造证据、妨害作证罪属于公安机关管辖的案件，因此这里所说的"侦查机关"仅指公安机关，不包括检察机关。

我们认为，干扰司法机关诉讼活动可能构成的罪名不仅包括毁灭证据、伪造证据、妨害作证罪，还包括行贿罪、介绍贿赂罪、利用影响力受贿罪等。辩护人涉嫌这些犯罪，由办理辩护人所承办案件的检察机关以外的检察机关办理，符合刑诉法有关规定的精神，有利于充分保障辩护人的合法权益。《规则》第60条规定，人民检察院发现辩护人有帮助犯罪嫌疑人、被告人隐匿、毁灭、伪造证据或者串供，或者威胁、引诱证人作伪证以及其他干扰司法机关诉讼活动的行为，可能涉嫌犯罪的，应当分别情形处理：涉嫌犯罪属于公安机关管辖的，将辩护人涉嫌犯罪的线索或者证据材料移送同级公安机关由其按照有关规定处理。涉嫌犯罪属于检察机关管辖的，报请上一级人民检察院立案侦查或者由上一级人民检察院指定其他人民检察院立案侦查。上一级人民检察院不得指定办理辩护人所承办案件的人民检察院的下级人民检察院立案侦查。

（四）关于检察机关适用证据的主要问题

1.关于行政机关收集的证据材料作为证据使用问题

近年来，在司法实践中，许多刑事犯罪案件的发现是从行政违法调查入手的，随着调查的深入，进而发现构成犯罪的案件不在少数。对于工商、税务、监察等部门收集的证据如何在刑事诉讼中使用的问题，修改后的《刑事诉讼法》第52条第2款规定，行政机关在行政执法和查办案件过程中收集的物证、书证、视听资料、电子数据等证据材料，在刑事诉讼中可以作为证据使用。

如何理解可以作为证据使用的证据材料的范围？有意见认为，除了刑诉法规定的物证、书证、视听资料、电子数据证据材料外，行政机关收集的其他证据材料都不能直接作为证据使用，必须由侦查机关重新收集。有的主张按照实物证据、言词证据的分类来加以区分。还有的主张,判断能不能作为证据使用的标准不是看属于实物证据还是言词证据,而是看是否具备重新收集的条件,即使是言词证据,如果因相关人员离境、死亡、失踪而不具备重新收集的条件,也可以作为证据使用。

我们在《规则》第 64 条区分三种情况作了规定:一是关于物证、书证、视听资料、电子数据等证据材料,应当以该机关的名义移送,经人民检察院审查符合法定要求的,可以作为证据使用,这是《刑事诉讼法》第 52 条第 2 款明文规定的证据材料种类。二是关于鉴定意见,勘验、检查笔录,这些证据种类不易发生伪造等现象,从本质属性上较为客观,同时在办案的实际中再次收集有可能造成不必要的资源浪费。《规则》规定,行政机关在行政执法和查办案件过程中收集的鉴定意见,勘验、检查笔录,没有必要重新收集或者因客观原因无法重新收集的,经人民检察院审查符合法定要求的,可以作为证据使用。三是对于言词证据,鉴于言词证据主观性强、容易变化,行政机关在收集时没有严格的法律程序的要求,应当重新收集。《规则》规定,人民检察院办理直接立案侦查的案件,对于有关机关在执法和查办案件过程中收集的涉案人员供述或者相关人员的证言、陈述,应当重新收集。同时考虑到实践中的例外情况,《规则》规定,确有证据证实涉案人员或者相关人员离境、死亡、失踪或者丧失作证能力,无法重新收集,但供述、证言或者陈述的来源、收集程序合法,并有其他证据相印证,经人民检察院审查符合法定要求的,可以作为证据使用。

另外,我们对"行政机关"作了适当扩大的界定,明确根据法律、法规赋予的职责查处行政违法、违纪案件的组织,包括证监会、保监会、银监会等依法行使行政执法、查办案件和行政处罚的单位,属于该条规定的行政机关,其收集的证据经审查符合证据要求的,可以在刑事诉讼中作为证据使用。

2. 关于非法证据排除

为了有效防止刑讯逼供等现象的发生,新刑诉法明确宣示了"不得强迫任何人证实自己有罪"的原则,并规定了非法证据排除制度。按照最高人民法院、最高人民检察院、公安部、国家安全部、司法部联合发布的《关于办理刑事案件排除非法证据若干问题的规定》以及高检院关于适用这个证据规定的指导意见,《规则》第五章规定了排除非法证据的具体操作程序。主要包括以下几个方面的内容:

一是关于非法证据排除制度中"刑讯逼供"和其他"非法方法"的界定。修改后的《刑事诉讼法》第54条规定,采用刑讯逼供等非法方法收集的犯罪嫌疑人、被告人供述和采用暴力、威胁等非法方法收集的证人证言、被害人陈述,应当予以排除。如何理解该条所说的"刑讯逼供"和其他"非法方法",《规则》对此作出了界定。《规则》第65条第2款规定,刑讯逼供是指使用肉刑或者变相使用肉刑,使犯罪嫌疑人在肉体或者精神上遭受剧烈疼痛或者痛苦以逼取供述的行为。刑讯逼供的具体表现形式多样,审查认定是否构成刑讯逼供,应当结合案件具体情况,对办案人员采取的手段、目的及其使犯罪嫌疑人、被告人肉体痛苦的程度等进行综合判断,既不能把是否采用暴力手段作为认定刑讯逼供的唯一标准,也不能只要在办案中存在不当执法行为,不论其目的和严重程度,一概认定为刑讯逼供。《规则》第65条第3款规定,其他非法方法是指违法程度和对当事人的强迫程度与刑讯逼供或者暴力、威胁相当,迫使其违背意愿供述的方法。具体判断哪些情形属于非法方法,应当采用"程度相当性"标准,重点把握其违法程度和对当事人的强迫程度是否与刑讯逼供和暴力、威胁手段相当。

二是关于排除非法证据的效力。关于言词证据,被排除的非法言词证据不得作为报请逮捕、批准或者决定逮捕、移送审查起诉以及提起公诉的依据;关于物证、书证,对于经侦查机关补正或者能够作出合理解释的，可以作为批准或者决定逮捕、提起公诉的依据，侦查机关不能补正或者无法作出合理解释的，对该证据应当予以排除；要综合全案进行判断，如果该证据被排除后，其他证据不能证明犯罪嫌疑人实施犯罪行为的，应当不批准或者决定逮捕，已经移送审查起诉的，可以将案件退回侦查机关补充侦查或者作出不起诉决定。

三是关于排除非法证据的诉讼环节。人民检察院在侦查、审查起诉和审判阶段均可启动非法证据排除程序。另外，检察人员参加庭前会议时，应当就排除非法证据提出意见。在庭审中被告人及其辩护人也可以提出被告人审判前供述是非法取得的，但如果能在庭前解决非法证据排除问题的，应当尽量在庭前作出决定。

四是关于检察机关调查非法取证行为的方式。包括：讯问犯罪嫌疑人；询问相关办案人员；询问相关在场人员及证人；调取讯问笔录，讯问录音、录像；调取、查询犯罪嫌疑人出入看守所的身体检查记录及相关材料；听取辩护律师意见；进行伤情、病情检查或者鉴定等。具体调查核实的方法，还要在司法实践中不断探索，寻求有效的调查、排除非法证据的方法。

3. 关于讯问录音、录像的调取或者移送

在案件移送审查起诉、提起公诉时，对讯问犯罪嫌疑人的录音、录像是否移送，存在不同意见。一种意见认为随案移送，便于人民检察院、人民法院审看录音、录像，判断是否存在非法取证行为，反过来还能倒逼侦查机关严格执行刑诉法关于讯问全程同步录音或者录像的规定。另一种意见认为讯问录音及录像时间长、数量多，全部移送没有必要，而且录音、录像中还可能有犯罪嫌疑人举报其他案件线索的内容，涉及保密问题，因此主张必要时调取。

对于讯问录音、录像的性质和功能，存在不同认识。有的认为讯问录音、录像主要是为了保证讯问的合法性，防止刑讯逼供；也有人认为讯问录音、录像有固定供述、辩解的作用，本身就是一种视听资料。我们认为，目前关于录音、录像的证据属性尚无定论，对于讯问录音、录像一律要求移送，涉及录音、录像的存放、审看和是否允许辩护人查阅、复制、摘抄等问题，是否符合司法实践需要有待进一步探索。宜规定由人民检察院、人民法院在必要时予以调取较为实际。而对于自侦案件，可以就录音、录像的内部移送提出更高的要求。因此，《规则》第 73 条、第 74 条按自侦案件、公安机关办理的案件作出了区别规定：对于公安机关立案侦查的案件，人民检察院审查逮捕、审查起诉时可以调取公安机关讯问犯罪嫌疑人录音、录像；人民检察院直接立案侦查的案件，侦查部门移送审查逮捕、审查起诉时，应当将讯问录音、录像连同案卷材料一并移送审查；向人民法院移送证据材料时，被告人及其辩护人提出审前供述系非法取得，并提供相关线索或者材料的，人民检察院可以将讯问录音、录像连同案卷材料一并移送人民法院。

4. 关于对特定案件的证人、鉴定人、被害人的保护

修改后的《刑事诉讼法》第 62 条规定，对于危害国家安全犯罪、恐怖活动犯罪、黑社会性质的组织犯罪、毒品犯罪等案件，证人、鉴定人、被害人因在诉讼中作证，本人或者其近亲属的人身安全面临危险的，人民法院、人民检察院和公安机关应当采取保护措施。《规则》对此作了细化规定：首先，关于启动方式，上述犯罪案件的证人、鉴定人、被害人因在诉讼中作证，本人或者其近亲属人身安全面临危险，向人民检察院请求保护的，人民检察院应当受理并及时进行审查，对于确实存在人身安全危险的，应当立即采取必要的保护措施；人民检察院发现存在上述情形的，也可以主动采取保护措施。其次，关于保护措施，一是不公开真实姓名、住址和工作单位等个人信息；二是建议法庭采取不暴露外貌、真实声音等出庭作证措施；三是禁止特定的人员接触证人、鉴定人、被害人及其近亲属；四是对人身和住宅采取专门性保护措施；五是其他必要的

保护措施。再次,人民检察院依法决定不公开证人、鉴定人、被害人的真实姓名、住址和工作单位等个人信息的,可以在起诉书、询问笔录等法律文书、证据材料中使用化名代替证人、鉴定人、被害人的个人信息。但是应当另行书面说明使用化名的情况并标明密级。最后,对证人及其近亲属进行威胁、侮辱、殴打或者打击报复,构成犯罪或者应当给予治安管理处罚的,人民检察院应当移送公安机关处理;情节轻微的,予以批评教育、训诫。

(五)关于适用强制措施的主要问题

1. 关于拘传的间隔时间

修改后的《刑事诉讼法》第117条第2款对拘传时间作了适当延长,但未明确两次拘传的间隔时间,仅规定"应当保证犯罪嫌疑人的饮食和必要的休息时间"。

在《规则》修改过程中,对于是否需要明确规定两次拘传的间隔时间,存在不同意见。有的认为不应当予以明确,主要理由是:一是在办理贿赂案件时,拘传到案后尚未获得足够的证据,明确规定时间间隔将影响办案效率;二是拘传的间隔时间是一个实践操作问题,难以通过规定完全解决。有的认为应当明确规定两次拘传的时间间隔,以避免通过连续拘传变相延长拘传时间等现象,充分保障犯罪嫌疑人的合法权益。

我们认为,对于限制或者剥夺人身自由的强制措施应当严格依法规范,拘传可以由侦查机关自行决定适用,更应从制度设计上防止其单纯从有利侦查的角度任意解释和适用。如果不作规定或规定过宽,不利于规范执法办案。《刑事诉讼法》第117条修改的初衷之一便是为杜绝司法实践中变相延长拘传时间的现象,保障犯罪嫌疑人的合法权利,为了贯彻这一精神,应当对拘传的间隔时间作出一定的限制。同时,我们也考虑到,实践中可能存在案情突然发生重大突破,需要立即再次拘传犯罪嫌疑人的情形,因此不宜规定过死。《规则》第80条第2款规定,两次拘传间隔的时间一般不得少于12小时,不得以连续拘传的方式变相拘禁犯罪嫌疑人。

2. 关于指定居所监视居住

《刑事诉讼法》第73条规定,监视居住应当在犯罪嫌疑人、被告人的住处执行;无固定住处的,可以在指定的居所执行。对于涉嫌危害国家安全犯罪、恐怖活动犯罪,特别重大贿赂犯罪,在住处执行可能有碍侦查的,经上一级人民检察院或者公安机关批准,也可以在指定的居所执行。但是,不得在羁押场所、专门的办案场所执行。这是在侦查环节应对职务犯罪特殊性的有效措施。对这一措施既要善于使用,又要慎重使用。准确把握指定居所监视居住,需要对特别重大贿赂犯罪作出界定,还需要对何谓有碍侦查以及指定居所监视居住的执行地点予以明确。

(1)关于"特别重大贿赂犯罪"的界定

对"特别重大贿赂犯罪"的界定,直接关系到指定居所监视居住的案件范围。从立法精神来看,监视居住,应当以在其住处执行监视居住为原则,指定居所监视居住为特殊。在把握时,既不能控制过严,影响对特殊案件的查办,也不能把握过宽,导致例外规定常态化。基于上述考虑,我们在《规则》第45条将"特别重大贿赂犯罪"界定为以下三类案件:涉嫌贿赂犯罪数额在50万元以上,犯罪情节恶劣的;有重大社会影响的;涉及国家重大利益的。

关于涉案金额50万元的标准,在制定《规则》的过程中存在较大的认识分歧,有的认为50万元的标准偏高,也有的认为50万元的标准偏低。我们认为,该标准是根据目前办理贿赂案件的实际情况提出的。从近几年办案统计数据看,贿赂犯罪数额在50万元以上的大约占全部贿赂案件的10%左右,且50万元以上的案件大部分社会危害性和影响比较大,要案居多。因此,将涉嫌贿赂犯罪数额在50万元以上作为特别重大贿赂犯罪案件的情形之一,较为妥当。同时,我们还增加了"犯罪情节恶劣"的条件,对该情形作了进一步的限制。关于有重大社会影响的标准，主要是考虑要案的查办。一些身居要职的国家工作人员贿赂案件的查办，政治和社会影响都较大。关于涉及国家重大利益，主要是考虑发生在一些重要领域，涉及国家政治、军事、外交以及重点工程等关系国家重要利益的贿赂犯罪案件。上述三种情形约占检察机关查办贿赂犯罪案件的10%左右，不超过20%，这一比例较好地平衡了保障犯罪嫌疑人合法权利和打击特殊犯罪两方面的需要。

(2)关于有碍侦查

关于有碍侦查的标准，目前法律和司法解释尚无统一界定，为防止在司法实践中出现滥用有碍侦查情形对犯罪嫌疑人指定居所监视居住，《规则》第110条第4款对“有碍侦查”的情形予以明确，包括：可能毁灭、伪造证据，干扰证人作证或者串供的；可能自杀或者逃跑的；可能导致同案犯逃避侦查的；在住处执行监视居住可能导致犯罪嫌疑人面临人身危险的；犯罪嫌疑人的家属或者其所在单位的人员与犯罪有牵连的；可能对举报人、控告人、证人及其他人员等实施打击报复的。

(3)关于指定居所监视居住的执行地点

关于指定居所监视居住的执行地点，在《规则》修改过程中，意见分歧较大，有观点认为，应当采用列举的方式对指定居所监视居住的执行地点加以明确。我们认为，一旦从正面明确界定指定居所的专门地点，容易导致这些地点演化为羁押办案的专门场所，使得指定居所监视居住演化为变相羁押，与《刑事诉讼法》第73条的立法精神不符。因此《规则》第110条第5款概括规定了指定居所应当具备的条件：一是要具备正常的生活、休息条件；二是要便于监视、管理；三是能够保证办案安全。同时，在第6款采取否定式列举的方法规定：“采取指定居所监视居住的，不得在看守所、拘留所、监狱等羁押、监管场所以及留置室、讯问室等专门的办案场所、办公区域执行。”

3. 关于逮捕条件

修改后的《刑事诉讼法》对逮捕条件进行了较大幅度的调整，将逮捕条件分为三种情形：一是“一般逮捕条件”，即对有证据证明有犯罪事实，可能判处徒刑以上刑罚的犯罪嫌疑人、被告人，采取取保候审尚不足以防止发生社会危险性的，应当予以逮捕。修改后的《刑事诉讼法》将一般逮捕条件中的社会危险性条件细化为五种具体情形。二是“径行逮捕条件”，即对有证据证明有犯罪事实，可能判处10年有期徒刑以上刑罚的，或者有证据证明有犯罪事实，可能判处徒刑以上刑罚，曾经故意犯罪或者身份不明的，应当予以逮捕。三是对“对违反取保候审、监视居住情节严重，可以转为逮捕”的规定，即被取保候审、监视居住的犯罪嫌疑人、被告人违反取保候审、监视居住规定，情节严重的，可以予以逮捕。

适应刑诉法对逮捕条件的调整，《规则》也分别规定了三种逮捕条件，并进行了细化：一是对刑诉法列举的五种社会危险性情形进行了具体解释。总体要求是对社会危险性的把握要有一定证据证明或者有迹象表明，强化了对社会危险性条件判断的客观性。二是对“有证据证明有犯罪事实”进行了解释，要求同时具备下列情形：有证据证明发生了犯罪事实；有证据证明该犯罪事实是犯罪嫌疑人实施的；证明犯罪嫌疑人实施犯罪行为的证据已经查证属实的。三是规定了“不应当逮捕”和“可以不捕”的情形。不应当逮捕主要是指不符合逮捕条件或者具有《刑事诉讼法》第15条规定的情形之一。可以不捕的情形包括：属于预备犯、中止犯，或者防卫过当、避险过当的；主观恶性较小的初犯，共同犯罪中的从犯、胁从犯，犯罪后自首、有立功表现或者积极退赃、赔偿损失、确有悔罪表现的；过失犯罪的犯罪嫌疑人，犯罪后有悔罪表现，有效控制损失或者积极赔偿损失的；犯罪嫌疑人与被害人双方根据刑事诉讼法的有关规定达成和解协议，经审查，认为和解系自愿、合法且已经履行或者提供担保的；犯罪嫌疑人系已满14周岁未满18周岁的未成年人或者在校学生，本人有悔罪表现，其家庭、学校或者所在社区、居民委员会、村民委员会具备监护、帮教条件的；年满75周岁以上的老年人。刑诉法对逮捕条件的规定是从“应当逮捕”和“可以逮捕”的角度予以规范，我们结合司法实践，根据多年来执行《审查逮捕案件质量标准》的经验，从“不应当逮捕”以及“可以不捕”的角度予以列举规定，作为对逮捕活动的具体指导，有利于对逮捕条件的准确把握。

（六）关于案件受理的主要问题

在过去传统案件管理模式下，案件由各个办案部门直接受理，反映在刑事诉讼规则中，关于案件受理的内容也是分散规定在相关章节中。如原《规则》第98条规定了侦查监督部门对审查逮捕案件的受理与审查，第244条至第247条规定了公诉部门对移送审查起诉案件的受理与审查。目前，全国检察机关正在推行案件管理机制改革。在案件受理方式调整之后，如果还将案件受理的有关内容分散规定在诉讼规则的不同章节中，显然不符合改革实践的需要。基于此，《规则》将“案件受理”作为单独的一章，包括两方面的内容：一是将案件管理部门承担的受理工作作了集中规定；二是将原来在“立案”一章中的“受案”一节规定的控告检察部门受理工作的内容修改完善后并入本章。

1. 关于案件管理部门和控告检察部门受理案件的分工

一方面，根据案件管理机制改革的要求和对检察机关案件受理工作的分工调整情况，参考高检院检委会审议通过的《最高人民检察院案件管理暂行办法》的规定，《规则》明确规定案件管理部门统一受理下列案件：侦查机关、本院侦查部门、下级人民检察院移送的审查逮捕、审查起诉、延长侦查羁押期限、申请强制医疗、申请没收违法所得、提出或者提请抗诉、报请指定管辖等案件。同时规定，对人民检察院管辖的其他案件，需要由案件管理部门受理的，可以由案件管理部门受理，为案件受理范围的发展变化留下了空间。案件管理部门受理的事项，是已经立案的事项，主要是来自侦查机关、下级检察机关、审判机关的案件或者与案件相关的法律文书等，可以说是一种“对公业务”。另一方面，根据《人民检察院举报工作规定》、《人民检察院信访工作规定》等文件，《规则》明确规定控告检察部门或者举报中心统一受理报案、控告、举报、申诉和犯罪嫌疑人的投案自首。

2. 关于举报中心对举报线索的初核

过去，高检院的一些规范性文件规定，举报中心对性质不明难以归口、群众多次举报未查处、检察长批交的举报线索应当进行初核。对于性质不明难以归口和检察长批交的举报线索由举报中心进行初核，没有争议。但是对于举报中心是否应当对群众多次举报未查处的举报线索进行初核，存在不同意见。

一种意见主张举报中心对这类举报线索进行初核，主要理由是：第一，由于侦查部门对一些质量不高或不重要的举报线索不能及时办理，导致大量相对不重要的举报线索长期积压，举报人反映强烈。举报中心对这些线索进行初核，既便于弄清问题，及时反馈举报人，同时也便于为侦查部门提供高质量的举报线索，缓解侦查部门人手紧的压力。第二，有相当一部分举报线索本身质量不高、成案率低，举报中心及时对这些举报线索进行初核，有利于弄清情况，做好疏导解释工作，及时化解矛盾纠纷。第三，举报中心对“群众多次举报未查处”的举报线索进行初核，是《人民检察院举报工作规定》、《人民检察院信访工作规定》、《最高人民检察院关于加强和改进控告申诉检察工作的决定》等一系列规范性文件的明确规定。

另一种意见认为，“群众多次举报未查处”的所指不明确，如果性质明确的，应按照线索的性质归口移送，而不能直接初核。实践中，多次举报未查处的原因很复杂，有可能是因为举报线索质量不高，也可能是因为侦查时机暂不成熟，举报中心对线索进行初核,可能影响将来对案件的查处。

我们认为,从部门分工来看,对举报线索的受理由举报中心负责,而对举报线索的审查由侦查部门负责,除了一些特殊情况,如性质不明难以归口或者检察长批交的以外,不宜突破上述职能分工。《规则》第167条规定,对于“群众多次举报未查处”的举报线索,举报中心可以要求侦查部门说明理由,认为理由不充分的,可以报检察长决定。

（责任编辑:吕卫华）

公诉工作与《人民检察院刑事诉讼规则(试行)》(一)[①]

黄　河　尚洪涛　张志强　吕卫华　张　军　郭竹梅

目　次

引言
第一个问题:提前介入侦查、引导侦查取证
一、提前介入侦查、引导侦查取证工作机制的重要意义
二、提前介入侦查、引导侦查取证工作的基本原则——适当、适时、适度原则
三、提前介入侦查、引导侦查取证的具体要求
第二个问题:受理移送审查起诉案件后的审查
一、刑诉规则修改前后的变化
二、修改后的刑诉规则对公诉部门受理、审查案件带来的影响
三、实践中需要注意的问题
第三个问题:公诉阶段羁押必要性的审查
一、刑诉法和刑诉规则修改前后的变化

① 本文系高检院公诉厅黄河副厅长在全国检察机关刑诉规则网络培训课上的讲课提纲。该提纲系黄河与公诉厅干部吕卫华博士、尚洪涛处长、张志强副处长、张军博士、郭竹梅博士共同讨论而成,提纲中的引文如未标明出处,敬请原谅。

二、实践中需要注意的问题
三、开展羁押必要性审查工作需把握的原则
第四个问题：同步录音录像的审查与运用
一、刑诉法和刑诉规则修改前后的变化
二、我国讯问中同步录音录像实施状况的评析与检讨
三、实践中需要注意的问题
第五个问题：非法证据排除规则
一、刑诉法及刑诉规则关于非法证据排除规则的主要规定
二、运用非法证据排除规则应当注意的四项基本原则
三、运用非法证据排除规则需要注意的六个问题
第六个问题：关于案卷移送和开庭前取回案卷材料的问题
一、刑诉法和刑诉规则修改前后的变化
二、刑诉规则新规定的理解与适用
第七个问题：庭前会议
一、庭前会议的任务和功能
二、实践中应当注意的问题
三、刑诉规则没有规定的问题的处理
第八个问题：不起诉
一、关于法定不起诉
二、关于存疑不起诉
三、关于被不起诉人不服不起诉决定提出申诉的范围
四、不起诉后对犯罪嫌疑人的违法所得及其他涉案财产的处理

引言

修改后的《刑事诉讼法》（以下简称刑诉法）和《人民检察院刑事诉讼规则》（以下简称刑诉规则）已经颁布了，公诉工作面临着许多挑战，为了更好地规范公诉、精细司法，我们认为首先必须明

确以下三点：

一是在新的形势下，有必要对公诉工作、公诉人称谓进一步反思和审视。从宏观观察，我们面临全球化、信息化、网络化的大趋势；从中观观察，中国经济高速发展，依法治国理念深入人心，维权与维稳相互激荡；从微观观察，公诉既处于刑事诉讼的中间环节，又置身于诉讼的风口浪尖。在这样的形势下，有必要对公诉工作、公诉人的定位进行深刻审视。我们常常听到地方检察长为了表示对公诉工作的重视，强调公诉是检察机关的窗口和门面。我们认为这种说法不妥，试想，一栋大楼，其核心建筑部分是窗口和门面吗？显而易见，如果公诉是检察机关的窗口和门面，那么公诉也就太不举足轻重了。事实上，古今中外检察院都有一个规律，就是没有公诉就没有检察院。公诉是检察机关核心的标志性职能，对公诉的这一点定位在新形势下尤为重要。接下来就是我们国家公诉人的定位问题。在我国为什么一审叫公诉人，二审叫检察员？似乎没有人讲明白。大家知道，公诉人的产生应当说是随着社会发展、法治进步而产生的，从法治上看，检察官是“防止警察的骄横，防止法官的恣意”的现实需要；从理论上分析，公诉人是控辩审诉讼架构的重要一方和履行客观公正义务的法律守护人。但实践中我们怎么才能实现这么崇高的使命？我们认为国家公诉人有三个层次，第一层次是规范执法的坚定执行者——严格依法办案；第二层次是精细司法的积极践行者——利用公诉裁量权对刑事司法领域中的弹性空间、模糊界域、空白领域的精确裁量；第三层次也是最高层次，就是公诉艺术的行为艺术家，必须是讲法律、讲政治、讲人性的“三讲”高手。道理很简单，国家公诉人，顾名思义，公诉必须依法公诉，故必须讲法律；国家公诉，必须站在国家利益和公共利益高度来公诉，这就是讲政治；公诉人，首要是人，落脚也是人，故必须洞悉社会、洞悉人性，这就要求必须讲人性。但无论如何，讲法律是成为一名合格公诉人的前提和基础，而规范执法的前提和基础是学懂、弄通、会用我们的法律和规则，这也是我们学习、研究刑诉法、刑诉规则的重要性所在。

二是用几组数字来简单扫描修改后的刑诉法给我们公诉工作带来的挑战。目前，我们队伍中有两种面对修改后刑诉法的不好倾向，其一，盲目乐观；其二，过分悲观。我们可以用三组数字说明挑战有多大：(1)一变三，由传统的一个公诉变成了证据是否合法的程序公诉（非法证据排除规则要求）、定罪是否准确的实体公诉（传统意义的公诉）和量刑是否恰当的量刑公诉（量刑建议和量刑纳入法庭审理）；(2)增加了四个特别程序（未成年人、没收程序、刑事和解、精神病）；(3)简易程序出庭增加了40多万件，证人和鉴定人出庭增加了庭审变数和激烈程度（直接言辞规则和交叉询问规则），辩护律师的辩护空间加大（辩护人的阅卷权、会见权、调查权得到全面加强，比公诉人获得的信息更早、更全），网络微博加强了信息扩散维度。这些情况给我们公诉工作带来的压力是前所未有的，但我们既不可盲目乐观，也不能过分悲观。关键是要围绕修改后的刑诉法，对外构建新型侦诉关系（协作制约关系）、新型控辩关系（对抗合作关系），一言以蔽之，对外搞好关系；对内加强全方位、多维度的公诉人建设和公诉工作机制建设，也就是说，对内搞好自身建设。通过内外兼修来迎接严峻挑战。这也是我们学习、研究刑诉法、刑诉规则的必要性所在。

三是关于修改后的刑诉法和刑诉规则的理解与适用的方法问题。刑事诉讼实质上是围绕两条主线来展开的：一条是显见的主线，就是围绕证据的取证、举证、质证和采信来展开，这是证据主线；另一条是隐形的主线，就是围绕主权与人权、公正与功利的平衡与协调来展开，这是权利主线。刑事诉讼制度的本质就是和平时期法治社会解决矛盾的沟通协商机制，要实现定分止争、打击犯罪，唯有讲证据、讲法律来沟通对话，唯有打击犯罪和人权保障的协调平衡。任何时候、任何国家的刑事诉讼立法和司法都逃不开这两条主线。美国的反恐立法《爱国者法案》就是典型例证。"9·11"事件后,在美国大多数民众认同"自由给安全让路"这一观念情形下,立法规定:(1)冻结恐怖组织资金以断绝活动经费;(2)扩大警方在侦查中的自由裁量权;(3)必要时国会有权动用军队以战争方式反恐。这就是特别情形下,人权让渡主权、自由让位安全、公正让路功利,以达成新的平衡和协调。因此,我们理解、适用刑诉法和刑诉规则都要以此为出发点、重点和核心,唯有如此,方能掌握法治的精神、法律的精髓、规则的指引。此外,作为中国特色社会主义检察制度标志的法律监督,要求我们公诉工作讲求辩证法,抓住重点,统筹兼顾,所以一审的职责要求是办案中监督,二审的职责要求是监督中办案,故一审叫公诉人,二审叫检察员,只有定好位才能履好责。这也是我们学习、研究刑诉法、刑诉规则的方法论所在。

由于刑诉规则涉及公诉的内容很多,我们主要围绕审前程序即庭审前公诉工作的几个重点问题,主要是刑诉规则新增的或者有重要修改的规定,谈一谈我们的学习体会。

第一个问题:提前介入侦查、引导侦查取证

刑诉规则第361条规定:"对于重大、疑难、复杂的案件,人民检察院认为确有必要时,可以派员适时介入侦查活动,对证据收集、法律适用提出意见,监督侦查活动是否合法。"这是刑诉规则新增加的规定,是对我们探索多年的介入侦查、引导取证工作机制的肯定和确定。我们的评价是这一规定具有里程碑式的重要意义,因为做好这项工作有利于从源头上打牢证据体系,消除证据隐患,强化侦查监督。

一、提前介入侦查、引导侦查取证工作机制的重要意义

(一)*是构建新型侦诉关系的重要方法*

我们可以从受理的刑事抗诉案件来反观、反思侦查工作,我们常常因为侦查取证问题而不能提出抗诉,常常因为时过境迁、司法无能而痛心疾首。例如,某省提请我们抗诉的一起抢劫案件,两个犯罪分子入室抢劫,致被害人死亡,携抢来的被害人手机等物品逃离现场,次日被抓获。公安机关根据被告人的供述,提取了已经销赃的手机,买手机的人辨认出了被告人;提取了被告人已经扔掉的裤子,在裤子上检出了被害人的DNA。

这个案件既有隐蔽性证据,又有客观性证据,貌似证据不错。但不容忽视的是证据存在以下问题:(1)带血裤子的来源不清。案卷反映的裤子提取地点有两个:一是公安局DNA鉴定书称裤子自嫌疑人住处提取,而提取笔录所列的被提取物品中没有这条裤子,而且缺少提取裤子时的照片。二是扣押物品文件清单记载裤子从某文化广场旁的草丛中提取。这两份证据间存在矛盾。(2)提取的手机没有让被害人家属进行混杂辨认,而是直接把手机照片出示给被害人家属指认。

抗诉审查时问裤子哪里来的?到处去问,问被告人、问侦查人员,回答应该是从草丛里提取的,但是提取笔录上没有呀。为什么不按辨认程序辨认手机?也没人给予合理解释。导致这些关键证据的合法性饱受质疑。大家知道,美国著名橄榄球明星辛普森杀人案就是一双现场提取的血袜子是否提取合法导致了无罪判决。在严格的死刑抗诉证据标准下,这样的证据情况严重影响抗诉的决心。

这些问题的产生源自侦查取证,到了后期起诉、抗诉常常失去补查条件,搞得警察和检察官关系紧张,同时也无法履行打击犯罪职责。因此我们常常在想,如果提前介入侦查,引导侦查取证,是不是就可以较好地解决呢?

介入侦查、引导取证打破了传统侦查思维模式和侦查垄断地位,整合了控方资源和侦诉力量,对于构建新型检警关系非同小可。同时,必须说明,这一工作机制也是一把"双刃剑",用得好,能够协调好关系,也能够树立司法权威和监督权威;反之,没帮忙还添乱,谁喜欢你来指手画脚。

(二)对于提升办案质量和效率意义重大

通过对无罪案件和死刑案件中改判死缓案件的分析,我们发现这些案件的质量问题主要体现在证据方面,该提取的证据不提取、该鉴定的不鉴定、关键的物证、书证丢失、取证程序不合法、证据形式存在瑕疵、重视言词证据忽视客观证据等问题比较常见。侦查人员证据意识、程序意识不强,检察人员审查不细、把关不严,使案件质量隐患流入后续诉讼环节。提高刑事案件的办案质量,是公诉部门必须坚持长期抓好的首要工作。提前介入侦查、引导侦查取证就是重要的方法和手段,通过一方面对证据收集、法律适用提出意见;另一方面监督侦查活动是否合法,从而实现了公诉职能——指控犯罪、侦查监督的向前延伸,可以有效提升办案质量和办案效率,实现良好办案效果。

二、提前介入侦查、引导侦查取证工作的基本原则——适当、适时、适度原则

(一)适当原则

必须是三类案件,一般应是在当地有重大影响或者敏感、疑难、复杂的案件;必须确有必要;必须确保侦查取证工作依法、客观、及时、全面地进行。

(二)适时原则

引导侦查取证的时间,一般在批准逮捕后、移送审查起诉之前。必要时可以在审查批捕阶段与侦查监督部门同时介入侦查。

(三)适度原则

既不是对侦查的指挥,更不是包办代替,而是立足于对重点案件的有限介入,建议和引导取证,并对侦查取证活动实行法律监督。

三、提前介入侦查、引导侦查取证的具体要求

(一)程序启动的要求——双向互动,检方决定

人民检察院介入侦查引导取证,既是侦、诉机关共同完成指控

犯罪的需要，也是检察机关履行法律监督职责的需要。既可以是人民检察院认为确有必要时主动介入侦查、引导取证，也可以是侦查机关邀请人民检察院派员介入，人民检察院认为确有必要时派员介入。

（二）介入侦查、引导取证是组织行为，而非个人行为

1. 介入侦查、引导取证工作自始至终都是检察院的组织行为，它的发动、进行、结束都是组织活动，而非个人行为。因此，不存在提前介入公诉人员是否可以承担该案公诉人的担心，担心一是存在先入为主，受限于提前介入意见；二是如果改变提前介入意见，会让人觉得检察人员工作不严谨。在工作中，检察人员应当及时将情况向部门负责人报告，必要时公诉部门要对介入侦查、引导取证工作情况进行研究讨论，重大情况应向检察长报告。必须强调向侦查机关反馈意见一般要以集中、组织、书面形式进行。

2. 目前，普遍存在检察机关实际介入侦查的案件数量少、介入时机滞后、指导取证的深度不够、实效性不强等问题，使这项机制的实际效果大打折扣。对此，市级检察院和基层检察院公诉部门要沟通协调，明确责任，基层院不能因为不管无期以上的案件就消极怠工，分市院要逐步实现对命案从现场勘查时开始介入侦查，引导侦查人员全面、客观收集证据。

（三）介入侦查、引导取证的方式和重点

首先，要明确介入侦查、引导取证的方式：

1. 对侦查机关（部门）的侦查方向、重点提出建议；

2. 参与研究侦查机关（部门）已经获取的证据材料，并提出补充、固定和完善的意见；

3. 参加侦查机关（部门）对于重大案件的讨论；

4. 参加侦查机关（部门）的勘验、检查等侦查活动；

5. 检察人员在介入侦查、引导取证过程中，发现侦查人员有违法收集证据行为的，应当及时提出纠正意见。

其次,要明确介入侦查、引导取证的重点。即按照起诉的证据标准,对证据的收集、固定、补充和完善提出建议,发现侦查活动有违法情形的,及时提出纠正意见,力争在案件移送审查起诉前解决证据的确实、充分问题和合法性问题。

(四)要以案件质量评析通报制度来延伸介入侦查、引导取证工作的效果

1. 公诉部门应当与侦查机关建立联席会议制度,定期互相通报工作情况,交流工作信息,共同研究解决工作中存在的问题。

2. 公诉厅《关于加强死刑案件办理和监督工作的指导意见》要求省、市级人民检察院定期对死刑案件的质量进行评析,对于侦查中存在的问题向侦查机关通报,并向侦查人员作深入细致的评析;对于审查起诉期间的问题,向下级检察院和审查起诉人员评析通报,督促侦查和审查起诉人员切实改进工作。如果能将介入侦查、引导取证中发现的问题和审查中发现的案件质量问题定期通报给侦查机关,反复去讲,坚持下来,"侦查机关10年前存在的问题现在依然存在、侦查质量上长期存在的问题得不到有效纠正、案件质量长期以来没有根本改观"的现象就可能得到改变。

第二个问题:受理移送审查起诉案件后的审查

一、刑诉规则修改前后的变化

原刑诉规则第244条至第247条单独作为"受理"一节,规定人民检察院公诉部门对于公安机关移送审查起诉的案件,应当在7日内进行审查,审查的内容包括管辖,材料是否齐备、规范,作为证据使用的实物是否随案移送,犯罪嫌疑人是否在案以及采取强制措施的情况等。由于检察机关新成立了案件管理部门,负责案件的受理等工作,修改后的刑诉规则第152条至167条对检察机关案件受理工作进行了具体规定,受理统一由案件管理部门和控告检察部门负责,其中第152条至154条规定,案件管理部门负责受理侦查机关、下级人民检察院移送的审查逮捕、审查起诉、延长

侦查羁押期限、申请强制医疗、申请没收违法所得、提出或者提请抗诉、报请指定管辖等案件,案件管理部门受理案件后,对案件是否属于本院管辖,案卷材料是否齐备、规范,移送的款项或者物品与移送清单是否相符,犯罪嫌疑人是否在案以及采取强制措施的情况进行形式审查。经审查符合受理条件的,移送相关部门处理。

二、修改后的刑诉规则对公诉部门受理、审查案件带来的影响

侦查机关移送审查起诉的案件由案件管理部门统一受理并进行形式审查,符合案件管理科学化、规范化的要求。这里有必要对案管部门的工作作进一步说明。有不少同志对案管部门的设立颇有微词,认为案管部门的设立属于无事生非,没事找事,还给公诉部门人为增加许多工作量。我们认为这种看法有失偏颇。客观地说,案管部门的设立至少有两个益处:一是对于案件管理规范化、信息化、精细化有益;二是对于检察机关强化自身监督制约有益。因此,我们应当自觉服从案管,并在工作中克服刚开始案管的不适应和矛盾,实现双向提高。

根据修改后刑诉规则的规定,公诉部门从案件管理部门收案后,一般不再需要对材料是否齐备、规范等进行形式审查,但由于案件管理部门审查的期限较短,对于管辖问题,公诉部门收到案件材料后,仍应当进行审查。也就是说,我们收案后,第一件事就是审查管辖问题。刑诉规则第 362 条对公诉部门审查案件管辖权、移送案件、并案处理问题进行了具体规定,还特别对检察机关协调法院办理指定管辖的问题进行了规定。具体是:

1. 各级人民检察院提起公诉,应当与人民法院审判管辖相适应。

2. 公诉部门收到移送审查起诉的案件后,经审查认为不属于本院管辖的,应当在 5 日以内经由案件管理部门移送有管辖权的人民检察院;认为属于上级人民法院管辖的第一审案件的,应当报送上一级人民检察院,同时通知移送审查起诉的公安机关;认为属于同级其他人民法院管辖的第一审案件的,应当移送有管辖权的人民检察院或者报送共同的上级人民检察院指定管辖,同时通知移送审查起诉的公安机关。

3. 上级人民检察院受理同级公安机关移送审查起诉案件,认为属于下级人民法院管辖的,可以交下级人民检察院审查,由下级人民检察院向同级人民法院提起公诉,同时通知移送审查起诉的公安机关。

4. 一人犯数罪、共同犯罪和其他需要并案审理的案件,只要其中一人或者一罪属于上级人民检察院管辖的,全案由上级人民检察院审查起诉。

5. 需要依照刑诉法的规定指定审判管辖的,人民检察院应当在侦查机关移送审查起诉前同同级人民法院协商办理指定管辖有关事宜。

三、实践中需要注意的问题

一是在内部程序上。公诉部门经审查认为不属于本院管辖的,不管是移送同级其他人民检察院,还是报送上级人民检察院、交下级人民检察院,都应当退回案件管理部门,由案件管理部门移送有管辖权的人民检察院,而不能由公诉部门直接移送案件。但必须明确一点,商请法院指定管辖的承办部门是公诉部门。

二是在时间节点上。人民检察院案件管理部门在受理侦查机关移送审查起诉的案件时,应当审查案件是否有管辖权,是否需要指定管辖,尽量不要在受理案件后再处理指定管辖问题,以免造成工作被动。

三是在指定管辖的具体操作上。近年来,指定异地管辖的案件不断增加,尤其是职务犯罪案件。实践证明,指定异地管辖案件,对充分发挥检察一体化作用,集中优势力量攻坚克难,减少人为因素干扰,提高办案质量和效率,确实起到了一定作用。但我们也常常发现因为利益关系、地方保护、人情关系,还有一些说不清

道不明的原因,有的是争管辖,有的是推管辖,有的是选择性争抢、推脱管辖。因此,我们和最高法院有关部门达成以下共识:

1. 办理指定管辖的时间要求。规则规定需要人民检察院与人民法院指定异地管辖的案件,应当要求侦查机关在移送审查起诉前即与人民检察院商请指定管辖,提前的时间应以上级检察机关能够完成同法院的协商并办理完毕相关手续为宜,实践中掌握的话,至少应在移送审查起诉前 20 天。

2. 申请指定管辖的材料要求。下级人民检察院申请指定管辖的材料,一是必须要有院名义的请示报告,同时说明请示指定管辖的理由;二是必须要有指定侦查管辖的函件;三是必须附有简要案情,重点载明犯罪地和居住地。

3. 上级人民检察院的工作要求。收到下级人民检察院申请指定管辖的材料后,上级人民检察院公诉部门是指定管辖的承办部门,应当以院正式函件获得同级人民法院同意。上级人民检察院指定管辖应具体指定到承办案件的人民检察院,并附同级人民法院同意管辖的函件。同时,应当在指定管辖函中明确要求下级人民检察院在案件处理后报送案件起诉书、判决书,避免案件失控。

第三个问题:公诉阶段羁押必要性的审查

一、刑诉法和刑诉规则修改前后的变化

羁押必要性审查是修改后刑诉法和刑诉规则新增加的内容,应当说是刑诉法修改所增加的十分重要的人权保障条款。随着社会的发展、法治的进步、技术的进展,国家和公民同时都意识到,对人身自由限制的法律要求应当越来越严格。因为,羁押带来的高昂司法成本、严重的交叉感染和不必要的人格诋毁和痛苦,给国家、社会和公民带来的负作用是不可估量的。因此,修改后的刑诉法第 93 条规定:“犯罪嫌疑人、被告人被逮捕后,人民检察院仍应当对羁押的必要性进行审查。对不需要继续羁押的,应当建议予以释放或者变更强制措施。有关机关应当在 10 日以内将处理情况通知人民检察院。”据此，刑诉规则第616条至621条对羁押必要性审查作了具体规定，其中第617条规定：“侦查阶段的羁押必要性审查由侦查监督部门负责；审判阶段的羁押必要性审查由公诉部门负责。监所检察部门在监所检察工作中发现不需要继续羁押的，可以提出释放犯罪嫌疑人、被告人或者变更强制措施的建议。”第621条规定：“人民检察院向有关办案机关提出对犯罪嫌疑人、被告人予以释放或者变更强制措施的建议的，应当要求有关办案机关在10日以内将处理情况通知本院。有关办案机关没有采纳人民检察院建议的，应当要求其说明理由和依据。对人民检察院办理的案件，经审查认为不需要继续羁押犯罪嫌疑人的，应当建议办案部门予以释放或者变更强制措施。具体程序按照前款规定办理。”

二、实践中需要注意的问题

（一）羁押必要性审查的权力性质

对羁押必要性的审查是依法对羁押的犯罪嫌疑人是否需要继续羁押进行的审查，是人民检察院法律监督的体现。这项职能不同于检察机关对自己办理案件所进行的强制措施的审查，羁押必要性审查监督权的性质是一种建议权，而不是决定权。当然，这一建议也具有相应的法律效力，刑诉法和刑诉规则对这一权力的实施及保障做出了明确规定。

（二）羁押必要性审查的启动方式

一是依职权审查。即检察机关依照法律规定主动履行审查。修改后的刑诉法第93条规定，犯罪嫌疑人、被告人被逮捕后，人民检察院仍应当对羁押的必要性进行审查。实践中，公诉部门可以通过刑诉规则新设立的程序，加强专门注意来进行审查。

二是依申请审查。修改后的刑诉法第95条规定，犯罪嫌疑人、被告人及其法定代理人、近亲属或者辩护人有权申请变更强制措施。这是因为，被羁押人在刑事诉讼中明显处于弱势，为充分保障被羁押人人权，法律赋予犯罪嫌疑人、被告人及其法定代理人、近亲属或者辩护人“申请救济权”。因此，检察机关可以依上述申请启动程序。需要注意的是，被羁押一方虽被赋予“申请救济权”，但最终是否启动审查程序由检察机关决定。

（三）退回补充侦查阶段羁押必要性的审查

刑诉规则第617条对检察机关开展羁押必要性审查的工作进行了职能划分。侦查阶段的羁押必要性审查由侦查监督部门负责；审判阶段的羁押必要性审查由公诉部门负责。但对于退回补充侦查阶段羁押必要性的审查，规则没有明确规定。我们认为，退回补充侦查阶段的案件已经侦查终结，且和审查起诉的工作联系更加紧密，由公诉部门进行审查更加便利，也利于案件处理的整体把握。

（四）检察机关自侦案件羁押必要性的审查问题

需要注意的是，自侦案件逮捕权上提一级以后所带来的衔接问题。由于上一级检察院只是审查决定逮捕，案件的侦查、起诉一般仍由立案的检察院负责，因此，自侦案件的审查由审查起诉的检察院负责，但须报请上一级检察院即作出原逮捕决定的检察院同意。

三、开展羁押必要性审查工作需把握的原则

羁押必要性审查是刑诉法新增的制度，其目的是要尽量减少审前羁押，努力实现惩罚犯罪与保障人权的有机统一。目前，不少地方已经或正在开展羁押必要性的审查工作。但从开展的情况看，效果并不理想，主要是审查起诉时对羁押必要性的审查工作重视不够；对审判阶段羁押必要性的法律监督工作尚未有效开展。其原因在于：一是担心逮捕措施变更影响案件的处理和诉讼效率；二是对外来人员适用取保候审等非羁押强制措施条件难以满足，导致实践中不愿变更强制措施；三是奖惩机制不完善，公诉人对羁押必要性审查的意识不强、动力不足、惧怕承担诉讼风险。为了解决上述问题和担心，刑诉规则第619条对可以变更强制措施的八种情形作了明确规定。我们认为，在实践中开展羁押必要性审查应当把握以下几个原则：

（一）人权保障原则

逮捕属于刑事诉讼中限制公民人身自由最为严厉的手段，现代法治国家应当赋予被羁押人充分的程序性救济权利，使其合法权利受到剥夺时能得到及时有效救济。修改后刑诉法对惩罚犯罪与保障人权的关系、惩治犯罪和维护司法公正的关系进一步统筹平衡，将“尊重和保障人权”明确写入刑诉法，更加突出了对公民权利的保障和对公共权力运行的规范。因此，公诉人在工作中要强化人权保障意识，将保证诉讼顺利进行与教育感化犯罪嫌疑人、减少社会对抗、尊重和保护人权放在同等重要的位置上。

（二）法定原则

刑诉法和刑诉规则从证据条件、罪刑条件、社会危害性条件三层次界定逮捕的“必要性”，明确逮捕条件及“应当予以逮捕”的具体法定情形。同时，也明确了取保候审、监视居住的各种具体法定情形，这就为逮捕必要性审查提供了更加明确、细致的法律依据。被逮捕羁押的犯罪嫌疑人、被告人随着诉讼阶段的推进，可能不再符合法定的羁押必要性情形。在审查起诉中，一旦发现没有或者已经失去羁押必要性的犯罪嫌疑人、被告人，公诉机关应当及时建议有关部门解除羁押。

（三）比例原则

司法中的比例原则，系德国法首创，包含目的的正当性、手段的必要性与法益的相称性三大内涵。其目的是防止国家权力的恣意、保障公民合法权益，这也是为现代法治国家和相关国际公约所接受的一项诉讼原则。其中与羁押必要性审查最为相关的就是“法益的相称性”。“法益的相称性”通俗地说，就是在适用羁押措施时，羁押的期限与被羁押者涉嫌犯罪的严重程度、可能判处的刑期要相适应。如意大利刑诉法规定,被告人可能判处6年以下有期徒刑的,诉讼中最高羁押期限为3个月;可能判处20年以下有期徒刑的,诉讼中最高羁押期限为6个月。刑诉规则第619条第5项规定的变更强制措施的情形(继续羁押犯罪嫌疑人、被告人,羁押期限将超过依法可能判处的刑期的)实际上也是比例原则的一种体现。因此,在实践中,要依据犯罪嫌疑人的罪行、刑事责任、人身危险性和社会危害性,对不应当继续羁押的被逮捕的犯罪嫌疑人、被告人及时建议变更强制措施或予以释放。

(四)监督原则

公诉权中不起诉权和羁押必要性审查权是一项相当重要的诉讼权能,如果失控,后果是不堪设想的。因此,检察机关应当加强对羁押必要性审查的自身监督制约,在程序上、实体上严格适用条件,防止失职和腐败的发生。

第四个问题:同步录音录像的审查与运用

一、刑诉法和刑诉规则修改前后的变化

讯问同步录音录像是刑诉法根据检察机关侦查案件的实践而新增的规定,如刑诉法第121条规定:"侦查人员在讯问犯罪嫌疑人的时候,可以对讯问过程进行录音或者录像;对于可能判处无期徒刑、死刑的案件或者其他重大犯罪案件,应当对讯问过程进行录音或者录像。录音或者录像应当全程进行,保持完整性。"这项制度的诉讼价值在于既可以规范侦查活动、保障当事人合法诉讼权益,同时也可以作为侦查合法与否、犯罪嫌疑人供述真实与否的有力证据。对公诉工作而言,合理妥当地运用好同步录音录像,不仅有利于审查起诉,特别是出庭支持公诉时分析判断犯罪嫌疑人口供的真实性,也有利于证明证据的合法性。因此,实践中要高度重视录音录像的司法价值,重点审查录音录像是否真实、客观、全面。

刑诉规则对刑诉法第121条规定作了多方面的细化,如第73条规定:"对于公安机关立案侦查的案件,存在下列情形之一的,

人民检察院在审查逮捕、审查起诉和审判阶段,可以调取公安机关讯问犯罪嫌疑人的录音录像,对证据收集的合法性以及犯罪嫌疑人、被告人供述的真实性进行审查:

(一)认为讯问活动可能存在刑讯逼供等非法取证行为的;

(二)犯罪嫌疑人、被告人或者辩护人提出犯罪嫌疑人、被告人供述系非法取得,并提供相关线索或者材料的;

(三)犯罪嫌疑人、被告人对讯问活动合法性提出异议或者翻供,并提供相关线索或者材料的;

(四)案情重大、疑难、复杂的。"

刑诉规则比较完整地规定了讯问录音录像的调取、移送、审查、播放等问题,为实践操作提供了明确的依据。

二、我国讯问中同步录音录像实施状况的评析与检讨

毫无疑问,检察机关同步录音录像制度七年的实践对司法文明、人权保障起到了积极的推动作用,并对这一制度的立法确认提供了丰富的经验和有益借鉴。另外,从实践情况来看,这一制度还存在一些需要反思检讨之处。

(一)同步录音录像制作工作存在的问题

1.不制作或不全部制作录音录像。实践中,侦查人员在讯问过程中,不制作或者不全部制作的情况时有发生。不久前,广受社会各界关注的某重大职务犯罪案件,竟然也没有讯问过程的录音录像,在多家媒体的镜头底下,核心主犯当庭翻供,成为新闻热点,尽管公诉人提前做了充分的应对预案,在庭上予以有效应对,但不免被动。如果有同步录音录像在案,证据的合法性将会得到有力的证明,被告人翻供的概率将大大降低,即使翻供,也没有什么可信度。此外,还有的犯罪嫌疑人对某起事实作了多次笔录供述,但只有其中一次讯问进行了同步录音录像,这种情况下,犯罪嫌疑人如果在庭审中声称在没有录音录像的那几次讯问中侦查人员有违法行为,在法庭上公诉人将不免陷入被动。

2. 不全程制作录音录像。修改后刑诉法要求“录音或录像应当全程进行”,高检院相关规定也规定“录制的起止时间,以被讯问人员进入讯问场所开始,以被讯问人核对讯问笔录、签字捺手印结束后停止。”实践中,对“全程”的执行并不规范。有的案件录像画面一开始,各方人员已经“各就各位”;有的案件没等到“签字捺手印”就匆匆关机;有的案件甚至审讯基本要结束了,才开始录像。更有一些案件甚至存在先讯问、再录像,供则录,不供不录的情况,使同步录音录像流于形式。这些不规范、选择性的录制,严重削弱了同步录音录像的可信性及其存在的价值,给法庭证明侦查活动合法性和指控犯罪带来困难。

3. 同步录音录像内容与笔录内容存在矛盾。笔录是侦查人员对供述的语言进行的文字记录,由于口语与书面语言的差异和工作效率的需要,有时不可避免地要进行整理归纳,因此文字笔录与录像中的内容不完全相同属于正常现象。但是,有的案件出现了同步录音录像内容与笔录内容严重矛盾的情况。比如:有的录像中明确表示记不清了,但笔录中却记得清清楚楚;有的录像时间很短,根本没说几句话,但笔录却长达十几页;有的录像里既有供述也有辩解,但笔录里只有供述,找不到辩解内容;有的录像中说的是干了 A 事,但笔录中却是干了 B 事;还有的录像中嫌疑人否认具有主观故意,笔录中却深刻剖析自己的主观恶性。这些录像与笔录在内容上的严重矛盾,增加了审查判断证据的难度和出庭支持公诉的风险。

4. 侦查讯问活动不够规范。在诉讼中进行同步录音录像的目的既是为了规范侦查活动、保障人权,同时也是对侦查人员的保护。但由于侦查人员的重视不够,暴露出侦查讯问活动中存在的一些问题。主要是讯问方式不当,甚至存在指供嫌疑。有的侦查人员在犯罪嫌疑人供述时,不时在一些细节问题上进行提示,如:“行贿人送钱时是坐出租车到你家的,你想想是不是?”有的整个讯问过程中,犯罪嫌疑人手拿稿子,对侦查人员的讯问进行“照本宣科”的回答。甚至有案件在整个讯问过程中没有进行记录,讯问即将结束时侦查人员直接用事先打印好的讯问笔录让犯罪嫌疑人签字。这些不规范的讯问行为,一旦犯罪嫌疑人翻供,同步录音录像不但不能起到固定言词证据的作用,反而成为辩护人、被告人否认侦查活动合法性和供述笔录真实性的证据。

(二)同步录音录像审查工作存在的问题

1.“无用论”与“万能论”的认识偏差。实践中,一些公诉人对同步录音录像的审查存在两种错误认识:一种是同步录音录像无用论,认为以前没有同步录音录像照样办案,录音录像只是犯罪嫌疑人供述的另一种载体,既然已经审查了笔录供述,就没有再对同步录音录像进行审查的必要,有没有录像、看不看录像都一样,该定还得定,该翻还是翻,于是将录音录像束之高阁。另一种是同步录音录像万能论,认为案件的同步录音录像规范、清晰,犯罪嫌疑人在录像中自然真实地供认了所犯罪行,于是万事大吉,放松和忽视了对其他欠缺证据的补正工作。这两种错误思想都对同步录音录像在实践中的运用带来不利影响。

2.审查同步录音录像不全面。一些地方因为人员紧、任务重的原因,没有做到对每起案件每个录像都进行全面审查,而是对一些案件的同步录音录像进行了选择性审查(抽样审查)。严格来讲,公诉部门对同步录音录像应当全部进行审查,唯此才能对讯问活动的合法性、录像与笔录的一致性做出正确判断,任何死角和遗漏都可能给庭审应对留下隐患。

3.对瑕疵同步录音录像的补救不积极。面对侦查阶段制作的有瑕疵的同步录音录像,特别是对存在指供嫌疑的,公诉部门对“已经录成那样”往往采取无可奈何的态度,只在论证答辩上下功夫,期望从“虽有些瑕疵,但供述与其他证据相印证,不影响笔录供述真实性”的角度圆场过关。往往怠于要求侦查人员采取补救措施、作出合理解释或者通过公诉人员直接针对瑕疵部分涉及的内容，重新讯问犯罪嫌疑人并制作同步录音录像，由其对该部分内容作出主动自然的供述，来弥补先前指供嫌疑的瑕疵。

（三）同步录音录像在诉讼中运用存在的问题

1. 提起公诉时是否向法院移送做法不一。实践中，对同步录音录像可以作为证明侦查活动是否合法的证据没有争议，但对同步录音录像是否可以作为证明原案犯罪事实的证据存在争议，故在起诉时是否作为指控原案的证据向法院移送做法不一。有的在起诉时作为证据移送；有的虽不作为指控证据但也移送；有的一概不移送；有的只移送认罪的，不认罪的不移送；还有的是在法院提出移送要求后才移送。

2. 运用同步录音录像的意识不强。虽然检察机关的该项制度已经实施六年，但仍有个别公诉人员，仅将该项制度停留在内部监督的层面，不会运用同步录音录像增强指控力度，有效打击犯罪。在工作中我们曾发现一起案件，同步录音录像制作得很好，但公诉人员面对庭审中被告人的无理翻供束手无策，没有提请法庭播放同步录音录像，致使一审宣告无罪，经二审抗诉并运用同步录音录像对翻供进行反驳，最终使案件改判有罪。这种情况是个别的，但也反应出一些公诉人员对同步录音录像的功能作用认识不够、运用同步录音录像意识不强的问题。

3. 运用同步录音录像的方式不合理。一是对于录音录像效果较好的案件，有的地方即使庭审中被告人认罪态度很好，也仍然提请播放多份同步录音录像，无意义地拉长了庭审时间。二是对于被告人翻供的案件，没有进行灵活地选择性播放，而是录像有多长就放多长，影响了庭审效率和效果。三是对于录音录像存在瑕疵但还达不到应当排除程度的案件，在被告人、辩护人提出播放申请时，不敢播放。当然，录音录像制作本身的不规范是导致公诉人面对播放申请不敢播放的根本原因，面对合理的播放申请，拒绝播放的答辩技巧再好也会显得牵强无力，影响整个案件的指控效果。

我们认为，从同步录音录像制度的实践来分析，出现上述问题的主要原因是观念层面、理论层面和操作层面矛盾共振的结果。核心问题还是“无细节要求则无规范”，反映出法治观念、规则意识、精细司法的重要性。

第一，侦查人员的认识和能力与制度的要求还存在差距。

全程同步录音录像可以客观、真实地记录讯问过程，可以有效证明侦查人员是否有违法讯问行为。但实践中，许多不规范的侦查活动都是在讯问室外发生的，存在部分犯罪嫌疑人被事先“制服”后再进入讯问室接受讯问和同步录音录像的情况。这些选择性的录音录像严重弱化了同步录音录像制度存在的价值。这主要是因为侦查人员受传统的封闭办案思维、口供中心主义和落后侦查习惯的长期影响，在同步录音录像、在镜头下开展侦查工作的能力不足，不适应镜头下审讯的要求；对同步录像录像手段的功能和价值认识不足，存在畏难情绪，认为是限制自己、约束自己，认识不到该制度同时可以固定证据、保护自己，对这一制度本能地反感、抵触。从国外的实践来看，侦查人员的观念未能及时转变、抵触情绪是制约同步录音录像积极开展和发挥功能的重要原因之一。

第二，录制主体缺乏中立性。

虽然高检院对同步录音录像规定了审、录分离原则，即讯问人员和录制人员相分离，讯问由检察人员负责，不得少于二人，录制工作一般由检察技术人员负责。但实践中，实施讯问的检察人员与录制工作的检察技术人员没有真正分离，甚至其他检察人员也可以负责录制工作，没有建立起严格的监督管理机制，这种审录不分的情况直接影响了同步录音录像的客观性、真实性。

第三，在诉讼中同步录音录像如何运用缺乏明确规定。

按照目前刑诉规则的规定来看，同步录音录像主要是用于案件审理过程中，人民法院、被告人或者辩护人对讯问活动提出异议的，或者被告人翻供、辩解因受刑讯逼供、威胁、引诱、欺骗等而供述的情况，公诉人提请审判长当庭播放讯问全程同步录音录像资料，对有关异议或者事实进行质证，也即主要用于证明侦查行为的合法性。由此可见，这里主要是将同步录音录像资料作为证明侦查过程合法的“视听资料”证据来看待，并未赋予其与讯问笔录作为犯罪嫌疑人供述或辩解的同样的证据效力和证据适用规则。此外，由于公检法三家对同步录音录像缺乏统一的操作规范，实践中，不少法院都是将同步录音录像资料作为验证讯问笔录是否真实的辅助资料，当被告人当庭翻供或提出讯问时遭受刑讯逼供或不当讯问时，才将同步录音录像资料调出来查看。而且由于具体案件的同步录音录像资料往往很长，一些内容也与案件无关，庭审中全部播放难免不当拖延庭审时间，影响庭审效果和效率。

第四，全程同步录音录像的实施缺乏有效的监督。

目前，对讯问过程进行全程同步录音录像，由于缺乏中立的录制主体和有效的监督主体，使同步录音录像的制作过程处于一种不受第三者监督的封闭状态。特别是，对于没有按照规定执行录音录像的诉讼活动，缺乏严格的救济措施，违反了也没有相应的后果，这都对录音录像制度的实施效果带来影响。同步录音录像制度设置的初衷是为了规范和监督侦查行为、保障犯罪嫌疑人的人权，但是如果讯问同步录音录像过程本身得不到有效监督，没有救济措施，则该制度的设置将无法达到预期的效果，形同虚设。无救济则无权利、无后果则无约束，在缺乏监督、救济的情况下，同步录音录像的执行很可能出现操作不合法，甚至出现先审后录、不供不录的情形，这些都将大大折损同步录音录像制度的价值。

三、实践中需要注意的问题

（一）关于录音录像的移送问题

根据刑诉规则第73条的规定，人民检察院直接受理立案侦查的案件，侦查部门移送审查逮捕、审查起诉时，应当将讯问录音录像连同案卷材料一并移送审查。这就是说对于自侦案件应当移送同步录音录像。高检院对自侦案件早就规定“全面、全部、全程”同步录音录像，因此，公诉部门在受理自侦案件后应当审查是否随案移送录音录像，发现没有随案移送全程同步录音录像资料的，可以不予受理，或者要求补充移送。而对于其他依法应当录音录像的案件，需要向侦查机关确认是否依法制作了同步录音录像，在此基础上再根据案情确定是否有必要调取侦查机关的同步录音录像。

（二）关于录音录像的审查问题

根据刑诉规则第374条的规定，对于随案移送的同步录音录像或者人民检察院调取的录音录像，人民检察院应当审查相关的录音录像；对于重大、复杂、疑难案件，必要时可以审查全部录音录像。这实际上就规定了有限度分层次选择审查的原则。由于有的案件录音录像非常多，一律要求审查全部录音录像并不现实，也不需要，故承办人在审查录音录像时，可以不审查全部录音录像，而仅审查能够证明证据收集的合法性以及犯罪嫌疑人、被告人供述的真实性的部分。也就是说，可以根据需要确定审查的内容。当然，时间允许的话，一般应尽量审查全部录音录像。而对于重大、疑难、复杂的案件，则更应审查全部录音录像。

在审查过程中，要正确对待录音录像的作用，既不能完全否认录音录像的功能，也不能过于依赖录音录像，对录音录像也要客观地审查其真实性，合理利用其价值。例如，当录音录像与讯问笔录不一致时如何处理？我们认为应当视情处理，由于讯问笔录有双方签名，有法定地位，而录音录像的法律地位还众说纷纭，故一般应以讯问笔录为准，录音录像为参考；但在重要情节上有不一致时，经审查录音录像又是真实客观的，可以考虑重新制作讯问笔录，或者由法庭经过质证后决定。

（三）关于律师查阅录音录像的问题

辩护人在审查起诉阶段提出查阅同步录音录像的，如何处理，刑诉规则并未明确规定，只是第74条规定，对于提起公诉的案件，被告人及其辩护人提出审前供述系非法取得，并提供相关线索或者材料的，人民检察院可以将讯问录音、录像连同案卷材料一并移送人民法院。我们认为，由于录音录像既有证明证据真实性、合法性的功能，也具有证明案件事实的功能，即也属于证据材料，故侦查机关随案移送或者从侦查机关调取录音录像后，律师要求查阅的，应当采取分段负责制，即在审查起诉阶段辩护人提出的，公诉部门可以视情有条件提供；在提起公诉后，由法庭负责提供。

（四）关于录音录像移送法院的问题

在提起公诉后，如果被告人及其辩护人提出审前供述系非法取得，并提供相关线索或者材料，则人民检察院可以将讯问录音、录像连同案卷材料一并移送人民法院。如果不存在此类情形的，人民检察院可以不向人民法院移送同步录音录像。

（五）关于录音录像庭审播放的问题

在法庭审理中，需要播放的讯问录音录像中涉及国家秘密、商业秘密、个人隐私或者含有其他不宜公开的内容的，公诉人可以对讯问录音录像的相关内容作技术处理，也可以建议在法庭组成人员、公诉人、侦查人员、被告人及其辩护人范围内播放。采取技术处理的，公诉人应当向法庭作出说明。辩护方对技术处理提出异议的，由法庭决定是否向辩护方公开经技术处理的内容。

第五个问题：非法证据排除规则

一、刑诉法及刑诉规则关于非法证据排除规则的主要规定

从完善证据制度、尊重和保障人权、维护司法公正出发，吸收司法改革的有益成果，修改后的刑诉法第54条至第58条规定了非法证据排除规则。与此同步，刑诉规则第65至第75条对刑诉法的规定进行了具体细化，完善了检察机关排除非法证据的条件、程序和调查核实权。具体规定是：

（一）明确了非法证据排除规则的“一个中心，两个基本点”

1. 明确了非法取得的言词证据一律予以排除这个“中心”，并明确了“刑讯逼供”和“其他非法方法”的内涵

刑诉规则第65条规定，对采用刑讯逼供等非法方法收集的犯罪嫌疑人供述和采用暴力、威胁等非法方法收集的证人证言、被害人陈述，应当依法排除，不得作为报请逮捕、批准或者决定逮捕、移送审查起诉以及提起公诉的依据。这就明确了非法取得的言词证据一律予以排除这个“中心”。规则还明确规定：“刑讯逼供”是指使用肉刑或者变相使用肉刑，使犯罪嫌疑人在肉体或者精神上遭受剧烈疼痛或者痛苦以逼取供述的行为。“其他非法方法”是指违法程度和对犯罪嫌疑人的强迫程度与刑讯逼供或者暴力、威胁相当而迫使其违背意愿供述的方法。这有利于澄清实践中存在的对刑讯逼供和其他非法方法的误解。应该说，并非取证手段不合法所收集的证据、证据形式上存在一定瑕疵的证据均属非法证据并一律排除。实践中存在的较长时间审讯、犯罪嫌疑人、被告人人格遭受一定的贬损、某些法律规定以内的承诺、宽严相济的政策教育、宣示不利的后果等取证手段要具体情况具体分析，达到与“刑讯逼供或者暴力、威胁”程度相当的行为方能被认定为非法取证行为，取得的证据才有必要排除。

2. 明确了非法物证和非法书证排除的两个基本点，并细化了非法物证、非法书证的实质条件

刑诉规则第66条第1款规定：“收集物证、书证不符合法定程序，可能严重影响司法公正的，人民检察院应当及时要求侦查机关补正或者作出书面解释；不能补正或者无法作出合理解释的，对该证据应当予以排除。”该条第3款明确规定：“可能严重影响司法公正”是指收集物证、书证不符合法定程序的行为明显违法或者情节严重，可能对司法机关办理案件的公正性造成严重损害；补正是指对取证程序上的非实质性瑕疵进行补救；合理解释是指对取

证程序的瑕疵作出符合常理及逻辑的解释。

(二)规定了非法证据排除后案件不能成立的后果

刑诉规则第67条规定了非法证据排除后犯罪嫌疑人的行为不能认定为犯罪的后果,即:人民检察院经审查发现存在刑诉法第54条规定的非法取证行为,依法对该证据予以排除后,其他证据不能证明犯罪嫌疑人实施犯罪行为的,应当不批准或者决定逮捕,已经移送审查起诉的,可以将案件退回侦查机关补充侦查或者作出不起诉决定。

(三)规定了非法证据调查核实权的行使程序、方法

1. 调查核实权的启动程序

刑诉规则第68条第1款、第2款规定:“在侦查、审查起诉和审判阶段,人民检察院发现侦查人员以非法方法收集证据的,应当报经检察长批准,及时进行调查核实。当事人及其辩护人、诉讼代理人报案、控告、举报侦查人员采用刑讯逼供等非法方法收集证据并提供涉嫌非法取证的人员、时间、地点、方式和内容等材料或者线索的,人民检察院应当受理并进行审查,对于根据现有材料无法证明证据收集合法性的,应当报经检察长批准,及时进行调查核实。”

从上述规定可见,在非法证据调查程序启动方式上,从司法机关的视角看,可以分为主动启动与被动启动两种方式。具体来说,司法机关可以主动启动非法证据调查,检察机关在审查批准逮捕、审查起诉阶段,可以依职权对侦查行为的合法性进行主动调查;在法院审判阶段,审判人员认为存在非法取证可能的,可以主动启动非法证据调查程序。当事人及其辩护人、诉讼代理人可以向人民检察院控告、举报侦查人员的非法取证行为,法庭审理中,其可以向人民法院申请排除非法证据,从司法机关的视角,这种方式可以理解为一种被动启动的方式。

2. 调查核实权的行使机关——实行分级负责和分段负责制

非法证据的调查核实可能涉及上下两级检察院、侦查监督和公诉两个阶段，为此，刑诉规则第68条第3款、第4款规定："上一级人民检察院接到对侦查人员采用刑讯逼供等非法方法收集证据的报案、控告、举报的，可以直接进行调查核实，也可以交由下级人民检察院调查核实。交由下级人民检察院调查核实的，下级人民检察院应当及时将调查结果报告上一级人民检察院。人民检察院决定调查核实的，应当及时通知办案机关。"刑诉规则第69条规定："对于非法证据的调查核实，在侦查阶段由侦查监督部门负责；在审查起诉、审判阶段由公诉部门负责。必要时，渎职侵权检察部门可以派员参加。"由此可见，非法证据的调查核实实行分级负责和分段负责制。

3. 调查核实的方法手段

非法证据的调查核实方法，主要是围绕非法取证可能产生的人物和场所进行和展开。根据刑诉规则第70条规定，人民检察院可以采取八种方式对非法取证行为进行调查核实：（一）讯问犯罪嫌疑人；（二）询问办案人员；（三）询问在场人员及证人；（四）听取辩护律师意见；（五）调取讯问笔录，讯问录音录像；（六）调取、查询犯罪嫌疑人出入看守所的身体检查记录及相关材料；（七）进行伤情、病情检查或者鉴定；（八）其他调查核实方式，如规则第72条规定的方法：人民检察院认为存在以非法方法收集证据情形的，可以书面要求侦查机关对证据收集的合法性进行说明。说明应当加盖单位公章，并由侦查人员签名。

4. 非法证据调查核实后的处理

根据刑诉规则第71条规定，非法证据调查核实后有四个处理步骤：一是写报告。人民检察院调查完毕后，应当制作调查报告，根据查明的情况提出处理意见，报请检察长决定后依法处理。办案人员在审查逮捕、审查起诉中经调查核实依法排除非法证据的，应当在调查报告中予以说明。二是被排除的非法证据应当随案移送。三是纠正和补救。对于确有以非法方法收集证据情形，尚未构成犯罪的，应当依法向被调查人所在机关提出纠正意见。对于需要补正或者作出合理解释的，应当提出明确要求。四是追究责任。经审查，认为非法取证行为构成犯罪需要追究刑事责任的，应当依法移送立案侦查。

二、运用非法证据排除规则应当注意的四项基本原则

依据刑诉法和刑诉规则的有关规定，我国刑事诉讼中非法证据排除规则确立了以下四项基本原则：

（一）确立了“强制性排除”、“选择性排除”和“可补正的排除”原则

对于侦查人员采取刑讯逼供等非法方法收集的被告人供述以及采用暴力、威胁等非法方法收集的证人证言、被害人陈述，应当予以排除，因此，对非法言词证据是一种“强制性的排除”。

对于侦查人员不符合法定程序收集的物证、书证是否进行排除，则需要司法工作人员具体判断、甄辨选择，主要看能否“补正”或作出“合理解释”以及是否“严重影响司法公正”。“严重影响司法公正”即不符合法定程序的取证行为明显违法或者情节严重，从而可能对司法机关办理案件的公正性造成严重损害。因此，对非法物证、书证是一种“选择性排除”。

对于侦查人员收集物证、书证不符合法定程序，可能严重影响司法公正的，并非一律排除，而是采取“可补正的排除”原则。这是由于：一方面，物证、书证往往具有不可再生、不可替代性，且对定案影响重大；另一方面，与言词证据相比，物证、书证具有相当的客观性，因此，从打击犯罪的角度，不宜一律排除。对侦查机关能够“补正或者作出合理解释”的，可以作为定案的证据使用。但“补正”只能是对取证程序上的“非实质性瑕疵”进行补救；“合理解释”则是对取证程序的瑕疵作出符合常理及逻辑的解释。实践中，“瑕疵”必须是非实质性的，主要是指那些在程序方法、步骤、

时间、地点、签名等技术环节存在违法情节的调查取证行为。

（二）确立了非法证据排除程序优先原则

非法证据排除程序优先原则体现在两个方面：一是人民检察院通过报案、控告、举报或通过职权发现存在非法取证可能，要进行调查核实；二是优先原则集中体现在开庭审理过程中，当当事人及其辩护人、法定代理人申请或审判人员认为存在非法取证可能的，法庭应启动非法证据调查程序。

（三）确立了举证责任分担原则

我国刑事诉讼中的非法证据排除规则采用了举证责任分担原则，当事人及其辩护人、诉讼代理人申请排除以非法方法收集的证据的，应当提供相关线索或者材料；人民检察院承担对证据收集合法性的主要证明责任，侦查机关和侦查人员有说明和作证的责任和义务。

（四）确立了侦查人员出庭作证的必要性原则

从理论上讲，侦查人员出庭作证对侦查环节证据收集获取的工作情况进行说明，对于审查判断是否非法取证、强化侦查人员的工作责任心有一定积极意义，但从实践中看，现阶段侦查人员出庭作证还面临两个现实问题：一方面是侦查人员出庭这一环节的作用究竟有多大值得进一步研究。实践中，在一方坚持认为非法取证行为存在的情况下，侦查机关（部门）自身出具的取证合法性的书面材料以及侦查人员出庭证明自己没有刑讯逼供的证言，通常只是简单的否认刑讯逼供，这种否认更多的是建立在侦查人员对法律的尊重和人格保证的基础上，只有自证清白，没有自证其罪的，从事实的角度看，客观性和证明力不强，其实是无法有效证实侦查取证行为的合法性的，往往形成双方各执一词，法院难以居中裁判，庭审效果不好，往往成为社会炒作焦点，给公正规范执法带来不良影响。另一方面是侦查人员出庭作证，成为事实上的“被告”。在侦查人员出庭作证的案件中，庭审活动成了先审侦查人员、后审被告人,法庭旁听群众可能会质疑,法院到底是审办案人员还是审犯罪人。实践已表明侦查人员出庭、接受律师盘问,对侦查人员心理影响很大,会不可避免留下心理阴影,挫伤其日后从事侦查工作的积极性。因此,实践中把握的话,侦查人员出庭作证还是应当坚持必要性原则,不宜太随意,即按照刑诉法第 57 条的规定,在"现有证据材料不能证明证据收集的合法性的"的情况下,人民检察院可以提请人民法院通知有关侦查人员或者其他人员出庭说明情况,人民法院可以通知有关侦查人员或者其他人员出庭说明情况。一般来说,公诉人应当先提供讯问笔录等材料及播放录音录像,仍然不能证明庭前讯问合法性的,才申请法庭通知侦查人员或者其他人员出庭说明情况。当然,根据现实需要和具体情况,公诉人也可以不经过以上程序而直接申请法庭通知侦查人员或者其他人员出庭说明情况。

三、运用非法证据排除规则需要注意的六个问题

由于非法证据排除规则在刑诉法修改前,主要内容已经通过《关于办理死刑案件审查判断证据若干问题的规定》和《关于办理刑事案件排除非法证据若干问题的规定》(以下简称两个《证据规定》)来试行,在试行中存在的主要问题:一是非法证据的范围不明确,导致对非法证据的适用范围较宽。两个《证据规定》仅列明了"采用刑讯逼供手段获取的口供"、"采用暴力、威胁等手段取得的证人证言"是非法言词证据,应予排除。仅例举"刑讯逼供"、"暴力、威胁"手段,其他即以"等"一字以蔽之,对变相体罚、使用引诱、欺骗等方法获取的言词证据是否应予排除则未予明确,留给司法人员去判断和酌处。这种简单例举的方式,一方面会使法官对确定非法证据的自由裁量权过大,且缺乏依据;另一方面也易在实践中造成认识误区,不当扩大非法证据排除的范围。二是犯罪嫌疑人、被告人任意启动非法证据调查程序的情况多发。由于两个《证据规定》没有规定被告人滥用非法证据排除申请的行为后果,造成司法实践中出现了这一规则被滥用的情况。司法实践中,不少被告人都以遭受刑讯逼供等违法取证为由提出非法证据排除申请,甚至不惜编造侦查机关(部门)及其工作人员刑讯逼供等非法取证的事实、情节等,企图利用非法证据排除规则混淆视听,达到排除合法证据逃避罪责的目的。例如:武汉大学原党委常务副书记龙小乐在案件侦结即将起诉时得知自己可能被判处10年以上有期徒刑,其思想迅速变化,拒绝与办案人员合作,在审查起诉阶段开始编造自己遭受刑讯逼供等情节,在庭审中对犯罪事实全部予以否认,称检察机关"违法办案、刑讯逼供、超时审讯",并多次向省委领导同志写信,通过有关途径向高检院申诉,声称自己遭受检察机关刑讯逼供等非人待遇。三是将非法证据程序审理与被告人犯罪事实实体审理合二为一,影响诉讼效率和效果。两个《证据规定》规定,被告人及其辩护人在开庭审理前或者庭审中,提出被告人审判前供述是非法取得的,法庭在公诉人宣读起诉书之后,应当先行当庭调查。这说明,我国非法证据排除规则将侦查取证行为合法性审查置于犯罪事实审查之前,由此确立了程序审查优先原则,但这种将非法证据程序审理与案件实体审理合二为一的做法会形成"案中案",存在一定弊端。其一,庭审进程复杂,影响庭审效率。司法实践中,一旦在庭审环节启动非法证据调查程序,法庭在公诉人宣读完起诉书后,开宗明义审理的不是被告人的犯罪事实,而是审理侦查取证行为的合法性,侦查机关及侦查人员成为事实上的"被告",且非法证据调查程序的耗时占去了庭审绝大部分时间,严重影响庭审效率。其二,庭审重点不突出,影响指控效果。在公诉人宣读起诉书之后,法院就直接启动非法证据审理,之后再由同一合议庭进行被告人犯罪事实审理,使两种不同性质的诉讼相互混淆,出现了先审侦查人员、后审被告人的尴尬局面。这种庭审导致对侦查人员侦查活动合法性的审理成为"热点",庭审主题不突出,严重影响了对犯罪的指控,社会效果很不好。其三,无法对非法证据当庭裁决,影响庭审效果。由于种种因素的影响和制约,实践中合议庭通常无法对非法证据排除问题当庭裁决,而是将非法证据审理与案件事实审理合并进行,再一并提交审判委员会讨论决定,使证据合法性问题未能及时得到裁决,给被告方、旁听群众带来诸多疑惑,庭审效果大打折扣。

为此,在运用非法证据排除规则时,要注意以下六个问题:

(一)要充分认识非法证据排除规则的积极意义以及给检察机关带来的责任和挑战

冤错案件大多因刑讯逼供等非法取证造成。修改后的刑诉法确立的非法证据排除规则,既给审查起诉和出庭公诉带来了挑战,同时也为解决非法证据、避免冤错案件、强化侦查监督提供了动力和法律武器。非法证据排除规则确定后,对于涉嫌非法取证的案件,人民检察院要承担三个层次的法律责任:一是调查核实非法证据,该排除的排除;二是在法庭上证明证据的合法性;三是当在庭审中对证据的合法性举证不力或举证不能时承担不能以该证据证明指控犯罪事实的风险。对此,公诉人需要有清醒的认识。

(二)要对非法证据立足于早发现早排除

公诉机关对于非法证据,与其起诉后排除,不如在审查批捕、审查起诉时排除;与其庭上排除,不如在庭前排除;与其律师提出后排除,不如自行排除。关于非法证据的早发现早排除,我们认为在审查证据的方法上要坚持以下几点:一是先审查物证、书证等客观证据,后审查言词证据等主观证据;二是一证据一分析;三是每部分事实都要有一个证据小结,对证据之间的矛盾、证据的瑕疵、证据是否合法都要有合理的说明。只要坚持这样的方法,养成这样的习惯,我们认为非法证据的早发现早排除,就有了很好的基础和前提。

(三)要强化侦查监督和证明证据收集合法性证据的审查和运用工作

要通过介入侦查、引导取证,保证取证的合法性;要通过强化侦查监督,防止和减少非法证据,尽早发现非法证据;要重视对证明取证合法性证据的审查,对职务犯罪案件和法律规定应当录音录像的其他案件,发现没有随案移送全程同步录音录像资料的,可以不予受理,或者要求补充移送;对其他案件,认为侦查人员可能以非法方法收集证据的,可要求侦查机关(部门)对证据收集的合法性作出说明,必要时可以通过调查核实,查明侦查人员是否存在以非法方法收集证据的情况。

(四)要正确应对非法证据排除程序

对于辩方在法庭上提出遭到刑讯逼供并提供了相关线索或材料,法庭认为存在非法取证嫌疑并启动非法证据排除程序的,公诉人要充分利用全程同步录音录像资料、被告人出入看守所的身体检查记录、在场人的证言等证据,证明证据收集的合法性,必要时可以提请法庭通知侦查人员或者其他人员出庭说明情况。对于不能当庭证明证据收集合法性,需要调查核实的,或者公诉人对证据收集合法性证明后,法庭仍有疑问的,公诉人可以建议法庭休庭或者延期审理,对相关证据进行调查核实。发现证据确属非法的,要坚决予以排除,并建议有关部门追究非法收集证据的行为人的责任。对于排除了非法证据的案件,要综合分析全案其他证据,其他证据足以证明犯罪事实的,仍应予以追诉。对于非法证据被排除后,侦查机关或检察机关另行安排人员对被告人进行讯问,向其讲明原来的供述已被认定为非法证据予以排除,并要求其实事求是供述,在这种情况下,如果被告人作了"重复自白",即作了与原供述内容完全一致的新的供述,则新的供述仍应作为证据使用。

(五)要从严处理谎称"遭到刑讯逼供"的行为

对于为了推翻和排除有罪供述而谎称"遭到刑讯逼供",但有充分证据证明办案人员没有刑讯逼供的,曾有的自首或者坦白情节依法不予认定,并建议法庭对其从重判处。因为在刑事诉讼中,任何诉讼参与人都是权利与义务的统一体,公检法机关既要依法处理采用刑讯逼供等非法方法收集证据的行为,保护犯罪嫌疑人、被告人的合法权益,也要依法处理采取捏造事实、编造谎言等非法方法扰乱刑事诉讼秩序、妨害司法的行为,维护有关办案机关及办案人员的形象和声誉。如果我们只重视前者而不重视后者,使犯罪嫌疑人、被告人谎称"遭到刑讯逼供"、申请排除所谓非法证据的行为只会得到好处而不存在任何风险,那谎称"遭到刑讯逼供",申请排除所谓非法证据之风就会愈演愈烈,从而影响越来越多诉讼活动的顺利进行,损害越来越多的司法机关及司法人员的形象和声誉。因此,我们既要坚决排除非法证据,监督非法收集证据的违法犯罪行为,保护诉讼当事人的合法权益;又要防止和遏制谎称"遭到刑讯逼供",要求排除所谓非法证据的妨害诉讼行为,维护刑事诉讼秩序和有关司法机关及其司法人员的形象、声誉和公信力。

(六)要充分利用庭前会议程序排除非法证据,保证诉讼效率

实践中,庭审中进行非法证据调查不当地拖延了庭审,严重影响案件诉讼效率和效果,因此,公诉人应与法官、辩方等充分沟通,利用好庭前会议程序,原则上在庭前会议解决非法证据排除的问题,尤其是对同步录音录像资料的审查、质证,应放在庭前会议进行。对于经过庭前会议已经决定不予排除的证据,没有新的事实和证据的,不得在庭审中再次提出排除请求;对于辩护律师应当在庭前会议中提出排除非法证据而不提出,却在法庭上提出请求的,应建议法庭原则上不启动非法证据排除程序。

第六个问题:关于案卷移送和开庭前取回案卷材料的问题

一、刑诉法和刑诉规则修改前后的变化

按照原刑诉法的规定,公诉部门提起公诉时只需要移送证据目录、证人名单、主要证据复印件或照片,修改后刑诉法第172条对原刑诉法第141条进行了修改,规定人民检察院在提起公诉时要"将案件材料、证据移送人民法院"。刑诉规则据此对原规则做

出了修改并进行了细化规定,刑诉规则第433条第2款规定,人民检察院基于出庭准备和庭审举证工作的需要,可以至迟在人民法院送达出庭通知书时取回案卷材料和证据。

二、刑诉规则新规定的理解与适用

规定在法院"送达出庭通知书时"取回案卷材料和证据,是因为就一般案件来说,在法院送达出庭通知书时检察院才能确定法院决定开庭的时间,此时取回案卷材料和证据比较现实,也易于操作。实践中,可以在法院送达出庭通知书后取回案卷材料和证据,也可以提前与法院沟通,在法院送达出庭通知书时一并送回。规定"至迟"应当在人民法院送达出庭通知书时取回案卷材料和证据,是考虑到对于有些需要较长时间准备开庭的案件,人民检察院可以与法院提前沟通,尽早取回案卷材料和证据。对于有些案件,公诉人还可以在开庭审理当天到达人民法院后,在正式开庭审理前取回案卷材料和证据,以在庭审过程中出示证据。是否在开庭前取回案卷材料以及如何取回,主要是看需要而定,实践中可以加强与人民法院的沟通协调,采取灵活的方式。

为了保障辩护律师的阅卷权,刑诉规则第433条第3款规定,人民检察院取回案卷材料和证据后,辩护律师要求阅卷的,应当允许辩护律师在人民检察院查阅、摘抄、复制案卷。律师在人民检察院阅卷,参照审查起诉阶段律师阅卷的有关规定进行即可。

对于有些案件,人民检察院不一定需要取回案卷材料和证据,故刑诉规则第433条第1款规定,人民检察院未取回案卷材料和证据的,人民法院开庭审理公诉案件时,公诉人需要出示、宣读、播放已移交人民法院的证据的,可以申请法庭出示、宣读、播放。实践中需要注意,对于需要出示的物证、书证等以及需要播放的证据,可以申请法庭进行,而对于需要宣读的证据,则应当由公诉人提出申请后自行宣读。

第七个问题:庭前会议

修改后刑诉法第 182 条第 2 款规定:“在开庭以前,审判人员可以召集公诉人、当事人和辩护人、诉讼代理人,对回避、出庭证人名单、非法证据排除等与审判相关的问题,了解情况,听取意见。”庭前会议是这次刑诉法修改产生的一个新生事物。从形式上看,庭前会议给公诉人增加了工作量,但从实质上看,由于庭前会议的法律定位和诉讼功能,实际上给公诉人避免庭审被动提供了救济渠道。

一、庭前会议的任务和功能

刑诉规则第 430 条至第 432 条对检察机关参与庭前会议有关问题从以下方面进行了规定:

(一)检察机关的参加人员

人民法院通知人民检察院派员参加庭前会议的,人民检察院应当派出庭支持公诉的公诉人参加。当然,检察长认为有必要参加的也可以参加。必要时,可以配备书记员担任记录。

(二)参加庭前会议的任务

公诉人参加庭前会议共有六项任务:一是对辩护方提出的管辖、回避、不公开审理等问题提出和交换意见。二是需要申请证人、鉴定人、有专门知识的人出庭的,可以提交出庭证人、鉴定人、有专门知识的人的名单。三是需要延期审理的,建议人民法院延期审理。四是需要建议人民法院适用简易程序而在提起公诉时未建议的,提出适用简易程序的建议,或者对人民法院是否适用简易程序的方案提出和交换意见。五是了解辩护人收集证据的情况。六是当事人、辩护人、诉讼代理人在庭前会议中提出证据系非法取得,人民法院认为可能存在以非法方法收集证据情形的,公诉人可以对证据收集的合法性进行证明。当时不能证明的,应当在庭前会议结束后做好应对准备。

（三）庭前会议的功能

从制度设计来看，庭前会议主要要解决三方面的问题：一是可能影响庭审进行的程序性问题，如管辖、回避、不公开审理的问题，这些问题不解决，就无法开庭；二是可能影响庭审正常进行的程序性问题，如延期审理、简易程序问题；三是证据问题，包括辩方证据的提交、非法证据的排除。从上述三方面问题的研究解决可以看出，庭前会议的功能实际是庭前的听证会，主要解决保证庭审顺利进行、正常进行的程序问题、证据问题、效率问题。因此，庭前会议的定位就是：庭前平等协商机制、信息沟通机制、程序问题提前解决机制。

二、实践中应当注意的问题

检察人员参加庭前会议，主要是通过与法官、辩方等进行沟通，了解辩方意见，充分发表检方意见，明确控辩双方争议焦点，从而为出庭做好准备，提高庭审效率。在实践中，应当注意以下方面：

一是会前要充分准备。要对检方需要提请会议解决的问题准备好意见，并预测辩方对相关问题可能提出的意见，准备好应对方案。

二是会中要充分阐明意见。庭前会议程序，既为庭审做准备，又是庭审内容的部分提前。因此，公诉人除了听取辩方意见、了解情况、与辩方沟通之外，更重要的是要对相关问题充分阐明检方意见，争取得到法官支持并对相关问题作出正确决策。

三是在庭前会议中了解辩方掌握的证据情况。依据修改后的刑诉法第40条的规定，辩护人收集的有关犯罪嫌疑人不在犯罪现场、未达到刑事责任年龄、属于依法不负刑事责任的精神病人的证据，应当及时告知人民检察院。辩护人没有告知人民检察院上述证据的，公诉人在庭前会议中应当询问辩护人有没有上述证据，如果辩护人已掌握上述证据，应当要求辩护人告知。辩护人在庭前会议前已告知人民检察院上述证据的,公诉人可以在辩护人自愿的情况下了解辩护人掌握的其他证据,与辩护人就证据问题进行沟通。

四是庭前会议后要认真查漏补缺,为出庭进一步做好准备。要充分利用庭前会议中获取的各种信息,做好证据完善、程序安排、庭审预案等工作。

三、刑诉规则没有规定的问题的处理

目前,部分检察机关先行先试,积极探索庭前会议模式,逐渐形成两种庭前会议模式。一种是"类庭审式"庭前会议模式,主要特点是,参与人员范围广泛,庭前会议在法庭举行,讨论范围较为全面,会议宣布讨论决议具有约束力;另一种是"简化式"庭前会议模式,其主要特点是,在押被告人不参与,会议召开地点不在法庭,意见交换范围有限,没有明确具有约束力。我们认为,由于庭前会议是一种新生事物,因此,需要通过试行、反复总结,方能达到规范运作。

(一)关于被告人是否参加庭前会议的问题

一种观点认为,被告人被羁押,尤其是多被告人的案件,如果要求被告人参加,费时费力,还很难控制,由辩护人参加即可。另一种观点认为,从诉讼原理和保护被告人权利的角度,被告人应当参加。我们认为,从程序参与和诉讼效率原则考虑,辩护人在经被告人认可和充分授权的情况下,由辩护人参加庭前会议。没有辩护人的,被告人应当参加。被告人被羁押的,庭前会议在羁押场所进行。

(二)关于庭前会议的效力问题

庭前会议过程中,书记员应当将庭前会议的全部活动记入笔录。经过庭前会议确定的程序性事项,非因特殊原因不得更改。

第八个问题:不起诉

首先要说明的是,修改后的刑诉法对不起诉制度作了重大的结构性完善，由原来的三种不起诉变为了六层次的内涵丰富、外延周密、层次清晰、逻辑严谨的不起诉体系。第一层次为修改后的刑诉法新规定的犯罪嫌疑人没有犯罪事实的不起诉；第二层次为原刑诉法规定的犯罪嫌疑人具有法定不追究刑事责任情形的不起诉；第三层次为原刑诉法规定的证据不足不起诉的情形；第四层次为原刑诉法规定的相对不起诉的情形；第五层次为修改后的刑诉法新规定的达成刑事和解且符合相对不起诉条件的不起诉；第六层次为修改后刑诉法新规定的未成年人犯罪的附条件不起诉。不起诉制度的结构性完善，进一步优化了该制度的多维度多层次功能。

一、关于法定不起诉

原刑诉规则第288条规定，人民检察院对于符合刑诉法第15条规定的情形之一的案件，经检察长决定，应当作出不起诉决定。修改后的刑诉法第173条第1款对于法定不起诉增加了“没有犯罪事实”这种情形，故修改后的刑诉规则第401条第1款规定，人民检察院对于公安机关移送审查起诉的案件，发现犯罪嫌疑人没有犯罪事实，或者符合刑诉法第15条规定的情形之一的，经检察长或者检察委员会决定，应当作出不起诉决定。

在实践中应当注意：一是按照原刑诉规则的规定，对于犯罪嫌疑人没有犯罪事实的，应当将案卷材料退回公安机关处理，而根据修改后刑诉规则的规定，不能再退回公安机关处理，而一律做不起诉处理。二是需要公安机关重新侦查的，则应当在作出不起诉决定后再退回公安机关重新侦查，而不能直接将案件退回公安机关。三是对于检察机关直接立案侦查的案件，基于社会效果的考虑，对于具有刑诉法第15条情形之一的，或者犯罪嫌疑人没有犯罪事实的，则应当退回本院侦查部门建议作撤销案件的处理，而不宜直接作不起诉决定。

实践中，有些地方的检察机关基于不起诉率或者怕麻烦的考虑,更希望将案件退回公安机关以后,由公安机关作撤案处理。我们认为这种做法不妥:一是不符合刑诉法的规定,刑诉法 173 条明确规定对"犯罪嫌疑人没有犯罪事实的",人民检察院应当作出不起诉处理,公安机关对这种情况没有终局权。二是使当事人增加诉累,不符合保障人权的精神,不利于树立检察机关客观公正的形象。

二、关于存疑不起诉

原刑诉规则第 286 条第 1 款规定,人民检察院对于退回补充侦查的案件,仍然认为证据不足,不符合起诉条件的,经检察委员会讨论决定,可以作出不起诉决定。修改后刑诉法第 171 条第 4 款规定,对于二次补充侦查的案件,人民检察院仍然认为证据不足,不符合起诉条件的,应当作出不起诉的决定。据此,修改后的刑诉规则第 403 条第 1 款规定,人民检察院对于二次退回补充侦查的案件,仍然认为证据不足,不符合起诉条件的,经检察长或者检察委员会决定,应当作出不起诉决定。

对于经两次退回补充侦查仍然证据不足的案件作出不起诉决定,符合法治精神,可以防止实践中存在的存疑案件久拖不决的问题。在实践中需要注意的是,根据刑诉法和刑诉规则的规定,对于已经两次退回补充侦查,仍然认为证据不足,不符合起诉条件的,一律应当作不起诉决定,但并非都需要经过两次退回补充侦查后才能作出不起诉决定。对于经过一次退回补充侦查的案件,认为证据不足,不符合起诉条件,且没有退回补充侦查必要的,也可以作出不起诉决定。在作出不起诉决定前,可以根据案件情况决定是退回补充侦查一次还是两次,当然最多不得超过两次。

三、关于被不起诉人不服不起诉决定提出申诉的范围

原刑诉规则第 303 条第 1 款规定,被不起诉人对人民检察院依照刑诉法第 142 条第 2 款规定作出的不起诉决定不服,自收到不起诉决定书后 7 日以内提出申诉的,应当由作出决定的人民检察院立案复查,由控告申诉部门办理。修改后的刑诉法第177条对被不起诉人不服不起诉决定申诉的范围没有作出修改,即被不起诉人只能对相对不起诉决定提出申诉。刑诉规则修改过程中,刑事申诉检察部门提出,2005年高检院检委会讨论通过的《不服人民检察院处理决定刑事申诉案件办理标准》中规定,被害人或者被不起诉人对不起诉决定不服7日内申诉的,一律立案复查,故建议将刑诉规则中被不起诉人申诉的范围扩大到所有不起诉决定,即对法定不起诉、相对不起诉、存疑不起诉都可以申诉,实践中,被不起诉人对法定不起诉、存疑不起诉提出申诉的也为数不少,修改后的刑诉规则采纳了这一建议,第421条第1款规定,被不起诉人对所有不起诉决定不服,包括对法定不起诉、相对不起诉、证据不足不起诉不服,在收到不起诉决定书后7日以内提出申诉的,应当由作出决定的人民检察院刑事申诉检察部门立案复查。

扩大被不起诉人不服不起诉决定的申诉范围,既有利于保障被不起诉人的权利,也有利于检察机关开展不起诉复查工作。在实践中应当注意,由于刑诉法规定被不起诉人可以在收到不起诉决定书后7日内提出申诉,故被不起诉人在收到不起诉决定书7日后提出申诉的,检察机关并不必然进行复查,而应当由刑事申诉检察部门审查后决定是否立案复查。当然,从保障被不起诉人权利以及确保不起诉权正确行使的角度考虑,一般来说,检察机关也应当对此进行复查。

四、不起诉后对犯罪嫌疑人的违法所得及其他涉案财产的处理

考虑到人民检察院作出不起诉决定与侦查阶段撤销案件具有同样的法律效力,故不起诉后对违法所得及其他涉案财产的处理与侦查阶段撤销案件后对违法所得及其他涉案财产的处理并无不同,故刑诉规则第410条规定,人民检察院决定不起诉的案件,对犯罪嫌疑人违法所得及其他涉案财产的处理,参照本规则中撤销案件后处理违法所得及其他涉案财产的规定办理。可见,人民检察院作出不起诉后,对违法所得及其他涉案财产的处理分为以下几种情形:

1. 因犯罪嫌疑人死亡而不起诉,需要没收犯罪嫌疑人的违法所得及其他涉案财产的,按照特别程序中的没收程序办理。

2. 因其他原因而作出不起诉决定,对于查封、扣押、冻结的犯罪嫌疑人的违法所得及其他涉案财产需要没收的,应当提出检察建议,移送有关主管机关处理。

3. 对于冻结的犯罪嫌疑人存款、汇款、债券、股票、基金份额等财产需要返还被害人的,可以通知冻结机关返还被害人;对于查封、扣押在人民检察院的犯罪嫌疑人的违法所得及其他涉案财产需要返还被害人的,直接决定返还被害人。

需要注意的是:第一,根据刑诉规则的规定,检察机关不能自行对需要没收的财产作出处理,而一律应当按照特别程序申请法院处理或者移送有关主管机关处理,更不能截留需要没收或者返还被害人的涉案财产。第二,需要申请人民法院裁定处理犯罪嫌疑人涉案财产的,应当向人民法院移送有关案件材料。第三,除没收违法所得或者返还被害人外,实践中,还可能存在返还被不起诉人的情形,对于需要返还被不起诉人的,应当及时返还被不起诉人。需要对侦查中查封、扣押、冻结的财物解除查封、扣押、冻结的,应当书面通知作出查封、扣押、冻结决定的机关或者执行查封、扣押、冻结决定的机关解除查封、扣押、冻结。

最后,有必要重温一下《史记·循吏列传》中记载的"李离伏剑"的故事,李离是春秋时期晋国主管刑事司法的大臣,一天他发现一起刑案中无辜者被错判死刑,就让卫兵把自己捆绑起来,送到晋文公面前请求处死,晋文公不愿处死他,李离说:"审案有法可依,按律错杀人者应受死,现在因我失察而造成错杀,自该受死。"说罢,拔剑自刎。李离的做法不值得效仿,但李离的精神确实令人敬仰。“敬畏法律、敬畏自由、敬畏生命”,这种敬畏是对法治、规则的发自内心的敬畏,是值得我们每一位公诉人、每一位法律人尊重和学习,并在司法工作中身体力行的。

（责任编辑:金海雁）

公诉工作与《人民检察院刑事诉讼规则(试行)》(二)

张晓津　吕卫华*

目　次

一、出席法庭
(一)法庭审理中对证据合法性的证明
(二)证人、鉴定人出庭
(三)关于延期审理
(四)关于撤回起诉
(五)关于量刑建议
(六)关于简易程序
(七)出席二审法庭
二、特别程序
(一)未成年人刑事案件诉讼程序
(二)当事人和解的公诉案件诉讼程序
(三)犯罪嫌疑人、被告人逃匿、死亡案件违法所得没收程序

* 张晓津,最高人民检察院公诉厅起诉二处处长;吕卫华,最高人民检察院公诉厅副处级助检员、法学博士。

（四）依法不负刑事责任的精神病人的强制医疗程序

三、刑事诉讼法律监督

（一）侦查活动监督

（二）审判活动监督

（三）刑事判决、裁定监督

（四）关于监督方式

一、出席法庭

（一）法庭审理中对证据合法性的证明

出席法庭支持公诉是检察机关行使刑事追诉权最直接的表现形式。公诉人出席法庭最核心目的是指控犯罪并证明犯罪，同时承担着对法庭审判活动进行法律监督、保障诉讼参与人合法权益以及法制宣传的任务。随着修改后刑事诉讼法的贯彻实施，控辩双方在诉讼中平等、平衡的地位得到进一步强化，控辩双方的对抗性进一步增强，公诉人出庭支持公诉的难度明显加大。修改后的《刑事诉讼法》（以下简称刑诉法）第57条第1款规定，在对证据收集的合法性进行法庭调查时，人民检察院应当对证据收集的合法性加以证明。关于证据合法性证明，往往首先想到的是与非法证据排除密切相关的对证据合法性的证明，同时还包括对瑕疵证据的证明，以及其他违反法律规定的证据收集程序而取得证据的合法性的证明。随着非法证据排除规则在修改后的刑诉法中的完善，检察机关对证据收集合法性的证明责任得到进一步强化，在法庭审理中，证明证据合法性是公诉人出庭履行职责的重要组成部分。甚至在有的案件中，能否证明证据合法性，成为指控犯罪能否成立的关键。

下面，着重以针对被告人及其辩护人提出的证据系非法取得为例，谈谈公诉人对证据合法性的证明。修改后的《人民检察院刑事诉讼规则（试行）》（以下简称《规则》）第446条规定，法庭审理过程中，被告人及其辩护人提出被告人庭前供述系非法取得，审判人员认为需要进行法庭调查的，公诉人可以根据讯问笔录、羁押记录、出入看守所的健康检查记录、看守管教人员的谈话记录以及侦查机关对讯问过程合法性的说明等，对庭前讯问被告人的合法性进行证明，可以要求法庭播放讯问录音录像，必要时可以申请法庭通知侦查人员或者其他人员出庭说明情况。

审判人员认为可能存在刑诉法第 54 条规定的以非法方法收集其他证据的情形，需要进行法庭调查的，公诉人可以参照前款规定对证据收集的合法性进行证明。公诉人不能当庭证明证据收集的合法性，需要调查核实的，可以建议法庭休庭或者延期审理。在法庭审理期间，人民检察院可以要求侦查机关对证据收集的合法性进行说明或者提供相关证明，必要时可以自行调查核实。第 437 条规定，公诉人对证据收集的合法性进行证明后，法庭仍有疑问的，可以建议法庭休庭，由人民法院对相关证据进行调查核实。人民法院调查核实证据，通知人民检察院派员到场的，人民检察院可以派员到场。

在法庭审理中对证据合法性进行证明时，需要注意：

一是当事人及其辩护人、诉讼代理人提出证据系非法取得的，并不必然需要公诉人对证据的合法性进行证明，只有审判人员对证据的合法性产生合理的怀疑，认为需要对证据的合法性进行法庭调查时，公诉人才需要承担证据合法性的举证责任。

二是录音录像既可以在提出讯问笔录、羁押被告人的记录、被告人出入看守所的健康检查记录、看守管教人员的谈话记录以及侦查机关对讯问过程合法性的说明等材料后，仍然不能证明庭前讯问的合法性时要求法庭播放，也可以在提出上述材料前即要求法庭播放。有的案件并没有如侦查机关对讯问过程合法性的说明、看守管教人员的谈话记录等材料，故也并非必须提出此类材料。

三是对于检察机关自侦案件，由于讯问犯罪嫌疑人时一律应当进行录音录像且在移送审查起诉时应当随案移送，故在法庭播放前不存在调取录音录像的问题，而对于公安机关等侦查机关侦查的案件，并不要求一律进行录音录像，即使进行录音录像，也不要求随案移送录音录像，故需要申请法庭播放录音录像的，检察机关需要事先从侦查机关调取。

四是在必要时，公诉人可以申请法庭通知侦查人员或者其他人员出庭说明情况。一般来说，公诉人应当先提出讯问笔录等材料及播放录音录像，仍然不能证明庭前讯问合法性的，侦查人员确有必要出庭说明情况的，才申请法庭通知侦查人员或者其他人员出庭说明情况。当然，根据情况，公诉人也可以不经过以上程序而直接申请法庭通知侦查人员或者其他人员出庭说明情况。

五是侦查机关对讯问过程合法性的说明应当既有单位公章也有讯问人员的签名，公诉人在侦查机关提交该说明时即应注意此问题。

六是人民法院调查核实证据，通知人民检察院派员到场的，一般来说，人民检察院应当派员到场。

七是对于排除了非法证据的案件，要综合分析全案其他证据，其他证据足以证明犯罪事实的，仍应予以追诉。

为做好非法证据排除工作，有效指控犯罪，在实践中还应当注意不能过于依赖法庭审理过程中对证据合法性的证明，对非法证据要立足于早发现早排除，与其起诉后排除，不如在审查批捕、审查起诉时排除，与其庭上排除，不如在庭前排除，与其律师提出后排除，不如自行排除。

（二）证人、鉴定人出庭

1996年刑诉法第47条规定，证人证言必须在法庭上经过公诉人、被害人和被告人、辩护人双方讯问、质证，听取各方证人的证言并且经过查实以后，才能作为定案的根据。第157条规定，对未到庭的证人的证言、笔录,应当当庭宣读。实践中,普遍存在着证人出庭少的现象,证人出庭少,既有制度设计方面的因素,如此前缺少证人强制出庭的法律规定,没有对证人保护、补偿可操作性的制度,还有基于社会现实的原因。一是证人不愿作证。出庭作证耗时,耗精力。证人站到证人席上,暴露在被告人和公众面前,控辩双方对证人轮番询问,证人与被告人也会当庭对质,一般证人不愿面对。二是证人害怕打击报复。证人出庭作证很大程度上有助于司法机关查清案件事实,但往往会对一方当事人产生不利的后果,出于自我保护,证人多会产生畏惧心理,不愿出庭作证。虽然新刑诉法规定了证人保护制度,但具体如何保护尚需进一步探索,单纯的制度规定依然无法消除证人对遭受打击报复的顾虑。三是经济补偿考虑。出庭作证会给证人在时间上、经济上造成一定损失,修改后刑诉法虽然规定了给予证人经济补偿,这种补偿能否起到积极激励的作用,还有待于实践检验。四是社会关系考虑。中国是个关系社会,实践中,证人面对的当事人如是熟人的话,因证言可能导致一方的不利,这种情况下,证人会担心由于出庭作证而损坏了自己的人际关系,从而给自己带来不利的后果。

修改后的刑诉法进一步完善了证人、鉴定人出庭制度,涉及证人的保护与费用补助、强制证人出庭等问题,规则第 440 条、441 条、443 条对证人、鉴定人出庭作了进一步明确。

1. 证人、鉴定人出庭的范围和条件。公诉人、当事人或者辩护人、诉讼代理人对证人证言有异议,且该证人证言对案件定罪量刑有重大影响,人民法院认为证人有必要出庭作证的,证人应当出庭作证。公诉人、当事人或者辩护人、诉讼代理人对鉴定意见有异议,人民法院认为鉴定人有必要出庭的,鉴定人应当出庭作证。《规则》第 440 条规定,公诉人对证人证言有异议,且该证人证言对案件定罪量刑有重大影响的,可以申请人民法院通知证人出庭作证。公诉人对鉴定意见有异议的,可以申请人民法院通知鉴定人出庭作证。

2. 证人、鉴定人不出庭的后果。经人民法院通知,证人没有正当理由不出庭作证的,人民法院可以强制其到庭,但是被告人的配偶、父母、子女除外。《规则》规定,对于经人民法院通知而未到庭的证人或者出庭后拒绝作证的证人的证言、笔录,公诉人应当当庭宣读。经人民法院通知,鉴定人拒不出庭作证的,鉴定意见不得作为定案的根据。《规则》进一步明确,经人民法院通知,鉴定人拒不出庭作证的,公诉人可以建议法庭不得采纳该鉴定意见作为定案的根据,也可以申请法庭重新通知鉴定人出庭作证或者申请重新鉴定。

3. 证人、鉴定人出庭程序。《规则》规定,公诉人对证人证言、鉴定意见有异议,可以申请人民法院通知证人、鉴定人出庭作证。必要时公诉人可以申请法庭通知有专门知识的人出庭,就鉴定人作出的鉴定意见提出意见。当事人或者辩护人、诉讼代理人对证人证言、鉴定意见有异议的,公诉人认为必要时,可以申请人民法院通知证人、鉴定人出庭作证。由人民法院通知并负责安排出庭作证。

4. 证人、鉴定人出庭的保护。必要时公诉人可以建议法庭采取不暴露证人、鉴定人、被害人外貌、真实声音等出庭作证措施,或者建议法庭根据刑诉法第152条的规定在庭外对证据进行核实。

按修改后的刑诉法的要求,可以预见证人出庭将大幅增加,而且出庭的人既有控方证人,也有辩方证人。为此,要做好以下准备:

一是做好证据的固定工作。在审查起诉阶段要做好重要证人证言的复核和固定,在庭审前要进一步固定相关证据,并做好证人思想工作,积极动员证人出庭作证。

二是为证人出庭提供必要的保护。对于证人因出庭作证,本人或者其近亲属人身安全面临危险的,检察机关应采取必要的保护措施，打消证人出庭作证的顾虑，保证在法庭上如实作证。

三是认真准备出庭预案，尤其是针对证人在法庭上可能出现的情况进行全面预测，制定详备的询问证人的提纲、结合其他证据的质证提纲。

(三)关于延期审理

《规则》增加规定了可以建议法庭延期审理的情形，并对提出延期审理的时间作了明确。

1. 可以建议法庭延期审理的情形。除对原《规则》规定的“发现事实不清、证据不足，或者遗漏罪行、遗漏同案犯罪嫌疑人，需要补充侦查或者补充提供证据的；发现遗漏罪行或者遗漏同案犯罪嫌疑人，虽不需要补充侦查和补充提供证据，但需要补充、追加或者变更起诉的”两种情形予以保留完善外，增加规定了“被告人揭发他人犯罪行为或者提供重要线索，需要补充侦查进行查证的；申请人民法院通知证人、鉴定人出庭作证或者有专门知识的人出庭提出意见的；需要调取新的证据，重新鉴定或者勘验的；公诉人出示、宣读开庭前移送人民法院的证据以外的证据，或者补充、变更起诉，需要给予被告人、辩护人必要时间进行辩护准备的；被告人、辩护人向法庭出示公诉人不掌握的与定罪量刑有关的证据，需要调查核实的；公诉人对证据收集的合法性进行证明，需要调查核实的”等可以建议法庭延期审理的六种情形。

2. 提出延期审理的时间。既可以在法庭审判过程中提出，也可以在开庭审理前提出，在人民法院开庭审理前发现具有上述情形之一的，人民检察院可以建议人民法院延期审理。

3. 提出延期审理的次数及期限。法庭宣布延期审理后，人民检察院应当在补充侦查的期限内提请人民法院恢复法庭审理或者撤回起诉。公诉人在法庭审理过程中建议延期审理的次数不得超过两次，每次不得超过1个月。

4. 延期审理后对证据的补充。对于需要补充提供法庭审判所必需的证据或者补充侦查的,人民检察院应当自行收集证据和进行侦查,必要时可以要求公安机关提供协助,也可以书面要求公安机关补充提供证据。

(四)关于撤回起诉

原《规则》第351条规定,在人民法院宣告判决前,人民检察院发现不存在犯罪事实、犯罪事实并非被告人所为或者不应当追究被告人刑事责任的,可以要求撤回起诉。鉴于实践中存在检察机关滥用撤回起诉权的问题,2007年高检院公诉厅在调研的基础上,制定下发了《关于公诉案件撤回起诉若干问题的指导意见》,对撤回起诉予以规范,此次修改后的《规则》吸收了该文件的主要内容,第459条规定,在人民法院宣告判决前,人民检察院发现具有下列情形之一的,可以撤回起诉:不存在犯罪事实的;犯罪事实并非被告人所为的;情节显著轻微、危害不大,不认为是犯罪的;证据不足或证据发生变化,不符合起诉条件的;被告人因未达到刑事责任年龄,不负刑事责任的;法律、司法解释发生变化导致不应当追究被告人刑事责任的以及其他不应当追究被告人刑事责任的。对于撤回起诉的案件,人民检察院应当在撤回起诉后30日以内作出不起诉决定。需要重新侦查的,应当在作出不起诉决定后将案卷材料退回公安机关,建议公安机关重新侦查并书面说明理由。对于撤回起诉的案件,没有新的事实或者新的证据,人民检察院不得再行起诉。新的事实,是指原起诉书中未指控的犯罪事实。该犯罪事实触犯的罪名既可以是原指控罪名的同一个罪名,也可以是与原指控罪名不同的其他罪名。新的证据,是指撤回起诉后收集、调取的足以证明原指控犯罪事实的证据。

撤诉权是检察机关公诉权的一项重要内容。修改后的《规则》对撤回起诉的条件作了明确、详细的规定,对于检察机关正确行使撤回起诉权具有积极的意义。在实践中,撤回起诉应当注意:

一是可以撤回起诉的,都是不应当追究被告人刑事责任的情形，除了《规则》规定的情形外，不能以其他理由撤回起诉。

二是撤回起诉后，检察机关应当作不起诉决定，而不能退回侦查机关（部门）撤销案件或者退回侦查机关（部门）补充侦查。撤回起诉后退回侦查机关（部门）撤销案件，这种程序倒流不符合法治精神。刑诉法和《规则》对补充侦查的时间和次数有明确规定，需要补充侦查的，在撤回起诉之前即应当建议法庭延期审理后补充侦查，故在撤回起诉后，则不应再退回补充侦查，不能通过撤回起诉规避法律对于补充侦查的限制，以免程序无休止的拖延。

三是如果因为犯罪事实并非被告人所为或者事实不清、证据不足而撤回起诉，需要重新侦查的，不能直接建议公安机关重新侦查，而应当在作出不起诉决定后再退回公安机关由公安机关重新侦查。

四是对于职务犯罪案件，撤回起诉后作不起诉决定前，应当按照有关规定报上一级人民检察院批准。

（五）关于量刑建议

修改后的刑诉法吸收了量刑规范化改革的成果，第 193 条第 1 款规定："法庭审理过程中，对与定罪、量刑有关的事实、证据都应当进行调查、辩论。"据此，修改后的《规则》分别在审查起诉、起诉、出席法庭等章节中对量刑建议问题作了规定：

1. 关于量刑建议的适用案件范围。《规则》规定，人民检察院对提起公诉的案件，可以向人民法院提出量刑建议。也就是说，凡是人民检察院向人民法院提起公诉的所有案件，都可以提出量刑建议。当然，既然是"可以"而不是"应当"提出，那么也就意味着，虽然检察机关一般应对提起公诉的案件提出量刑建议，但对于某些案件，是否提出量刑建议，仍然具有一定的机动权，可以灵活处理，对一些特殊的案件，出于刑事政策、外交政策、政治效果和社会效果等方面的考虑，如认为不提量刑建议更为合适的，可以不提出明确的量刑建议。实践中，对不宜提出明确量刑建议的特殊案件，可以只发表“依法从重”,“依法从轻、减轻处罚”等概括性意见。

2.量刑建议的提出方式。关于量刑建议的提出方式,原《规则》修改过程中存在两种意见:一种意见认为,应当提出相对确定的量刑建议,即在法定刑幅度内提出有一定幅度但又小于法定刑幅度的量刑建议;另一种意见认为,应当提出具体确定的量刑建议,即明确提出应判处的刑种及确定的刑罚,如对于应判处有期徒刑的案件,提出明确、具体的刑期意见。考虑到案件情况纷繁复杂,对同一案件可能出现不同认识,且随着诉讼的推进案件情况可能发生变化,在同一法定量刑幅度内检法对于量刑存在一定的认识差异也是正常的,要求检察机关的量刑建议精确到与法院没有差异显然是勉为其难,如果法官量刑和检察机关建议经常出现差距,则不但会挫伤检察机关提出量刑建议的积极性,也会影响量刑建议的严肃性和权威性,因此,具体确定的建议不宜作为一般的建议方式,而应当以具有一定幅度的建议为主要方式。

当然,也不宜一律禁止提出具体确定的建议,在某些情况下提出具体确定的建议可能有更好的效果,如某些简单的、常见多发的案件,经过长期起诉审判实践,量刑的规律比较好掌握,犯罪与刑罚之间有明确的对应关系,在此情形下提出具体确定的量刑建议具有可行性。而且,我国刑法对某些犯罪也规定了具体确定的法定刑,在此情况下只能提出具体确定的建议,故《规则》规定,根据案件情况,也可以提出具体确定的建议。

3.量刑建议的内部审批程序。原《规则》修改过程中,对此形成了两种方案:一种方案是,办案人员认为应当向人民法院提出量刑建议的,可以在审查报告或者量刑建议书中提出量刑意见,与起诉的意见一并报请决定,即连同案件审查报告一并报批。另一种方案是,可以分别主诉检察官和非主诉检察官办理的案件,规定不同的审批程序。《规则》最终采纳了第一种方案,这是考虑到,量刑意见与起诉意见由同样的主体审批,一方面是为了提高效率,以免决定起诉后,再另行报批量刑问题;另一方面起诉问题与量刑问题一并考虑,更有利于审批主体作出正确的决定。

4. 量刑建议的载体。《规则》规定,对提起公诉的案件需要提出量刑建议的,一般应当制作专门的量刑建议书,与起诉书一并移送人民法院。当然也可以不制作专门的量刑建议书。未制作专门的量刑建议书的,可以在公诉意见中载明量刑建议。

5. 法庭审理中提出量刑建议的时机。《规则》规定,人民检察院向人民法院提出量刑建议的,公诉人应当在发表公诉意见时提出。即使是在提起公诉时已经提交量刑建议书的,公诉人在发表公诉意见时也应当口头发表量刑建议。有人提出,公诉人可以在宣读起诉书后即提出量刑建议。经研究后认为,在法庭调查结束之前,事实、证据可能发生变化,公诉人还难以判断是否需要对拟定的量刑建议进行调整,如果在宣读起诉书后提出量刑建议,之后又发现需要调整量刑建议的,则将陷于被动。故没有采纳该意见,还是以在发表公诉意见时提出量刑建议为宜。

6. 关于量刑建议调整问题,原《规则》修改过程中,有人提出:"在庭审过程中,出现新的量刑情节致使检察机关的量刑建议需要调整的,公诉人可以根据检察长的授权作出调整,也可以在原有量刑建议的基础上,充分考虑新的量刑情节提出概括性建议;必要时,可以建议法庭休庭后报检察长决定。"提出量刑建议,应充分考虑案件事实和证据,对于可能出现新量刑情节的,一般应征得检察长的事先授权,或者不提出明确的量刑建议。对于"休庭后报检察长决定",实践中不具有可操作性。故《规则》没有采纳上述意见。

(六)关于简易程序

原《规则》第307条至314条对简易程序作了专节规定,修改后的刑诉法第208条至215条对简易程序作了较大修改,要求检察机关派员出席简易程序案件法庭。修改后的《规则》第466条至472条也对简易程序作出相应修改，除了充分体现修改后的刑诉法的精神以外，还对以下问题进行了规定：

1. 基层人民检察院公诉部门在审查移送起诉的案件时，认为案件事实清楚、证据充分的，应当在讯问犯罪嫌疑人时，确认犯罪嫌疑人是否承认自己所犯罪行，对拟指控的犯罪事实有无异议。如果犯罪嫌疑人承认自己所犯罪行，对指控的犯罪事实没有异议，则应当告知其适用简易程序的法律规定，包括适用简易程序审理的法律后果及应享有的权利等，并确认其是否同意适用简易程序。如果犯罪嫌疑人同意适用简易程序，则承办人可以提出建议人民法院适用简易程序的意见。当然，在提起公诉前，原来告知犯罪嫌疑人的拟指控的犯罪事实有变化的，应当再次确认其对指控的犯罪事实有无异议，有异议的，则不应当建议法院适用简易程序。

2. 关于建议适用简易程序的报批程序。原《规则》规定，建议适用简易程序需经检察长批准。很多地方反映，实际上决定适用简易程序，只是一个程序性权力，适用简易程序审理案件，不但不会影响犯罪嫌疑人、被告人的权利，在其同意适用的前提下，还有利于保障其权利。从提高效率、节约司法资源的角度考虑，无须一律由检察长批准。修改后的《规则》采纳了这一意见，要求承办人在审查报告中提出适用简易程序的意见，与提起公诉的意见一并报批。

3. 适用简易程序案件的工作机制。修改后刑诉法扩大了简易程序的适用范围，对于案件事实清楚、证据充分的，被告人认罪并且同意适用简易程序的基层人民法院管辖的案件均可以适用简易程序，这有利于案件繁简分流，提高诉讼效率。但同时规定适用简易程序的案件，人民检察院应当派员出庭，这又增加了起诉案件40%以上的出庭工作量，无疑使本来就存在的案多人少的矛盾更加突出。为了提高效率，节约出庭成本，应当在探索机制上下功夫。一是人民检察院可以对适用简易程序案件相对集中提起公诉,可以建议人民法院相对集中审理。法院集中审理,一般应当是同一个公诉人承办的案件。对此,各地检察院可以与法院协商,有条件的可以建立相关工作机制。二是统筹安排讯问犯罪嫌疑人。对于羁押的犯罪嫌疑人,可以采取对同期办理的可能适用简易程序的犯罪嫌疑人集中讯问的方式,距看守所远的检察院,也可以利用网络远程讯问犯罪嫌疑人。对于非羁押的犯罪嫌疑人,可以采取对多名犯罪嫌疑人同时传唤、分别讯问的方式。三是尽量简化文书制作,可与公安机关、检察院侦查监督部门共享资源,提高诉讼效率,节约诉讼成本。

4. 出席简易程序案件法庭。在法庭调查阶段,公诉人可以根据案件情况决定是否讯问被告人,询问证人、鉴定人,如果需要讯问或询问的,也应当突出重点。举证时可以采取适当的方式出示证据,对于控辩双方没有争议的证据,可以不出示。对于辩护方出示的证据,需要质证的,应当质证,没有必要质证的,则不质证。在法庭辩论阶段,公诉人应当主要围绕量刑以及其他有争议的问题进行法庭辩论。对于定罪问题,由于被告人认罪,故无须作过多的阐述。需要注意的是,对于起诉书,公诉人可以根据情况简化宣读,但不能完全不宣读。

5. 关于简易程序转普通程序问题。在法庭审理过程中,公诉人发现不宜适用简易程序审理的,应当建议法庭按照第一审普通程序重新审理。不宜适用简易程序审理,主要是不符合刑诉法第208条规定的适用条件,以及具有第209条规定的情形之一的。公诉人认为具有其他不宜适用简易程序情形的,可以根据情况决定是否建议法庭转为普通程序重新审理。原《规则》第314条规定,转为普通程序审理的案件,人民检察院审查起诉的期限应当从收到人民法院有关案件材料之日起计算。考虑到简易程序转普通程序审理的案件属于已经提起公诉的案件,审查起诉期限重新计算没有法律依据,故修改后的《规则》第471条规定,转为普通程序审理的案件，公诉人需要为出席法庭进行准备的，可以建议人民法院延期审理。实践中，可以根据情况与人民法院协商按普通程序重新确定开庭的时间。

（七）出席二审法庭

1. 检察机关办理第二审案件时的阅卷问题。原《规则》第361条规定，对上诉或抗诉案件，出席第二审法庭的检察人员在接到第二审人民法院查阅案卷通知后，应当到第二审人民法院查阅第一审人民法院的案卷。修改后的刑诉法第224条规定，对于人民法院开庭审理的第二审案件，人民检察院应当在1个月以内阅卷。据此，《规则》第474条规定，人民检察院在接到第二审人民法院决定开庭、查阅案卷通知后，应当在1个月以内审查原审案卷材料。需要注意，“一个月以内”以人民检察院接到人民法院的通知之日起计算。为便于人民检察院审查案卷材料，办案人员根据情况，既可以到人民法院查阅，也可以向人民法院借阅案卷材料。

检察机关原则上只有1个月的阅卷时间，而法院的办案期限是两个月，对于可能判处死刑的案件或者附带民事诉讼的案件，以及有刑诉法第156条规定情形的，可以延长2个月。对此，在修改原《规则》中有人提出，能否在《规则》中确定检察机关对二审案卷重点审查的原则。因为我国的二审制度不单纯是法律审，还包括对事实的审理，所以刑诉法规定了全面审查的原则。《规则》在明确检察人员应当客观全面地审查原审案卷材料基础上，明确了在全面审查基础上的重点审查，即，重点审查有争议的案件事实、证据和法律适用问题，有针对性地做好庭审准备工作。

此外，不少地方反映，实践中，由于在阅卷期间需要进行复核主要证据、讯问原审被告人等工作，对于有些案情复杂且被告人和案卷材料比较多的案件来说，1个月阅卷期限比较紧张，针对此问题，《规则》规定，人民检察院在1个月内无法完成阅卷的，可以商请人民法院延期审理。实践中，可以与人民法院协商开庭的具体时间。

2. 检察机关办理二审案件讯问原审被告人、补充证据等工作。一是讯问原审被告人。原《规则》第 363 条规定，检察人员在审查第一审案卷材料时，应当提讯原审被告人，复核主要证据。不少地方提出，在总体上检察机关 1 个月的阅卷期限较紧的情况下，不宜一律要求讯问全部原审被告人。修改后的《规则》采纳了该意见，第 476 条规定，检察人员在审查第一审案卷材料时，可以讯问原审被告人，但对于以下原审被告人应当讯问：原审被告人提出上诉的，原审被告人被判处无期徒刑以上刑罚的，检察机关提出抗诉的部分原审被告人。这就意味着，除以上几种情形的原审被告人以外，同案其他原审被告人是否讯问，由检察机关根据情况决定。当然，实践中，为充分保证二审案件质量，一般情况下，检察机关应当尽量讯问全部原审被告人。而且，对于其中有被告人被判处死刑的案件，应当讯问全部原审被告人。二是补充收集证据等工作。原《规则》没有规定检察机关办理二审案件能否补充收集证据问题。不少地方提出，实践中，检察机关在办理二审案件过程中，很多案件需要补充收集证据、重新或补充鉴定等，法院对此也认可，故《规则》也应当作出规定。修改后的《规则》采纳了这一意见，第 476 条规定，人民检察院在审查第一审案卷材料时，“必要时可以补充收集证据、重新鉴定或者补充鉴定”。三是移交侦查机关处理。《规则》第 476 条规定，人民检察院办理二审案件，在阅卷过程中，需要原侦查机关补充收集证据的，可以要求侦查机关补充收集；对被告人、辩护人提出被告人自首、立功等可能影响定罪量刑的材料和线索的，人民检察院可以依照案件管辖规定交侦查机关调查核实，必要时也可以自行调查核实；发现遗漏同案犯罪嫌疑人或者遗漏罪行的，可以建议侦查机关进行侦查。

允许检察机关在办理二审案件过程中补充收集证据，可以有效弥补一审案件中取证的缺陷，但在实践中应当注意，一是办理二审案件,应当主要立足于一审案件的证据材料,只有在必要时,检察机关才补充收集证据,检察机关在办理一审案件时即应把握好证据质量,避免过于依赖在二审过程中补充收集证据。二是对于确实需要补充侦查的,一般应当以自行补充侦查为主,只有在必要时,才要求侦查机关补充收集。三是如果被告人、辩护人提出被告人自首、立功等可能影响定罪量刑的材料和线索,可以交侦查机关调查核实,对于比较简单、容易核实的,则由检察机关自行调查核实。

二、特别程序

(一)未成年人刑事案件诉讼程序

加强未成年人刑事检察工作,最大限度地教育、挽救涉罪未成年人,最大限度地预防未成年人重新犯罪,使千万家庭重获幸福,是促和谐、保稳定、得民心的大好事,是检察机关服务大局,促进科学发展的重要内容,是以人为本、执法为民的重要体现。近年来,各地司法机关在办理未成年人刑事案件中,对符合青少年身心特点、有益于教育挽救失足未成年人办案方式进行了积极探索,积累了丰富经验,取得了很好的效果,修改后的刑诉法对未成年人刑事案件设置专门的诉讼程序,形成具有中国特色的未成年人司法制度。《规则》用26条对刑诉法中未成年人刑事案件诉讼程序进行了细化,使之更具有操作性。

1. 把贯彻党和国家对涉罪未成年人"教育、感化、挽救"方针,"教育为主、惩罚为辅"原则和"两扩大、两减少"政策落实到检察工作中。为充分体现未成年人刑事检察工作的特殊性,《规则》中体现了坚持依法少捕、慎诉、少监禁,为涉罪未成年人回归社会创造条件,即坚持依法能不捕的坚决不捕,能不诉的坚决不诉,必须起诉、符合判非监禁刑条件的,建议判非监禁刑,最大限度地降低涉罪未成年人的批捕率、起诉率和监禁率。对于已经逮捕的未成年犯罪嫌疑人,要加强对继续羁押必要性审查,严格把握延长侦查羁押期限条件,不需要继续羁押的,及时建议释放或者变更强制措施。

值得关注的是,刑诉法专门为未成年犯罪嫌疑人规定了附条件不起诉制度,在适用时要把握好以下几点:一要理清附条件不起诉与相对不起诉的关系。附条件不起诉与相对不起诉都是对已构成犯罪的案件作不起诉处理,但前者的不起诉是附条件的,它在犯罪事实和情节、主观恶性等方面一般要重于后者,在悔罪表现或被害人谅解程度等方面一般不如后者。对于既可相对不起诉也可附条件不起诉的案件,要优先适用相对不起诉。第500条规定,被附条件不起诉的未成年犯罪嫌疑人,在考验期内发现有下列情形之一的,人民检察院应当撤销附条件不起诉的决定,提起公诉:(一)实施新的犯罪的;(二)发现决定附条件不起诉以前还有其他犯罪需要追诉的;(三)违反治安管理规定,造成严重后果,或者多次违反治安管理规定的;(四)违反考察机关有关附条件不起诉的监督管理规定,造成严重后果,或者多次违反考察机关有关附条件不起诉的监督管理规定的。二要正确把握适用条件。附条件不起诉的案件须具备涉嫌《刑法》分则第四、五、六章规定的犯罪、可能判处一年有期徒刑以下刑罚、符合起诉条件、有悔罪表现这些条件。其中,"一年有期徒刑以下刑罚",应当理解为根据案件的具体犯罪事实、情节可能判处的刑罚。三要认真做好附条件不起诉人的监督考察,督促其遵守法律的规定,重点是要依据案件的具体情况设定矫治和教育的内容和方式方法。这里涉及如何考虑被害人意见,如何加强与附条件不起诉人的家庭及所在学校、社区、单位衔接配合,以保证考察效果。考验期届满,办案人员应当制作附条件不起诉考察意见书,提出起诉或者不起诉的意见,经部门负责人审核,报请检察长决定。

2. 加强未成年人刑事案件办理的专门化建设和专业化建设。办理未成年人犯罪案件,要把"教育、感化、挽救"方针和"教育为主、惩罚为辅”的原则贯穿于办案始终，就要求公诉人要做大量的艰苦细致的社会调查工作和帮教工作。在人员配备上，要挑选熟悉未成年人身心特点、热心于这项工作的公诉人从事这一工作，确保办好未成年人犯罪案件。对此，《规则》第484条规定：“人民检察院应当指定熟悉未成年人身心特点的检察人员办理未成年人刑事案件。”

3. 落实好刑事诉讼法未成年人刑事检察工作制度。一是合适成年人讯问时到场制度。《规则》第490条第2款规定：“讯问未成年犯罪嫌疑人，应当通知其法定代理人到场，告知法定代理人依法享有的诉讼权利和应当履行的义务。无法通知、法定代理人不能到场或者法定代理人是共犯的，也可以通知未成年犯罪嫌疑人的其他成年亲属，所在学校、单位或者居住地的村民委员会、居民委员会、未成年人保护组织的代表到场，并将有关情况记录在案。到场的法定代理人可以代为行使未成年犯罪嫌疑人的诉讼权利，行使时不得侵犯未成年犯罪嫌疑人的合法权益。到场的法定代理人或者其他人员认为办案人员在讯问中侵犯未成年犯罪嫌疑人合法权益的，可以提出意见。讯问笔录应当交由到场的法定代理人或者其他人员阅读或者向其宣读，并由其在笔录上签字、盖章或者捺指印确认。讯问女性未成年犯罪嫌疑人，应当有女性检察人员参加。”

二是法律援助和听取律师意见制度。《规则》第485条、第490条、第492条对此作了规定，人民检察院受理案件后，应当向未成年犯罪嫌疑人及其法定代理人了解其委托辩护人的情况，并告知其有权委托辩护人。未成年犯罪嫌疑人没有委托辩护人的，人民检察院应当书面通知法律援助机构指派律师为其提供辩护。在审查逮捕、审查起诉中，人民检察院应当讯问未成年犯罪嫌疑人，听取辩护人的意见，并制作笔录附卷。对未成年人作出附条件不起诉的决定，人民检察院在作出附条件不起诉的决定以前，应当听取未成年犯罪嫌疑人及其法定代理人、辩护人的意见，并制作笔录附卷。

三是社会调查制度。《规则》明确了办理未成年人犯罪案件进行社会调查制度，人民检察院根据情况可以对未成年犯罪嫌疑人的成长经历、犯罪原因、监护教育等情况进行调查，并制作社会调查报告，作为办案和教育的参考。人民检察院开展社会调查，可以委托有关组织和机构进行。人民检察院应当对公安机关移送的社会调查报告进行审查，必要时可以进行补充调查。人民检察院制作的社会调查报告应当随案移送人民法院。

四是犯罪记录封存制度。《刑法修正案(八)》和修改后的刑诉法分别规定了对犯罪时不满 18 周岁，被判处 5 年有期徒刑以下刑罚的人，在入伍、就业时免除前科报告义务，并对相关犯罪记录予以封存。《规则》第 502 条、503 条、504 条和 505 条对记录封存制度作了明确规定，包括办案过程中，应当对涉案未成年人的资料予以保密，犯罪的时候不满 18 周岁，被判处 5 年以下有期徒刑刑罚的，收到生效判决后对犯罪记录予以封存，对案卷加密保存，不予公开，不得向任何单位和个人提供封存的犯罪记录和犯罪记录证明等。

(二)当事人和解的公诉案件诉讼程序

近年来，一些地方积极探索能够比较全面恢复平衡加害人、受害人和社会关系的案件处理方式，取得了很好的成效。2011 年 1 月，最高人民检察院在全面总结各地司法实践经验的基础上，出台了《关于办理当事人达成和解的轻微刑事案件的若干意见》，明确了指导思想和基本原则，适用范围和条件，当事人和解的内容，和解的途径，和解协议的审查、处理等内容，修改后的刑诉法将当事人和解的公诉案件诉讼程序规定为特别程序之一，从而将司法实践成果正式上升为法律层面，并将其规定为特别程序。《规则》对检察机关适用刑事和解的程序进一步细化。

1. 适用的范围和条件。《规则》第510条作了具体规定，适用范围：(一)因民间纠纷引起，涉嫌《刑法》分则第四章、第五章规定的犯罪案件，可能判处3年有期徒刑以下刑罚的；(二)除渎职犯罪以外的可能判处7年有期徒刑以下刑罚的过失犯罪案件。在刑诉法规定的适用范围基础上，明确规定了适用的条件，即(一)属于侵害特定被害人的故意犯罪或者有直接被害人的过失犯罪；(二)案件事实清楚，证据确实、充分；(三)犯罪嫌疑人真诚悔罪，向被害人赔偿损失、赔礼道歉等；(四)被害人明确表示对犯罪嫌疑人予以谅解；(五)双方当事人自愿和解，符合有关法律规定。犯罪嫌疑人在5年以内曾经故意犯罪的，不适用本节规定的程序。

(1)何谓民间纠纷。国务院《民间纠纷处理办法》(1990年4月19日)将民间纠纷界定为公民之间有关人身、财产权益和其他日常生活中发生的纠纷。一般认为，“民间纠纷”具备两个基本特征：一是争执仅发生在公民私人之间；二是发生争执的当事人之间存在着各种密切的关系，纠纷的发生基于他们以前的关系，纠纷的解决还会影响到他们以后的生活。

(2)如何理解真诚悔罪，这是适用刑事和解的前提条件，如果犯罪嫌疑人、被告人对自己所犯罪行毫无悔改之意，就不可能进行刑事和解。悔罪首先要认罪，认罪是前提，如果犯罪嫌疑人、被告人不认罪，即使向被害人作出了一定的赔偿，也不能认为是悔罪。但是仅仅认罪也不一定就悔罪，也可能认为被害人“罪有应得”。一般而言，犯罪嫌疑人、被告人为了获得从轻处罚，大都有悔罪的表现，但这种悔罪要真诚，发自内心，只有这样才可能得到被害人的谅解，真正化解当事人之间的矛盾。

2. 和解的当事人范围。犯罪嫌疑人、被告人和被害人属于和解的当事人双方自无异议，《规则》第511条、第512条作了补充，“被害人死亡的，其法定代理人、近亲属可以与犯罪嫌疑人和解。

被害人系无行为能力或者限制行为能力人的,其法定代理人可以代为和解。犯罪嫌疑人系限制行为能力人的,其法定代理人可以代为和解。犯罪嫌疑人在押的,经犯罪嫌疑人同意,其法定代理人、近亲属可以代为和解。”

3. 和解的内容和方式。第 513 条规定,双方当事人可以就赔偿损失、赔礼道歉等民事责任事项进行和解,并且可以就被害人及其法定代理人或者近亲属是否要求或者同意公安机关、人民检察院、人民法院对犯罪嫌疑人依法从宽处理进行协商,但不得对案件的事实认定、证据和法律适用、定罪量刑等依法属于公安机关、人民检察院、人民法院职权范围的事宜进行协商。第 514 条规定了和解的方式,双方当事人可以自行达成和解,也可以经人民调解委员会、村民委员会、居民委员会、当事人所在单位或者同事、亲友等组织或者个人调解后达成和解。人民检察院对于《规则》第 510 条规定的公诉案件,可以建议当事人进行和解,并告知相应的权利义务,必要时可以提供法律咨询。检察机关因承担着法律监督的职责,故检察机关不宜主持和解,而要充分发挥检调对接工作机制的作用,积极协调由人民调解员、司法行政部门、民间组织主持和解工作。

4. 人民检察院对自愿性、合法性的审查重点。第 515 条规定了审查的重点,对自愿性的审查包括三个方面:第一,双方当事人是否自愿和解。第二,犯罪嫌疑人是否真诚悔罪,是否向被害人赔礼道歉,经济赔偿数额与其所造成的损害和赔偿能力是否相适应。第三,被害人及其法定代理人或者近亲属是否明确表示对犯罪嫌疑人予以谅解。对合法性的审查包括:其一,是否符合法律规定。其二,是否损害国家、集体和社会公共利益或者他人的合法权益。其三,是否符合社会公德。此外,审查时,应当听取双方当事人和其他有关人员对和解的意见,告知被害人刑事案件可能从宽处理的法律后果和双方的权利义务,并制作笔录附卷。经审查认为双方自愿和解,内容合法,且符合《规则》第510条规定的范围和条件的,人民检察院应当主持制作和解协议书。和解协议书应当由双方当事人签字,检察人员不在当事人和解协议书上签字,也不加盖人民检察院印章。可以写明和解协议书系在人民检察院主持下制作。

5.对于达成和解的案件,要坚持依法从宽处理。《规则》规定,双方当事人在侦查阶段达成和解协议,公安机关向人民检察院提出从宽处理建议的,人民检察院在审查逮捕和审查起诉时应当充分考虑公安机关的建议。人民检察院对于公安机关移送审查起诉的案件,双方当事人达成和解协议的,可以作为是否需要判处刑罚或者免除刑罚的因素予以考虑,符合法律规定的不起诉条件的,可以决定不起诉。例如,有的地方规定了可以不起诉的条件,具有法定从轻、减轻或者免除处罚情节的;犯罪嫌疑人系初犯、偶犯的;被害人有明显过错的等。

对于依法应当提起公诉的,人民检察院可以向人民法院提出从宽处罚的量刑建议。

(三)犯罪嫌疑人、被告人逃匿、死亡案件违法所得没收程序

1.没收程序的适用范围。《规则》第523条作了规定,即对于贪污贿赂犯罪、恐怖活动犯罪等重大犯罪案件,犯罪嫌疑人、被告人逃匿,在通缉一年后不能到案,依照刑法规定应当追缴其违法所得及其他涉案财产的,人民检察院可以向人民法院提出没收违法所得的申请。对于犯罪嫌疑人、被告人死亡,依照刑法规定应当追缴其违法所得及其他涉案财物的,人民检察院也可以向人民法院提出没收违法所得的申请。

需要强调两点:一是犯罪嫌疑人、被告人逃匿和死亡的适用案件范围不一样,犯罪嫌疑人、被告人逃匿的,仅适用于贪污贿赂犯罪、恐怖活动犯罪等重大犯罪案件,而犯罪嫌疑人、被告人死亡的,不仅适用于贪污贿赂犯罪、恐怖活动犯罪等重大犯罪案件,也适用

于其他犯罪案件。二是关于贪污贿赂犯罪的范围，在这里按照刑法规定的贪污贿赂犯罪从严把握，而不能解释为《刑法》第八章规定的所有贪污贿赂犯罪案件。

2. 证据标准的把握。根据修改后的刑诉法和《规则》的规定，检察院向法院提出没收违法所得申请后，法院要组成合议庭进行审理，利害关系人参加诉讼的，法院应当开庭审理。这表明，不论是否开庭，检察机关都需提供犯罪嫌疑人、被告人犯罪事实，违法所得的证据材料，《规则》进一步明确了检察机关的举证责任和出庭职责，人民法院对没收违法所得的申请进行审理，人民检察院应当承担举证责任。人民法院对没收违法所得的申请开庭审理的，人民检察院应当派员出席法庭。这就要求公诉部门办理此类案件要同办理其他案件一样严把案件事实关和证据关，证据标准最低要达到"两个基本"，即证明逃匿或者死亡的被告人构成犯罪的基本事实清楚，基本证据确实充分，且有确实充分的证据证明申请没收的财产系与犯罪直接相关。因犯罪嫌疑人、被告人逃匿或者死亡的特殊性，我们既不能过于苛刻要求案件证据的证据标准，也绝不能迁就或者把此类案件的证据标准放得过宽，

（四）依法不负刑事责任的精神病人的强制医疗程序

1. 适用条件。修改后的刑诉法第284条规定，实施暴力行为，危害公共安全或者严重危害公民人身安全，经法定程序鉴定为依法不负刑事责任的精神病人，有继续危害社会可能的，可以予以强制医疗。《规则》第539条增加了"已经达到犯罪程度"，这是对刑诉法规定的明确，以免产生异议。适用强制医疗程序的精神病人，实施暴力行为，危害公共安全或者严重危害公民人身安全，只是因其系精神病人，不具有有责性而不负刑事责任。

2. 强制医疗程序的提出。一是公安机关在侦查阶段发现对不负刑事责任的精神病人需要强制医疗的，向检察机关移送强制医疗意见书。二是人民检察院向法院提出强制医疗申请。在审查起

诉中，犯罪嫌疑人经鉴定系依法不负刑事责任的精神病人的，人民检察院应当作出不起诉决定。认为符合刑诉法第284条规定条件的，应当向人民法院提出强制医疗程序申请。三是人民法院在审理案件过程中发现被告人符合强制医疗条件，作出被告人不负刑事责任的判决后，拟作出强制医疗决定的，人民检察院应当在庭审中发表意见。根据《刑法》第18条规定，精神病人在不能辨认或者不能控制自己行为的时候造成危害结果，经法定程序鉴定确认的，不负刑事责任。

3. 对强制医疗程序的监督。(1)对公安机关的监督：人民检察院发现公安机关应当启动强制医疗程序而不启动的，可以要求公安机关在七日以内书面说明不移送的理由。经审查，认为公安机关不启动理由不能成立的，应当通知公安机关启动程序。对此要按照《规则》第543条规定审查查明。(2)对法院的监督：人民检察院发现人民法院或者审判人员审理强制医疗案件违反法律规定的诉讼程序，应当向人民法院提出纠正意见。人民检察院认为人民法院作出的强制医疗决定或者驳回强制医疗申请的决定不当，应当在收到决定书副本后20日以内向人民法院提出书面纠正意见。

三、刑事诉讼法律监督

《规则》用一章九节规定了刑事诉讼法律监督内容，同时，在其他各个章节中也都有刑事诉讼法律监督的内容，使刑事诉讼法律监督体系更加完备，这也是修改后的《规则》的一个特点，如《规则》第58条规定："辩护人、诉讼代理人认为其依法行使诉讼权利受到阻碍向人民检察院申诉或者控告的，人民检察院应当在受理后十日以内进行审查，情况属实的，经检察长决定，通知有关机关或者本院有关部门、下级人民检察院予以纠正，并书面答复辩护人、诉讼代理人；因情况复杂在十日以内无法办结的，经检察长批准，可以延长五日。"再如，第68条规定"在侦查、审查起诉和审判阶段,人民检察院发现侦查人员以非法方法收集证据的,应当报经检察长批准,及时进行调查核实。当事人及其辩护人、诉讼代理人报案、控告、举报侦查人员采用刑讯逼供等非法方法收集证据并提供相关材料或者线索的,人民检察院应当受理并进行审查,对于根据现有材料无法证明证据收集合法性的,应当报经检察长批准,及时进行调查核实。上一级人民检察院接到对侦查人员采用刑讯逼供等非法方法收集证据的报案、控告、举报的,可以直接进行调查,也可以交由下级人民检察院调查。交由下级人民检察院调查的,下级人民检察院应当将调查结果及时报告上一级人民检察院。人民检察院决定调查核实的,应当及时通知办案机关。"还有,第118条、第361条规定:"人民检察院应当对指定居所监视居住是否合法实行监督。对于下级人民检察院报请指定居所监视居住的案件,由上一级人民检察院侦查监督部门依法对决定是否合法进行监督。对于公安机关决定的指定居所监视居住的案件,由作出批准决定的公安机关同级人民检察院侦查监督部门依法对决定是否合法进行监督。对于人民法院因被告人无固定住处而指定居所监视居住的,由同级人民检察院公诉部门依法对决定是否合法进行监督。""对重大、疑难、复杂的案件,人民检察院认为确有必要时,可以派员适时介入侦查活动,对证据收集、法律适用提出意见,并监督侦查活动是否合法。"

(一)侦查活动监督

1.《规则》增加了侦查活动监督范围。包括把非法证据排除中的内容吸纳进来,采用刑讯逼供以及其他非法方法收集犯罪嫌疑人供述的;采用暴力、威胁等非法方法收集证人证言、被害人陈述,或者以暴力、威胁等方法阻止证人作证或者指使他人作伪证的;非法拘禁他人或者以其他方法非法剥夺他人人身自由的;非法搜查他人身体、住宅,或者非法侵入他人住宅的;非法采取技术侦查措施的;对与案件无关的财物采取查封、扣押、冻结措施,或者应当解除查封、扣押、冻结不解除的等,由原来的11项侦查监督内容扩大到20项内容。

此外,当事人和辩护人、诉讼代理人、利害关系人对于办理案件的机关及其工作人员有刑诉法第115条规定的行为,向该机关申诉或者控告,对该机关作出的处理不服,或者该机关未在规定时间内作出答复,向人民检察院申诉的,办理案件的机关的同级人民检察院应当及时受理。

2. 侦查活动监督方式。人民检察院发现公安机关侦查活动中的违法行为,对于情节较轻的,可以由检察人员以口头方式向侦查人员或者公安机关负责人提出纠正,并及时向本部门负责人汇报;必要的时候,由部门负责人提出。对于情节较重的违法情形,应当报请检察长批准后,向公安机关发出纠正违法通知书。增加了具有操作性的内容,纠正意见不被接受,公安机关要求复查的,应当在收到公安机关的书面意见后7日以内进行复查。经过复查,认为纠正违法意见正确的,应当及时向上一级人民检察院报告;认为纠正违法意见错误的,应当及时撤销。上一级人民检察院经审查,认为下级人民检察院的纠正意见正确的,应当及时通知同级公安机关督促下级公安机关纠正;认为下级人民检察院的纠正意见不正确的,应当书面通知下级人民检察院予以撤销,下级人民检察院应当执行,并及时向公安机关及有关侦查人员说明情况。

(二)审判活动监督

审判活动监督的范围由原来规定的7项增加到16项,包括二审法院违反法律规定裁定发回重审的;故意毁弃、篡改、隐匿、伪造、偷换证据或者其他诉讼材料,或者依据未经法定程序调查、质证的证据定案的;依法应当调查收集相关证据而不收集的;对与案件无关的财物采取查封、扣押、冻结措施的,或者应当解除查封、扣押、冻结不解除的等。并且将检察长列席审委会写入《规则》中,人民检察院检察长可以列席人民法院审判委员会会议,对审判委员会讨论的案件等议题发表意见,依法履行法律监督职责。

(三)刑事判决、裁定监督

根据检察机关刑事审判监督实践,增加规定了确有错误的刑事判决、裁定的情形,包括:原判决、裁定的主要事实依据被依法变更或者撤销的;认定罪名错误且明显影响量刑的;量刑明显不当的;违反法律规定的诉讼程序,可能影响公正审判的等六种情形。对原来属于抗诉情形的(一)、(二)分别修改为"有新的证据证明原判决、裁定认定的事实确有错误,可能影响定罪量刑的","据以定罪量刑的主要证据之间存在矛盾的"。

(四)关于监督方式

不论是对侦查活动的监督,还是对审判活动的监督,采取何种监督方式,主要是根据违法的程度确定采取何种监督方式。情节较轻的,可以口头提出纠正意见;情节严重的,可以发纠正违法通知书;涉嫌犯罪的,移送职务犯罪侦查部门查处。总之,在履行法律监督职责中,要始终坚持依法、坚决、准确、有效的监督原则,不论采取何种监督方式,都要保证监督的力度和效果。

(责任编辑:曹红虹)

【2012年刑事法律及司法解释(一)】

目　录

中华人民共和国刑事诉讼法

最高人民法院、最高人民检察院、公安部、国家安全部、司法部、全国人大常委会法制工作委员会关于实施刑事诉讼法若干问题的规定

人民检察院刑事诉讼规则(试行)(上)

中华人民共和国刑事诉讼法

(1979年7月1日第五届全国人民代表大会第二次会议通过　根据1996年3月17日第八届全国人民代表大会第四次会议《关于修改〈中华人民共和国刑事诉讼法〉的决定》第一次修正,根据2012年3月14日第十一届全国人民代表大会第五次会议《关于修改〈中华人民共和国刑事诉讼法〉的决定》第二次修正)

目　录

第一编　总　则

第一章　任务和基本原则

第二章　管　辖

第三章　回　避

第四章　辩护与代理
第五章　证　据
第六章　强制措施
第七章　附带民事诉讼
第八章　期间、送达
第九章　其他规定
第二编　立案、侦查和提起公诉
第一章　立　案
第二章　侦　查
第一节　一般规定
第二节　讯问犯罪嫌疑人
第三节　询问证人
第四节　勘验、检查
第五节　搜　查
第六节　查封、扣押物证、书证
第七节　鉴　定
第八节　技术侦查措施
第九节　通　缉
第十节　侦查终结
第十一节　人民检察院对直接受理的案件的侦查
第三章　提起公诉
第三编　审　判
第一章　审判组织
第二章　第一审程序
第一节　公诉案件
第二节　自诉案件
第三节　简易程序
第三章　第二审程序
第四章　死刑复核程序
第五章　审判监督程序
第四编　执　行

第五编 特别程序
第一章 未成年人刑事案件诉讼程序
第二章 当事人和解的公诉案件诉讼程序
第三章 犯罪嫌疑人、被告人逃匿、死亡案件违法所得的没收程序
第四章 依法不负刑事责任的精神病人的强制医疗程序
附 则

第一编 总 则

第一章 任务和基本原则

第一条 为了保证刑法的正确实施，惩罚犯罪，保护人民，保障国家安全和社会公共安全，维护社会主义社会秩序，根据宪法，制定本法。

第二条 中华人民共和国刑事诉讼法的任务，是保证准确、及时地查明犯罪事实，正确应用法律，惩罚犯罪分子，保障无罪的人不受刑事追究，教育公民自觉遵守法律，积极同犯罪行为作斗争，维护社会主义法制，尊重和保障人权，保护公民的人身权利、财产权利、民主权利和其他权利，保障社会主义建设事业的顺利进行。

第三条 对刑事案件的侦查、拘留、执行逮捕、预审，由公安机关负责。检察、批准逮捕、检察机关直接受理的案件的侦查、提起公诉，由人民检察院负责。审判由人民法院负责。除法律特别规定的以外，其他任何机关、团体和个人都无权行使这些权力。

人民法院、人民检察院和公安机关进行刑事诉讼，必须严格遵守本法和其他法律的有关规定。

第四条 国家安全机关依照法律规定，办理危害国家安全的刑事案件，行使与公安机关相同的职权。

第五条 人民法院依照法律规定独立行使审判权，人民检察院依照法律规定独立行使检察权，不受行政机关、社会团体和个人的干涉。

第六条 人民法院、人民检察院和公安机关进行刑事诉讼，必须依靠群众，必须以事实为根据，以法律为准绳。对于一切公民，在适用法律上一律平等，在法律面前，不允许有任何特权。

第七条 人民法院、人民检察院和公安机关进行刑事诉讼,应当分工负责,互相配合,互相制约,以保证准确有效地执行法律。

第八条 人民检察院依法对刑事诉讼实行法律监督。

第九条 各民族公民都有用本民族语言文字进行诉讼的权利。人民法院、人民检察院和公安机关对于不通晓当地通用的语言文字的诉讼参与人,应当为他们翻译。

在少数民族聚居或者多民族杂居的地区,应当用当地通用的语言进行审讯,用当地通用的文字发布判决书、布告和其他文件。

第十条 人民法院审判案件,实行两审终审制。

第十一条 人民法院审判案件,除本法另有规定的以外,一律公开进行。被告人有权获得辩护,人民法院有义务保证被告人获得辩护。

第十二条 未经人民法院依法判决,对任何人都不得确定有罪。

第十三条 人民法院审判案件,依照本法实行人民陪审员陪审的制度。

第十四条 人民法院、人民检察院和公安机关应当保障犯罪嫌疑人、被告人和其他诉讼参与人依法享有的辩护权和其他诉讼权利。

诉讼参与人对于审判人员、检察人员和侦查人员侵犯公民诉讼权利和人身侮辱的行为,有权提出控告。

第十五条 有下列情形之一的,不追究刑事责任,已经追究的,应当撤销案件,或者不起诉,或者终止审理,或者宣告无罪:

(一)情节显著轻微、危害不大,不认为是犯罪的;

(二)犯罪已过追诉时效期限的;

(三)经特赦令免除刑罚的;

(四)依照刑法告诉才处理的犯罪,没有告诉或者撤回告诉的;

(五)犯罪嫌疑人、被告人死亡的;

(六)其他法律规定免予追究刑事责任的。

第十六条 对于外国人犯罪应当追究刑事责任的,适用本法的规定。

对于享有外交特权和豁免权的外国人犯罪应当追究刑事责任的,通过外交途径解决。

第十七条 根据中华人民共和国缔结或者参加的国际条约,或者按照互惠原则,我国司法机关和外国司法机关可以相互请求刑事司法协助。

第二章　管　　辖

第十八条　刑事案件的侦查由公安机关进行,法律另有规定的除外。

贪污贿赂犯罪,国家工作人员的渎职犯罪,国家机关工作人员利用职权实施的非法拘禁、刑讯逼供、报复陷害、非法搜查的侵犯公民人身权利的犯罪以及侵犯公民民主权利的犯罪,由人民检察院立案侦查。对于国家机关工作人员利用职权实施的其他重大的犯罪案件,需要由人民检察院直接受理的时候,经省级以上人民检察院决定,可以由人民检察院立案侦查。

自诉案件,由人民法院直接受理。

第十九条　基层人民法院管辖第一审普通刑事案件,但是依照本法由上级人民法院管辖的除外。

第二十条　中级人民法院管辖下列第一审刑事案件:

(一)危害国家安全、恐怖活动案件;

(二)可能判处无期徒刑、死刑的案件。

第二十一条　高级人民法院管辖的第一审刑事案件,是全省(自治区、直辖市)性的重大刑事案件。

第二十二条　最高人民法院管辖的第一审刑事案件,是全国性的重大刑事案件。

第二十三条　上级人民法院在必要的时候,可以审判下级人民法院管辖的第一审刑事案件;下级人民法院认为案情重大、复杂需要由上级人民法院审判的第一审刑事案件,可以请求移送上一级人民法院审判。

第二十四条　刑事案件由犯罪地的人民法院管辖。如果由被告人居住地的人民法院审判更为适宜的,可以由被告人居住地的人民法院管辖。

第二十五条　几个同级人民法院都有权管辖的案件,由最初受理的人民法院审判。在必要的时候,可以移送主要犯罪地的人民法院审判。

第二十六条　上级人民法院可以指定下级人民法院审判管辖不明的案件,也可以指定下级人民法院将案件移送其他人民法院审判。

第二十七条　专门人民法院案件的管辖另行规定。

第三章　回　　避

第二十八条　审判人员、检察人员、侦查人员有下列情形之一的,应当自

行回避,当事人及其法定代理人也有权要求他们回避:

(一)是本案的当事人或者是当事人的近亲属的;

(二)本人或者他的近亲属和本案有利害关系的;

(三)担任过本案的证人、鉴定人、辩护人、诉讼代理人的;

(四)与本案当事人有其他关系,可能影响公正处理案件的。

第二十九条 审判人员、检察人员、侦查人员不得接受当事人及其委托的人的请客送礼,不得违反规定会见当事人及其委托的人。

审判人员、检察人员、侦查人员违反前款规定的,应当依法追究法律责任。当事人及其法定代理人有权要求他们回避。

第三十条 审判人员、检察人员、侦查人员的回避,应当分别由院长、检察长、公安机关负责人决定;院长的回避,由本院审判委员会决定;检察长和公安机关负责人的回避,由同级人民检察院检察委员会决定。

对侦查人员的回避作出决定前,侦查人员不能停止对案件的侦查。

对驳回申请回避的决定,当事人及其法定代理人可以申请复议一次。

第三十一条 本章关于回避的规定适用于书记员、翻译人员和鉴定人。

辩护人、诉讼代理人可以依照本章的规定要求回避、申请复议。

第四章　辩护与代理

第三十二条 犯罪嫌疑人、被告人除自己行使辩护权以外,还可以委托一至二人作为辩护人。下列的人可以被委托为辩护人:

(一)律师;

(二)人民团体或者犯罪嫌疑人、被告人所在单位推荐的人;

(三)犯罪嫌疑人、被告人的监护人、亲友。

正在被执行刑罚或者依法被剥夺、限制人身自由的人,不得担任辩护人。

第三十三条 犯罪嫌疑人自被侦查机关第一次讯问或者采取强制措施之日起,有权委托辩护人;在侦查期间,只能委托律师作为辩护人。被告人有权随时委托辩护人。

侦查机关在第一次讯问犯罪嫌疑人或者对犯罪嫌疑人采取强制措施的时候,应当告知犯罪嫌疑人有权委托辩护人。人民检察院自收到移送审查起诉的案件材料之日起三日以内,应当告知犯罪嫌疑人有权委托辩护人。人民法院自受理案件之日起三日以内,应当告知被告人有权委托辩护人。犯罪嫌疑人、被告人在押期间要求委托辩护人的,人民法院、人民检察院和公安机关应当及时转达其要求。

犯罪嫌疑人、被告人在押的,也可以由其监护人、近亲属代为委托辩护人。

辩护人接受犯罪嫌疑人、被告人委托后,应当及时告知办理案件的机关。

第三十四条　犯罪嫌疑人、被告人因经济困难或者其他原因没有委托辩护人的,本人及其近亲属可以向法律援助机构提出申请。对符合法律援助条件的,法律援助机构应当指派律师为其提供辩护。

犯罪嫌疑人、被告人是盲、聋、哑人,或者是尚未完全丧失辨认或者控制自己行为能力的精神病人,没有委托辩护人的,人民法院、人民检察院和公安机关应当通知法律援助机构指派律师为其提供辩护。

犯罪嫌疑人、被告人可能被判处无期徒刑、死刑,没有委托辩护人的,人民法院、人民检察院和公安机关应当通知法律援助机构指派律师为其提供辩护。

第三十五条　辩护人的责任是根据事实和法律,提出犯罪嫌疑人、被告人无罪、罪轻或者减轻、免除其刑事责任的材料和意见,维护犯罪嫌疑人、被告人的诉讼权利和其他合法权益。

第三十六条　辩护律师在侦查期间可以为犯罪嫌疑人提供法律帮助;代理申诉、控告;申请变更强制措施;向侦查机关了解犯罪嫌疑人涉嫌的罪名和案件有关情况,提出意见。

第三十七条　辩护律师可以同在押的犯罪嫌疑人、被告人会见和通信。其他辩护人经人民法院、人民检察院许可,也可以同在押的犯罪嫌疑人、被告人会见和通信。

辩护律师持律师执业证书、律师事务所证明和委托书或者法律援助公函要求会见在押的犯罪嫌疑人、被告人的,看守所应当及时安排会见,至迟不得超过四十八小时。

危害国家安全犯罪、恐怖活动犯罪、特别重大贿赂犯罪案件,在侦查期间辩护律师会见在押的犯罪嫌疑人,应当经侦查机关许可。上述案件,侦查机关应当事先通知看守所。

辩护律师会见在押的犯罪嫌疑人、被告人,可以了解案件有关情况,提供法律咨询等;自案件移送审查起诉之日起,可以向犯罪嫌疑人、被告人核实有关证据。辩护律师会见犯罪嫌疑人、被告人时不被监听。

辩护律师同被监视居住的犯罪嫌疑人、被告人会见、通信,适用第一款、第三款、第四款的规定。

第三十八条 辩护律师自人民检察院对案件审查起诉之日起,可以查阅、摘抄、复制本案的案卷材料。其他辩护人经人民法院、人民检察院许可,也可以查阅、摘抄、复制上述材料。

第三十九条 辩护人认为在侦查、审查起诉期间公安机关、人民检察院收集的证明犯罪嫌疑人、被告人无罪或者罪轻的证据材料未提交的,有权申请人民检察院、人民法院调取。

第四十条 辩护人收集的有关犯罪嫌疑人不在犯罪现场、未达到刑事责任年龄、属于依法不负刑事责任的精神病人的证据,应当及时告知公安机关、人民检察院。

第四十一条 辩护律师经证人或者其他有关单位和个人同意,可以向他们收集与本案有关的材料,也可以申请人民检察院、人民法院收集、调取证据,或者申请人民法院通知证人出庭作证。

辩护律师经人民检察院或者人民法院许可,并且经被害人或者其近亲属、被害人提供的证人同意,可以向他们收集与本案有关的材料。

第四十二条 辩护人或者其他任何人,不得帮助犯罪嫌疑人、被告人隐匿、毁灭、伪造证据或者串供,不得威胁、引诱证人作伪证以及进行其他干扰司法机关诉讼活动的行为。

违反前款规定的,应当依法追究法律责任,辩护人涉嫌犯罪的,应当由办理辩护人所承办案件的侦查机关以外的侦查机关办理。辩护人是律师的,应当及时通知其所在的律师事务所或者所属的律师协会。

第四十三条 在审判过程中,被告人可以拒绝辩护人继续为他辩护,也可以另行委托辩护人辩护。

第四十四条 公诉案件的被害人及其法定代理人或者近亲属,附带民事诉讼的当事人及其法定代理人,自案件移送审查起诉之日起,有权委托诉讼代理人。自诉案件的自诉人及其法定代理人,附带民事诉讼的当事人及其法定代理人,有权随时委托诉讼代理人。

人民检察院自收到移送审查起诉的案件材料之日起三日以内,应当告知被害人及其法定代理人或者其近亲属、附带民事诉讼的当事人及其法定代理人有权委托诉讼代理人。人民法院自受理自诉案件之日起三日以内,应当告知自诉人及其法定代理人、附带民事诉讼的当事人及其法定代理人有权委托诉讼代理人。

第四十五条 委托诉讼代理人,参照本法第三十二条的规定执行。

第四十六条 辩护律师对在执业活动中知悉的委托人的有关情况和信息,有权予以保密。但是,辩护律师在执业活动中知悉委托人或者其他人,准备或者正在实施危害国家安全、公共安全以及严重危害他人人身安全的犯罪的,应当及时告知司法机关。

第四十七条 辩护人、诉讼代理人认为公安机关、人民检察院、人民法院及其工作人员阻碍其依法行使诉讼权利的,有权向同级或者上一级人民检察院申诉或者控告。人民检察院对申诉或者控告应当及时进行审查,情况属实的,通知有关机关予以纠正。

第五章 证　　据

第四十八条 可以用于证明案件事实的材料,都是证据。

证据包括:

(一)物证;

(二)书证;

(三)证人证言;

(四)被害人陈述;

(五)犯罪嫌疑人、被告人供述和辩解;

(六)鉴定意见;

(七)勘验、检查、辨认、侦查实验等笔录;

(八)视听资料、电子数据。

证据必须经过查证属实,才能作为定案的根据。

第四十九条 公诉案件中被告人有罪的举证责任由人民检察院承担,自诉案件中被告人有罪的举证责任由自诉人承担。

第五十条 审判人员、检察人员、侦查人员必须依照法定程序,收集能够证实犯罪嫌疑人、被告人有罪或者无罪、犯罪情节轻重的各种证据。严禁刑讯逼供和以威胁、引诱、欺骗以及其他非法方法收集证据,不得强迫任何人证实自己有罪。必须保证一切与案件有关或者了解案情的公民,有客观地充分地提供证据的条件,除特殊情况外,可以吸收他们协助调查。

第五十一条 公安机关提请批准逮捕书、人民检察院起诉书、人民法院判决书,必须忠实于事实真象。故意隐瞒事实真象的,应当追究责任。

第五十二条 人民法院、人民检察院和公安机关有权向有关单位和个人收集、调取证据。有关单位和个人应当如实提供证据。

行政机关在行政执法和查办案件过程中收集的物证、书证、视听资料、电子数据等证据材料,在刑事诉讼中可以作为证据使用。

对涉及国家秘密、商业秘密、个人隐私的证据,应当保密。

凡是伪造证据、隐匿证据或者毁灭证据的,无论属于何方,必须受法律追究。

第五十三条 对一切案件的判处都要重证据,重调查研究,不轻信口供。只有被告人供述,没有其他证据的,不能认定被告人有罪和处以刑罚;没有被告人供述,证据确实、充分的,可以认定被告人有罪和处以刑罚。

证据确实、充分,应当符合以下条件:

(一)定罪量刑的事实都有证据证明;

(二)据以定案的证据均经法定程序查证属实;

(三)综合全案证据,对所认定事实已排除合理怀疑。

第五十四条 采用刑讯逼供等非法方法收集的犯罪嫌疑人、被告人供述和采用暴力、威胁等非法方法收集的证人证言、被害人陈述,应当予以排除。收集物证、书证不符合法定程序,可能严重影响司法公正的,应当予以补正或者作出合理解释;不能补正或者作出合理解释的,对该证据应当予以排除。

在侦查、审查起诉、审判时发现有应当排除的证据的,应当依法予以排除,不得作为起诉意见、起诉决定和判决的依据。

第五十五条 人民检察院接到报案、控告、举报或者发现侦查人员以非法方法收集证据的,应当进行调查核实。对于确有以非法方法收集证据情形的,应当提出纠正意见;构成犯罪的,依法追究刑事责任。

第五十六条 法庭审理过程中,审判人员认为可能存在本法第五十四条规定的以非法方法收集证据情形的,应当对证据收集的合法性进行法庭调查。

当事人及其辩护人、诉讼代理人有权申请人民法院对以非法方法收集的证据依法予以排除。申请排除以非法方法收集的证据的，应当提供相关线索或者材料。

第五十七条　在对证据收集的合法性进行法庭调查的过程中，人民检察院应当对证据收集的合法性加以证明。

现有证据材料不能证明证据收集的合法性的，人民检察院可以提请人民法院通知有关侦查人员或者其他人员出庭说明情况；人民法院可以通知有关侦查人员或者其他人员出庭说明情况。有关侦查人员或者其他人员也可以要求出庭说明情况。经人民法院通知，有关人员应当出庭。

第五十八条　对于经过法庭审理，确认或者不能排除存在本法第五十四条规定的以非法方法收集证据情形的，对有关证据应当予以排除。

第五十九条　证人证言必须在法庭上经过公诉人、被害人和被告人、辩护人双方质证并且查实以后，才能作为定案的根据。法庭查明证人有意作伪证或者隐匿罪证的时候，应当依法处理。

第六十条　凡是知道案件情况的人，都有作证的义务。

生理上、精神上有缺陷或者年幼，不能辨别是非、不能正确表达的人，不能作证人。

第六十一条　人民法院、人民检察院和公安机关应当保障证人及其近亲属的安全。

对证人及其近亲属进行威胁、侮辱、殴打或者打击报复，构成犯罪的，依法追究刑事责任；尚不够刑事处罚的，依法给予治安管理处罚。

第六十二条　对于危害国家安全犯罪、恐怖活动犯罪、黑社会性质的组织犯罪、毒品犯罪等案件，证人、鉴定人、被害人因在诉讼中作证，本人或者其近亲属的人身安全面临危险的，人民法院、人民检察院和公安机关应当采取以下一项或者多项保护措施：

（一）不公开真实姓名、住址和工作单位等个人信息；

（二）采取不暴露外貌、真实声音等出庭作证措施；

（三）禁止特定的人员接触证人、鉴定人、被害人及其近亲属；

（四）对人身和住宅采取专门性保护措施；

（五）其他必要的保护措施。

证人、鉴定人、被害人认为因在诉讼中作证，本人或者其近亲属的人身安全面临危险的,可以向人民法院、人民检察院、公安机关请求予以保护。

人民法院、人民检察院、公安机关依法采取保护措施,有关单位和个人应当配合。

第六十三条 证人因履行作证义务而支出的交通、住宿、就餐等费用,应当给予补助。证人作证的补助列入司法机关业务经费,由同级政府财政予以保障。

有工作单位的证人作证,所在单位不得克扣或者变相克扣其工资、奖金及其他福利待遇。

第六章 强制措施

第六十四条 人民法院、人民检察院和公安机关根据案件情况,对犯罪嫌疑人、被告人可以拘传、取保候审或者监视居住。

第六十五条 人民法院、人民检察院和公安机关对有下列情形之一的犯罪嫌疑人、被告人,可以取保候审:

(一)可能判处管制、拘役或者独立适用附加刑的;

(二)可能判处有期徒刑以上刑罚,采取取保候审不致发生社会危险性的;

(三)患有严重疾病、生活不能自理,怀孕或者正在哺乳自己婴儿的妇女,采取取保候审不致发生社会危险性的;

(四)羁押期限届满,案件尚未办结,需要采取取保候审的。

取保候审由公安机关执行。

第六十六条 人民法院、人民检察院和公安机关决定对犯罪嫌疑人、被告人取保候审,应当责令犯罪嫌疑人、被告人提出保证人或者交纳保证金。

第六十七条 保证人必须符合下列条件:

(一)与本案无牵连;

(二)有能力履行保证义务;

(三)享有政治权利,人身自由未受到限制;

(四)有固定的住处和收入。

第六十八条 保证人应当履行以下义务:

(一)监督被保证人遵守本法第六十九条的规定;

（二）发现被保证人可能发生或者已经发生违反本法第六十九条规定的行为的，应当及时向执行机关报告。

被保证人有违反本法第六十九条规定的行为，保证人未履行保证义务的，对保证人处以罚款，构成犯罪的，依法追究刑事责任。

第六十九条　被取保候审的犯罪嫌疑人、被告人应当遵守以下规定：

（一）未经执行机关批准不得离开所居住的市、县；

（二）住址、工作单位和联系方式发生变动的，在二十四小时以内向执行机关报告；

（三）在传讯的时候及时到案；

（四）不得以任何形式干扰证人作证；

（五）不得毁灭、伪造证据或者串供。

人民法院、人民检察院和公安机关可以根据案件情况，责令被取保候审的犯罪嫌疑人、被告人遵守以下一项或者多项规定：

（一）不得进入特定的场所；

（二）不得与特定的人员会见或者通信；

（三）不得从事特定的活动；

（四）将护照等出入境证件、驾驶证件交执行机关保存。

被取保候审的犯罪嫌疑人、被告人违反前两款规定，已交纳保证金的，没收部分或者全部保证金，并且区别情形，责令犯罪嫌疑人、被告人具结悔过，重新交纳保证金、提出保证人，或者监视居住、予以逮捕。

对违反取保候审规定，需要予以逮捕的，可以对犯罪嫌疑人、被告人先行拘留。

第七十条　取保候审的决定机关应当综合考虑保证诉讼活动正常进行的需要，被取保候审人的社会危险性，案件的性质、情节，可能判处刑罚的轻重，被取保候审人的经济状况等情况，确定保证金的数额。

提供保证金的人应当将保证金存入执行机关指定银行的专门账户。

第七十一条　犯罪嫌疑人、被告人在取保候审期间未违反本法第六十九条规定的，取保候审结束的时候，凭解除取保候审的通知或者有关法律文书到银行领取退还的保证金。

第七十二条　人民法院、人民检察院和公安机关对符合逮捕条件，有下列情形之一的犯罪嫌疑人、被告人，可以监视居住：

(一)患有严重疾病、生活不能自理的;

(二)怀孕或者正在哺乳自己婴儿的妇女;

(三)系生活不能自理的人的唯一扶养人;

(四)因为案件的特殊情况或者办理案件的需要,采取监视居住措施更为适宜的;

(五)羁押期限届满,案件尚未办结,需要采取监视居住措施的。

对符合取保候审条件,但犯罪嫌疑人、被告人不能提出保证人,也不交纳保证金的,可以监视居住。

监视居住由公安机关执行。

第七十三条 监视居住应当在犯罪嫌疑人、被告人的住处执行;无固定住处的,可以在指定的居所执行。对于涉嫌危害国家安全犯罪、恐怖活动犯罪、特别重大贿赂犯罪,在住处执行可能有碍侦查的,经上一级人民检察院或者公安机关批准,也可以在指定的居所执行。但是,不得在羁押场所、专门的办案场所执行。

指定居所监视居住的,除无法通知的以外,应当在执行监视居住后二十四小时以内,通知被监视居住人的家属。

被监视居住的犯罪嫌疑人、被告人委托辩护人,适用本法第三十三条的规定。

人民检察院对指定居所监视居住的决定和执行是否合法实行监督。

第七十四条 指定居所监视居住的期限应当折抵刑期。被判处管制的,监视居住一日折抵刑期一日;被判处拘役、有期徒刑的,监视居住二日折抵刑期一日。

第七十五条 被监视居住的犯罪嫌疑人、被告人应当遵守以下规定:

(一)未经执行机关批准不得离开执行监视居住的处所;

(二)未经执行机关批准不得会见他人或者通信;

(三)在传讯的时候及时到案;

(四)不得以任何形式干扰证人作证;

(五)不得毁灭、伪造证据或者串供;

(六)将护照等出入境证件、身份证件、驾驶证件交执行机关保存。

被监视居住的犯罪嫌疑人、被告人违反前款规定,情节严重的,可以予以逮捕;需要予以逮捕的,可以对犯罪嫌疑人、被告人先行拘留。

第七十六条 执行机关对被监视居住的犯罪嫌疑人、被告人,可以采取电子监控、不定期检查等监视方法对其遵守监视居住规定的情况进行监督;在侦查期间,可以对被监视居住的犯罪嫌疑人的通信进行监控。

第七十七条 人民法院、人民检察院和公安机关对犯罪嫌疑人、被告人取保候审最长不得超过十二个月,监视居住最长不得超过六个月。

在取保候审、监视居住期间,不得中断对案件的侦查、起诉和审理。对于发现不应当追究刑事责任或者取保候审、监视居住期限届满的,应当及时解除取保候审、监视居住。解除取保候审、监视居住,应当及时通知被取保候审、监视居住人和有关单位。

第七十八条 逮捕犯罪嫌疑人、被告人,必须经过人民检察院批准或者人民法院决定,由公安机关执行。

第七十九条 对有证据证明有犯罪事实,可能判处徒刑以上刑罚的犯罪嫌疑人、被告人,采取取保候审尚不足以防止发生下列社会危险性的,应当予以逮捕:

(一)可能实施新的犯罪的;

(二)有危害国家安全、公共安全或者社会秩序的现实危险的;

(三)可能毁灭、伪造证据,干扰证人作证或者串供的;

(四)可能对被害人、举报人、控告人实施打击报复的;

(五)企图自杀或者逃跑的。

对有证据证明有犯罪事实,可能判处十年有期徒刑以上刑罚的,或者有证据证明有犯罪事实,可能判处徒刑以上刑罚,曾经故意犯罪或者身份不明的,应当予以逮捕。

被取保候审、监视居住的犯罪嫌疑人、被告人违反取保候审、监视居住规定,情节严重的,可以予以逮捕。

第八十条 公安机关对于现行犯或者重大嫌疑分子,如果有下列情形之一的,可以先行拘留:

(一)正在预备犯罪、实行犯罪或者在犯罪后即时被发觉的;

(二)被害人或者在场亲眼看见的人指认他犯罪的;

(三)在身边或者住处发现有犯罪证据的;

(四)犯罪后企图自杀、逃跑或者在逃的;

(五)有毁灭、伪造证据或者串供可能的;

(六)不讲真实姓名、住址,身份不明的;

(七)有流窜作案、多次作案、结伙作案重大嫌疑的。

第八十一条 公安机关在异地执行拘留、逮捕的时候,应当通知被拘留、逮捕人所在地的公安机关,被拘留、逮捕人所在地的公安机关应当予以配合。

第八十二条 对于有下列情形的人,任何公民都可以立即扭送公安机关、人民检察院或者人民法院处理:

(一)正在实行犯罪或者在犯罪后即时被发觉的;

(二)通缉在案的;

(三)越狱逃跑的;

(四)正在被追捕的。

第八十三条 公安机关拘留人的时候,必须出示拘留证。

拘留后,应当立即将被拘留人送看守所羁押,至迟不得超过二十四小时。除无法通知或者涉嫌危害国家安全犯罪、恐怖活动犯罪通知可能有碍侦查的情形以外,应当在拘留后二十四小时以内,通知被拘留人的家属。有碍侦查的情形消失以后,应当立即通知被拘留人的家属。

第八十四条 公安机关对被拘留的人,应当在拘留后的二十四小时以内进行讯问。在发现不应当拘留的时候,必须立即释放,发给释放证明。

第八十五条 公安机关要求逮捕犯罪嫌疑人的时候,应当写出提请批准逮捕书,连同案卷材料、证据,一并移送同级人民检察院审查批准。必要的时候,人民检察院可以派人参加公安机关对于重大案件的讨论。

第八十六条 人民检察院审查批准逮捕,可以讯问犯罪嫌疑人;有下列情形之一的,应当讯问犯罪嫌疑人:

(一)对是否符合逮捕条件有疑问的;

(二)犯罪嫌疑人要求向检察人员当面陈述的;

(三)侦查活动可能有重大违法行为的。

人民检察院审查批准逮捕,可以询问证人等诉讼参与人,听取辩护律师的意见;辩护律师提出要求的,应当听取辩护律师的意见。

第八十七条 人民检察院审查批准逮捕犯罪嫌疑人由检察长决定。重大案件应当提交检察委员会讨论决定。

第八十八条 人民检察院对于公安机关提请批准逮捕的案件进行审查后,应当根据情况分别作出批准逮捕或者不批准逮捕的决定。对于批准逮捕的决定，公安机关应当立即执行，并且将执行情况及时通知人民检察院。对于不批准逮捕的，人民检察院应当说明理由，需要补充侦查的，应当同时通知公安机关。

第八十九条 公安机关对被拘留的人，认为需要逮捕的，应当在拘留后的三日以内，提请人民检察院审查批准。在特殊情况下，提请审查批准的时间可以延长一日至四日。

对于流窜作案、多次作案、结伙作案的重大嫌疑分子，提请审查批准的时间可以延长至三十日。

人民检察院应当自接到公安机关提请批准逮捕书后的七日以内，作出批准逮捕或者不批准逮捕的决定。人民检察院不批准逮捕的，公安机关应当在接到通知后立即释放，并且将执行情况及时通知人民检察院。对于需要继续侦查，并且符合取保候审、监视居住条件的，依法取保候审或者监视居住。

第九十条 公安机关对人民检察院不批准逮捕的决定，认为有错误的时候，可以要求复议，但是必须将被拘留的人立即释放。如果意见不被接受，可以向上一级人民检察院提请复核。上级人民检察院应当立即复核，作出是否变更的决定，通知下级人民检察院和公安机关执行。

第九十一条 公安机关逮捕人的时候，必须出示逮捕证。

逮捕后，应当立即将被逮捕人送看守所羁押。除无法通知的以外，应当在逮捕后二十四小时以内，通知被逮捕人的家属。

第九十二条 人民法院、人民检察院对于各自决定逮捕的人，公安机关对于经人民检察院批准逮捕的人，都必须在逮捕后的二十四小时以内进行讯问。在发现不应当逮捕的时候，必须立即释放，发给释放证明。

第九十三条 犯罪嫌疑人、被告人被逮捕后，人民检察院仍应当对羁押的必要性进行审查。对不需要继续羁押的，应当建议予以释放或者变更强制措施。有关机关应当在十日以内将处理情况通知人民检察院。

第九十四条 人民法院、人民检察院和公安机关如果发现对犯罪嫌疑人、被告人采取强制措施不当的，应当及时撤销或者变更。公安机关释放被逮捕的人或者变更逮捕措施的，应当通知原批准的人民检察院。

第九十五条 犯罪嫌疑人、被告人及其法定代理人、近亲属或者辩护人有权申请变更强制措施。人民法院、人民检察院和公安机关收到申请后，应当在三日以内作出决定；不同意变更强制措施的，应当告知申请人，并说明不同意的理由。

第九十六条 犯罪嫌疑人、被告人被羁押的案件,不能在本法规定的侦查羁押、审查起诉、一审、二审期限内办结的,对犯罪嫌疑人、被告人应当予以释放;需要继续查证、审理的,对犯罪嫌疑人、被告人可以取保候审或者监视居住。

第九十七条 人民法院、人民检察院或者公安机关对被采取强制措施法定期限届满的犯罪嫌疑人、被告人,应当予以释放、解除取保候审、监视居住或者依法变更强制措施。犯罪嫌疑人、被告人及其法定代理人、近亲属或者辩护人对于人民法院、人民检察院或者公安机关采取强制措施法定期限届满的,有权要求解除强制措施。

第九十八条 人民检察院在审查批准逮捕工作中,如果发现公安机关的侦查活动有违法情况,应当通知公安机关予以纠正,公安机关应当将纠正情况通知人民检察院。

第七章 附带民事诉讼

第九十九条 被害人由于被告人的犯罪行为而遭受物质损失的,在刑事诉讼过程中,有权提起附带民事诉讼。被害人死亡或者丧失行为能力的,被害人的法定代理人、近亲属有权提起附带民事诉讼。

如果是国家财产、集体财产遭受损失的,人民检察院在提起公诉的时候,可以提起附带民事诉讼。

第一百条 人民法院在必要的时候,可以采取保全措施,查封、扣押或者冻结被告人的财产。附带民事诉讼原告人或者人民检察院可以申请人民法院采取保全措施。人民法院采取保全措施,适用民事诉讼法的有关规定。

第一百零一条 人民法院审理附带民事诉讼案件,可以进行调解,或者根据物质损失情况作出判决、裁定。

第一百零二条 附带民事诉讼应当同刑事案件一并审判,只有为了防止刑事案件审判的过分迟延,才可以在刑事案件审判后,由同一审判组织继续审理附带民事诉讼。

第八章 期间、送达

第一百零三条 期间以时、日、月计算。

期间开始的时和日不算在期间以内。

法定期间不包括路途上的时间。上诉状或者其他文件在期满前已经交邮的,不算过期。

期间的最后一日为节假日的,以节假日后的第一日为期满日期,但犯罪嫌疑人、被告人或者罪犯在押期间,应当至期满之日为止,不得因节假日而延长。

第一百零四条 当事人由于不能抗拒的原因或者有其他正当理由而耽误期限的,在障碍消除后五日以内,可以申请继续进行应当在期满以前完成的诉讼活动。

前款申请是否准许,由人民法院裁定。

第一百零五条 送达传票、通知书和其他诉讼文件应当交给收件人本人;如果本人不在,可以交给他的成年家属或者所在单位的负责人员代收。

收件人本人或者代收人拒绝接收或者拒绝签名、盖章的时候,送达人可以邀请他的邻居或者其他见证人到场,说明情况,把文件留在他的住处,在送达证上记明拒绝的事由、送达的日期,由送达人签名,即认为已经送达。

第九章 其他规定

第一百零六条 本法下列用语的含意是:

(一)“侦查”是指公安机关、人民检察院在办理案件过程中,依照法律进行的专门调查工作和有关的强制性措施;

(二)“当事人”是指被害人、自诉人、犯罪嫌疑人、被告人、附带民事诉讼的原告人和被告人;

(三)“法定代理人”是指被代理人的父母、养父母、监护人和负有保护责任的机关、团体的代表;

(四)“诉讼参与人”是指当事人、法定代理人、诉讼代理人、辩护人、证人、鉴定人和翻译人员;

(五)“诉讼代理人”是指公诉案件的被害人及其法定代理人或者近亲属、自诉案件的自诉人及其法定代理人委托代为参加诉讼的人和附带民事诉讼的当事人及其法定代理人委托代为参加诉讼的人;

(六)“近亲属”是指夫、妻、父、母、子、女、同胞兄弟姊妹。

第二编 立案、侦查和提起公诉

第一章 立　　案

第一百零七条 公安机关或者人民检察院发现犯罪事实或者犯罪嫌疑人,应当按照管辖范围,立案侦查。

第一百零八条 任何单位和个人发现有犯罪事实或者犯罪嫌疑人,有权利也有义务向公安机关、人民检察院或者人民法院报案或者举报。

被害人对侵犯其人身、财产权利的犯罪事实或者犯罪嫌疑人,有权向公安机关、人民检察院或者人民法院报案或者控告。

公安机关、人民检察院或者人民法院对于报案、控告、举报,都应当接受。对于不属于自己管辖的,应当移送主管机关处理,并且通知报案人、控告人、举报人;对于不属于自己管辖而又必须采取紧急措施的,应当先采取紧急措施,然后移送主管机关。

犯罪人向公安机关、人民检察院或者人民法院自首的,适用第三款规定。

第一百零九条 报案、控告、举报可以用书面或者口头提出。接受口头报案、控告、举报的工作人员,应当写成笔录,经宣读无误后,由报案人、控告人、举报人签名或者盖章。

接受控告、举报的工作人员,应当向控告人、举报人说明诬告应负的法律责任。但是,只要不是捏造事实,伪造证据,即使控告、举报的事实有出入,甚至是错告的,也要和诬告严格加以区别。

公安机关、人民检察院或者人民法院应当保障报案人、控告人、举报人及其近亲属的安全。报案人、控告人、举报人如果不愿公开自己的姓名和报案、控告、举报的行为,应当为他保守秘密。

第一百一十条 人民法院、人民检察院或者公安机关对于报案、控告、举报和自首的材料,应当按照管辖范围,迅速进行审查,认为有犯罪事实需要追究刑事责任的时候,应当立案;认为没有犯罪事实,或者犯罪事实显著轻微,不需要追究刑事责任的时候,不予立案,并且将不立案的原因通知控告人。控告人如果不服,可以申请复议。

第一百一十一条 人民检察院认为公安机关对应当立案侦查的案件而不立案侦查的,或者被害人认为公安机关对应当立案侦查的案件而不立案侦查，向人民检察院提出的，人民检察院应当要求公安机关说明不立案的理由。人民检察院认为公安机关不立案理由不能成立的，应当通知公安机关立案，公安机关接到通知后应当立案。

第一百一十二条　对于自诉案件，被害人有权向人民法院直接起诉。被害人死亡或者丧失行为能力的，被害人的法定代理人、近亲属有权向人民法院起诉。人民法院应当依法受理。

第二章　侦　　查

第一节　一般规定

第一百一十三条　公安机关对已经立案的刑事案件，应当进行侦查，收集、调取犯罪嫌疑人有罪或者无罪、罪轻或者罪重的证据材料。对现行犯或者重大嫌疑分子可以依法先行拘留，对符合逮捕条件的犯罪嫌疑人，应当依法逮捕。

第一百一十四条　公安机关经过侦查，对有证据证明有犯罪事实的案件，应当进行预审，对收集、调取的证据材料予以核实。

第一百一十五条　当事人和辩护人、诉讼代理人、利害关系人对于司法机关及其工作人员有下列行为之一的，有权向该机关申诉或者控告：

（一）采取强制措施法定期限届满，不予以释放、解除或者变更的；

（二）应当退还取保候审保证金不退还的；

（三）对与案件无关的财物采取查封、扣押、冻结措施的；

（四）应当解除查封、扣押、冻结不解除的；

（五）贪污、挪用、私分、调换、违反规定使用查封、扣押、冻结的财物的。

受理申诉或者控告的机关应当及时处理。对处理不服的，可以向同级人民检察院申诉；人民检察院直接受理的案件，可以向上一级人民检察院申诉。人民检察院对申诉应当及时进行审查，情况属实的，通知有关机关予以纠正。

第二节　讯问犯罪嫌疑人

第一百一十六条　讯问犯罪嫌疑人必须由人民检察院或者公安机关的侦查人员负责进行。讯问的时候，侦查人员不得少于二人。

犯罪嫌疑人被送交看守所羁押以后,侦查人员对其进行讯问,应当在看守所内进行。

第一百一十七条 对不需要逮捕、拘留的犯罪嫌疑人,可以传唤到犯罪嫌疑人所在市、县内的指定地点或者到他的住处进行讯问,但是应当出示人民检察院或者公安机关的证明文件。对在现场发现的犯罪嫌疑人,经出示工作证件,可以口头传唤,但应当在讯问笔录中注明。

传唤、拘传持续的时间不得超过十二小时;案情特别重大、复杂,需要采取拘留、逮捕措施的,传唤、拘传持续的时间不得超过二十四小时。

不得以连续传唤、拘传的形式变相拘禁犯罪嫌疑人。传唤、拘传犯罪嫌疑人,应当保证犯罪嫌疑人的饮食和必要的休息时间。

第一百一十八条 侦查人员在讯问犯罪嫌疑人的时候,应当首先讯问犯罪嫌疑人是否有犯罪行为,让他陈述有罪的情节或者无罪的辩解,然后向他提出问题。犯罪嫌疑人对侦查人员的提问,应当如实回答。但是对与本案无关的问题,有拒绝回答的权利。

侦查人员在讯问犯罪嫌疑人的时候,应当告知犯罪嫌疑人如实供述自己罪行可以从宽处理的法律规定。

第一百一十九条 讯问聋、哑的犯罪嫌疑人,应当有通晓聋、哑手势的人参加,并且将这种情况记明笔录。

第一百二十条 讯问笔录应当交犯罪嫌疑人核对,对于没有阅读能力的,应当向他宣读。如果记载有遗漏或者差错,犯罪嫌疑人可以提出补充或者改正。犯罪嫌疑人承认笔录没有错误后,应当签名或者盖章。侦查人员也应当在笔录上签名。犯罪嫌疑人请求自行书写供述的,应当准许。必要的时候,侦查人员也可以要犯罪嫌疑人亲笔书写供词。

第一百二十一条 侦查人员在讯问犯罪嫌疑人的时候,可以对讯问过程进行录音或者录像;对于可能判处无期徒刑、死刑的案件或者其他重大犯罪案件,应当对讯问过程进行录音或者录像。

录音或者录像应当全程进行,保持完整性。

第三节 询问证人

第一百二十二条 侦查人员询问证人,可以在现场进行,也可以到证人所在单位、住处或者证人提出的地点进行,在必要的时候,可以通知证人到人民检察院或者公安机关提供证言。在现场询问证人,应当出示工作证件,到证人所在单位、住处或者证人提出的地点询问证人,应当出示人民检察院或者公安机关的证明文件。

询问证人应当个别进行。

第一百二十三条 询问证人,应当告知他应当如实地提供证据、证言和有意作伪证或者隐匿罪证要负的法律责任。

第一百二十四条 本法第一百二十条的规定,也适用于询问证人。

第一百二十五条 询问被害人,适用本节各条规定。

第四节 勘验、检查

第一百二十六条 侦查人员对于与犯罪有关的场所、物品、人身、尸体应当进行勘验或者检查。在必要的时候,可以指派或者聘请具有专门知识的人,在侦查人员的主持下进行勘验、检查。

第一百二十七条 任何单位和个人,都有义务保护犯罪现场,并且立即通知公安机关派员勘验。

第一百二十八条 侦查人员执行勘验、检查,必须持有人民检察院或者公安机关的证明文件。

第一百二十九条 对于死因不明的尸体,公安机关有权决定解剖,并且通知死者家属到场。

第一百三十条 为了确定被害人、犯罪嫌疑人的某些特征、伤害情况或者生理状态,可以对人身进行检查,可以提取指纹信息,采集血液、尿液等生物样本。

犯罪嫌疑人如果拒绝检查,侦查人员认为必要的时候,可以强制检查。

检查妇女的身体,应当由女工作人员或者医师进行。

第一百三十一条 勘验、检查的情况应当写成笔录,由参加勘验、检查的人和见证人签名或者盖章。

第一百三十二条 人民检察院审查案件的时候,对公安机关的勘验、检查,认为需要复验、复查时,可以要求公安机关复验、复查,并且可以派检察人员参加。

第一百三十三条 为了查明案情,在必要的时候,经公安机关负责人批准,可以进行侦查实验。

侦查实验的情况应当写成笔录,由参加实验的人签名或者盖章。

侦查实验,禁止一切足以造成危险、侮辱人格或者有伤风化的行为。

第五节 搜 查

第一百三十四条 为了收集犯罪证据、查获犯罪人,侦查人员可以对犯罪嫌疑人以及可能隐藏罪犯或者犯罪证据的人的身体、物品、住处和其他有关的地方进行搜查。

第一百三十五条 任何单位和个人,有义务按照人民检察院和公安机关的要求,交出可以证明犯罪嫌疑人有罪或者无罪的物证、书证、视听资料等证据。

第一百三十六条 进行搜查,必须向被搜查人出示搜查证。

在执行逮捕、拘留的时候,遇有紧急情况,不另用搜查证也可以进行搜查。

第一百三十七条 在搜查的时候,应当有被搜查人或者他的家属,邻居或者其他见证人在场。

搜查妇女的身体,应当由女工作人员进行。

第一百三十八条 搜查的情况应当写成笔录,由侦查人员和被搜查人或者他的家属,邻居或者其他见证人签名或者盖章。如果被搜查人或者他的家属在逃或者拒绝签名、盖章,应当在笔录上注明。

第六节 查封、扣押物证、书证

第一百三十九条 在侦查活动中发现的可用以证明犯罪嫌疑人有罪或者无罪的各种财物、文件,应当查封、扣押;与案件无关的财物、文件,不得查封、扣押。

对查封、扣押的财物、文件,要妥善保管或者封存,不得使用、调换或者损毁。

第一百四十条 对查封、扣押的财物、文件,应当会同在场见证人和被查封、扣押财物、文件持有人查点清楚,当场开列清单一式二份,由侦查人员、见证人和持有人签名或者盖章，一份交给持有人，另一份附卷备查。

第一百四十一条 侦查人员认为需要扣押犯罪嫌疑人的邮件、电报的时候，经公安机关或者人民检察院批准，即可通知邮电机关将有关的邮件、电报检交扣押。

不需要继续扣押的时候，应即通知邮电机关。

第一百四十二条 人民检察院、公安机关根据侦查犯罪的需要，可以依照规定查询、冻结犯罪嫌疑人的存款、汇款、债券、股票、基金份额等财产。有关单位和个人应当配合。

犯罪嫌疑人的存款、汇款、债券、股票、基金份额等财产已被冻结的，不得重复冻结。

第一百四十三条 对查封、扣押的财物、文件、邮件、电报或者冻结的存款、汇款、债券、股票、基金份额等财产，经查明确实与案件无关的，应当在三日以内解除查封、扣押、冻结，予以退还。

第七节 鉴 定

第一百四十四条 为了查明案情，需要解决案件中某些专门性问题的时候，应当指派、聘请有专门知识的人进行鉴定。

第一百四十五条 鉴定人进行鉴定后，应当写出鉴定意见，并且签名。

鉴定人故意作虚假鉴定的，应当承担法律责任。

第一百四十六条 侦查机关应当将用作证据的鉴定意见告知犯罪嫌疑人、被害人。如果犯罪嫌疑人、被害人提出申请，可以补充鉴定或者重新鉴定。

第一百四十七条 对犯罪嫌疑人作精神病鉴定的期间不计入办案期限。

第八节 技术侦查措施

第一百四十八条 公安机关在立案后，对于危害国家安全犯罪、恐怖活动犯罪、黑社会性质的组织犯罪、重大毒品犯罪或者其他严重危害社会的犯罪案件，根据侦查犯罪的需要，经过严格的批准手续，可以采取技术侦查措施。

人民检察院在立案后，对于重大的贪污、贿赂犯罪案件以及利用职权实施的严重侵犯公民人身权利的重大犯罪案件,根据侦查犯罪的需要,经过严格的批准手续,可以采取技术侦查措施,按照规定交有关机关执行。

追捕被通缉或者批准、决定逮捕的在逃的犯罪嫌疑人、被告人,经过批准,可以采取追捕所必需的技术侦查措施。

第一百四十九条 批准决定应当根据侦查犯罪的需要,确定采取技术侦查措施的种类和适用对象。批准决定自签发之日起三个月以内有效。对于不需要继续采取技术侦查措施的,应当及时解除;对于复杂、疑难案件,期限届满仍有必要继续采取技术侦查措施的,经过批准,有效期可以延长,每次不得超过三个月。

第一百五十条 采取技术侦查措施,必须严格按照批准的措施种类、适用对象和期限执行。

侦查人员对采取技术侦查措施过程中知悉的国家秘密、商业秘密和个人隐私,应当保密;对采取技术侦查措施获取的与案件无关的材料,必须及时销毁。

采取技术侦查措施获取的材料,只能用于对犯罪的侦查、起诉和审判,不得用于其他用途。

公安机关依法采取技术侦查措施,有关单位和个人应当配合,并对有关情况予以保密。

第一百五十一条 为了查明案情,在必要的时候,经公安机关负责人决定,可以由有关人员隐匿其身份实施侦查。但是,不得诱使他人犯罪,不得采用可能危害公共安全或者发生重大人身危险的方法。

对涉及给付毒品等违禁品或者财物的犯罪活动,公安机关根据侦查犯罪的需要,可以依照规定实施控制下交付。

第一百五十二条 依照本节规定采取侦查措施收集的材料在刑事诉讼中可以作为证据使用。如果使用该证据可能危及有关人员的人身安全,或者可能产生其他严重后果的,应当采取不暴露有关人员身份、技术方法等保护措施,必要的时候,可以由审判人员在庭外对证据进行核实。

第九节 通　　缉

第一百五十三条 应当逮捕的犯罪嫌疑人如果在逃,公安机关可以发布通缉令,采取有效措施,追捕归案。

各级公安机关在自己管辖的地区以内,可以直接发布通缉令;超出自己管辖的地区,应当报请有权决定的上级机关发布。

第十节　侦查终结

第一百五十四条　对犯罪嫌疑人逮捕后的侦查羁押期限不得超过二个月。案情复杂、期限届满不能终结的案件,可以经上一级人民检察院批准延长一个月。

第一百五十五条　因为特殊原因,在较长时间内不宜交付审判的特别重大复杂的案件,由最高人民检察院报请全国人民代表大会常务委员会批准延期审理。

第一百五十六条　下列案件在本法第一百五十四条规定的期限届满不能侦查终结的,经省、自治区、直辖市人民检察院批准或者决定,可以延长二个月:

(一)交通十分不便的边远地区的重大复杂案件;

(二)重大的犯罪集团案件;

(三)流窜作案的重大复杂案件;

(四)犯罪涉及面广,取证困难的重大复杂案件。

第一百五十七条　对犯罪嫌疑人可能判处十年有期徒刑以上刑罚,依照本法第一百五十六条规定延长期限届满,仍不能侦查终结的,经省、自治区、直辖市人民检察院批准或者决定,可以再延长二个月。

第一百五十八条　在侦查期间,发现犯罪嫌疑人另有重要罪行的,自发现之日起依照本法第一百五十四条的规定重新计算侦查羁押期限。

犯罪嫌疑人不讲真实姓名、住址,身份不明的,应当对其身份进行调查,侦查羁押期限自查清其身份之日起计算,但是不得停止对其犯罪行为的侦查取证。对于犯罪事实清楚,证据确实、充分,确实无法查明其身份的,也可以按其自报的姓名起诉、审判。

第一百五十九条　在案件侦查终结前,辩护律师提出要求的,侦查机关应当听取辩护律师的意见,并记录在案。辩护律师提出书面意见的,应当附卷。

第一百六十条 公安机关侦查终结的案件,应当做到犯罪事实清楚,证据确实、充分,并且写出起诉意见书,连同案卷材料、证据一并移送同级人民检察院审查决定;同时将案件移送情况告知犯罪嫌疑人及其辩护律师。

第一百六十一条 在侦查过程中,发现不应对犯罪嫌疑人追究刑事责任的,应当撤销案件;犯罪嫌疑人已被逮捕的,应当立即释放,发给释放证明,并且通知原批准逮捕的人民检察院。

第十一节 人民检察院对直接受理的案件的侦查

第一百六十二条 人民检察院对直接受理的案件的侦查适用本章规定。

第一百六十三条 人民检察院直接受理的案件中符合本法第七十九条、第八十条第四项、第五项规定情形,需要逮捕、拘留犯罪嫌疑人的,由人民检察院作出决定,由公安机关执行。

第一百六十四条 人民检察院对直接受理的案件中被拘留的人,应当在拘留后的二十四小时以内进行讯问。在发现不应当拘留的时候,必须立即释放,发给释放证明。

第一百六十五条 人民检察院对直接受理的案件中被拘留的人,认为需要逮捕的,应当在十四日以内作出决定。在特殊情况下,决定逮捕的时间可以延长一日至三日。对不需要逮捕的,应当立即释放;对需要继续侦查,并且符合取保候审、监视居住条件的,依法取保候审或者监视居住。

第一百六十六条 人民检察院侦查终结的案件,应当作出提起公诉、不起诉或者撤销案件的决定。

第三章 提起公诉

第一百六十七条 凡需要提起公诉的案件,一律由人民检察院审查决定。

第一百六十八条 人民检察院审查案件的时候,必须查明:

(一)犯罪事实、情节是否清楚,证据是否确实、充分,犯罪性质和罪名的认定是否正确;

(二)有无遗漏罪行和其他应当追究刑事责任的人;

(三)是否属于不应追究刑事责任的;

(四)有无附带民事诉讼;

(五)侦查活动是否合法。

第一百六十九条　人民检察院对于公安机关移送起诉的案件,应当在一个月以内作出决定,重大、复杂的案件,可以延长半个月。

人民检察院审查起诉的案件,改变管辖的,从改变后的人民检察院收到案件之日起计算审查起诉期限。

第一百七十条　人民检察院审查案件,应当讯问犯罪嫌疑人,听取辩护人、被害人及其诉讼代理人的意见,并记录在案。辩护人、被害人及其诉讼代理人提出书面意见的,应当附卷。

第一百七十一条　人民检察院审查案件,可以要求公安机关提供法庭审判所必需的证据材料;认为可能存在本法第五十四条规定的以非法方法收集证据情形的,可以要求其对证据收集的合法性作出说明。

人民检察院审查案件,对于需要补充侦查的,可以退回公安机关补充侦查,也可以自行侦查。

对于补充侦查的案件,应当在一个月以内补充侦查完毕。补充侦查以二次为限。补充侦查完毕移送人民检察院后,人民检察院重新计算审查起诉期限。

对于二次补充侦查的案件,人民检察院仍然认为证据不足,不符合起诉条件的,应当作出不起诉的决定。

第一百七十二条　人民检察院认为犯罪嫌疑人的犯罪事实已经查清,证据确实、充分,依法应当追究刑事责任的,应当作出起诉决定,按照审判管辖的规定,向人民法院提起公诉,并将案卷材料、证据移送人民法院。

第一百七十三条　犯罪嫌疑人没有犯罪事实,或者有本法第十五条规定的情形之一的,人民检察院应当作出不起诉决定。

对于犯罪情节轻微,依照刑法规定不需要判处刑罚或者免除刑罚的,人民检察院可以作出不起诉决定。

人民检察院决定不起诉的案件,应当同时对侦查中查封、扣押、冻结的财物解除查封、扣押、冻结。对被不起诉人需要给予行政处罚、行政处分或者需要没收其违法所得的,人民检察院应当提出检察意见,移送有关主管机关处理。有关主管机关应当将处理结果及时通知人民检察院。

第一百七十四条　不起诉的决定,应当公开宣布,并且将不起诉决定书送达被不起诉人和他的所在单位。如果被不起诉人在押,应当立即释放。

第一百七十五条 对于公安机关移送起诉的案件,人民检察院决定不起诉的,应当将不起诉决定书送达公安机关。公安机关认为不起诉的决定有错误的时候,可以要求复议,如果意见不被接受,可以向上一级人民检察院提请复核。

第一百七十六条 对于有被害人的案件,决定不起诉的,人民检察院应当将不起诉决定书送达被害人。被害人如果不服,可以自收到决定书后七日以内向上一级人民检察院申诉,请求提起公诉。人民检察院应当将复查决定告知被害人。对人民检察院维持不起诉决定的,被害人可以向人民法院起诉。被害人也可以不经申诉,直接向人民法院起诉。人民法院受理案件后,人民检察院应当将有关案件材料移送人民法院。

第一百七十七条 对于人民检察院依照本法第一百七十三条第二款规定作出的不起诉决定,被不起诉人如果不服,可以自收到决定书后七日以内向人民检察院申诉。人民检察院应当作出复查决定,通知被不起诉的人,同时抄送公安机关。

第三编 审 判

第一章 审判组织

第一百七十八条 基层人民法院、中级人民法院审判第一审案件,应当由审判员三人或者由审判员和人民陪审员共三人组成合议庭进行,但是基层人民法院适用简易程序的案件可以由审判员一人独任审判。

高级人民法院、最高人民法院审判第一审案件,应当由审判员三人至七人或者由审判员和人民陪审员共三人至七人组成合议庭进行。

人民陪审员在人民法院执行职务,同审判员有同等的权利。

人民法院审判上诉和抗诉案件,由审判员三人至五人组成合议庭进行。

合议庭的成员人数应当是单数。

合议庭由院长或者庭长指定审判员一人担任审判长。院长或者庭长参加审判案件的时候,自己担任审判长。

第一百七十九条 合议庭进行评议的时候,如果意见分歧,应当按多数人的意见作出决定,但是少数人的意见应当写入笔录。评议笔录由合议庭的组成人员签名。

第一百八十条 合议庭开庭审理并且评议后,应当作出判决。对于疑难、复杂、重大的案件,合议庭认为难以作出决定的,由合议庭提请院长决定提交审判委员会讨论决定。审判委员会的决定,合议庭应当执行。

第二章 第一审程序

第一节 公诉案件

第一百八十一条 人民法院对提起公诉的案件进行审查后,对于起诉书中有明确的指控犯罪事实的,应当决定开庭审判。

第一百八十二条 人民法院决定开庭审判后,应当确定合议庭的组成人员,将人民检察院的起诉书副本至迟在开庭十日以前送达被告人及其辩护人。

在开庭以前,审判人员可以召集公诉人、当事人和辩护人、诉讼代理人,对回避、出庭证人名单、非法证据排除等与审判相关的问题,了解情况,听取意见。

人民法院确定开庭日期后,应当将开庭的时间、地点通知人民检察院,传唤当事人,通知辩护人、诉讼代理人、证人、鉴定人和翻译人员,传票和通知书至迟在开庭三日以前送达。公开审判的案件,应当在开庭三日以前先期公布案由、被告人姓名、开庭时间和地点。

上述活动情形应当写入笔录,由审判人员和书记员签名。

第一百八十三条 人民法院审判第一审案件应当公开进行。但是有关国家秘密或者个人隐私的案件,不公开审理;涉及商业秘密的案件,当事人申请不公开审理的,可以不公开审理。

不公开审理的案件,应当当庭宣布不公开审理的理由。

第一百八十四条 人民法院审判公诉案件,人民检察院应当派员出席法庭支持公诉。

第一百八十五条 开庭的时候,审判长查明当事人是否到庭,宣布案由;宣布合议庭的组成人员、书记员、公诉人、辩护人、诉讼代理人、鉴定人和翻译人员的名单;告知当事人有权对合议庭组成人员、书记员、公诉人、鉴定人和翻译人员申请回避;告知被告人享有辩护权利。

第一百八十六条 公诉人在法庭上宣读起诉书后,被告人、被害人可以就起诉书指控的犯罪进行陈述,公诉人可以讯问被告人。

被害人、附带民事诉讼的原告人和辩护人、诉讼代理人,经审判长许可,可以向被告人发问。

审判人员可以讯问被告人。

第一百八十七条 公诉人、当事人或者辩护人、诉讼代理人对证人证言有异议,且该证人证言对案件定罪量刑有重大影响,人民法院认为证人有必要出庭作证的,证人应当出庭作证。

人民警察就其执行职务时目击的犯罪情况作为证人出庭作证,适用前款规定。

公诉人、当事人或者辩护人、诉讼代理人对鉴定意见有异议,人民法院认为鉴定人有必要出庭的,鉴定人应当出庭作证。经人民法院通知,鉴定人拒不出庭作证的,鉴定意见不得作为定案的根据。

第一百八十八条 经人民法院通知,证人没有正当理由不出庭作证的,人民法院可以强制其到庭,但是被告人的配偶、父母、子女除外。

证人没有正当理由拒绝出庭或者出庭后拒绝作证的,予以训诫,情节严重的,经院长批准,处以十日以下的拘留。被处罚人对拘留决定不服的,可以向上一级人民法院申请复议。复议期间不停止执行。

第一百八十九条 证人作证,审判人员应当告知他要如实地提供证言和有意作伪证或者隐匿罪证要负的法律责任。公诉人、当事人和辩护人、诉讼代理人经审判长许可,可以对证人、鉴定人发问。审判长认为发问的内容与案件无关的时候,应当制止。

审判人员可以询问证人、鉴定人。

第一百九十条 公诉人、辩护人应当向法庭出示物证,让当事人辨认,对未到庭的证人的证言笔录、鉴定人的鉴定意见、勘验笔录和其他作为证据的文书,应当当庭宣读。审判人员应当听取公诉人、当事人和辩护人、诉讼代理人的意见。

第一百九十一条 法庭审理过程中,合议庭对证据有疑问的,可以宣布休庭,对证据进行调查核实。

人民法院调查核实证据,可以进行勘验、检查、查封、扣押、鉴定和查询、冻结。

第一百九十二条　法庭审理过程中，当事人和辩护人、诉讼代理人有权申请通知新的证人到庭，调取新的物证，申请重新鉴定或者勘验。

公诉人、当事人和辩护人、诉讼代理人可以申请法庭通知有专门知识的人出庭，就鉴定人作出的鉴定意见提出意见。

法庭对于上述申请，应当作出是否同意的决定。

第二款规定的有专门知识的人出庭，适用鉴定人的有关规定。

第一百九十三条　法庭审理过程中，对与定罪、量刑有关的事实、证据都应当进行调查、辩论。

经审判长许可，公诉人、当事人和辩护人、诉讼代理人可以对证据和案件情况发表意见并且可以互相辩论。

审判长在宣布辩论终结后，被告人有最后陈述的权利。

第一百九十四条　在法庭审判过程中，如果诉讼参与人或者旁听人员违反法庭秩序，审判长应当警告制止。对不听制止的，可以强行带出法庭；情节严重的，处以一千元以下的罚款或者十五日以下的拘留。罚款、拘留必须经院长批准。被处罚人对罚款、拘留的决定不服的，可以向上一级人民法院申请复议。复议期间不停止执行。

对聚众哄闹、冲击法庭或者侮辱、诽谤、威胁、殴打司法工作人员或者诉讼参与人，严重扰乱法庭秩序，构成犯罪的，依法追究刑事责任。

第一百九十五条　在被告人最后陈述后，审判长宣布休庭，合议庭进行评议，根据已经查明的事实、证据和有关的法律规定，分别作出以下判决：

（一）案件事实清楚，证据确实、充分，依据法律认定被告人有罪的，应当作出有罪判决；

（二）依据法律认定被告人无罪的，应当作出无罪判决；

（三）证据不足，不能认定被告人有罪的，应当作出证据不足、指控的犯罪不能成立的无罪判决。

第一百九十六条　宣告判决，一律公开进行。

当庭宣告判决的，应当在五日以内将判决书送达当事人和提起公诉的人民检察院；定期宣告判决的，应当在宣告后立即将判决书送达当事人和提起公诉的人民检察院。判决书应当同时送达辩护人、诉讼代理人。

第一百九十七条　判决书应当由审判人员和书记员署名，并且写明上诉的期限和上诉的法院。

第一百九十八条 在法庭审判过程中,遇有下列情形之一,影响审判进行的,可以延期审理:

(一)需要通知新的证人到庭,调取新的物证,重新鉴定或者勘验的;

(二)检察人员发现提起公诉的案件需要补充侦查,提出建议的;

(三)由于申请回避而不能进行审判的。

第一百九十九条 依照本法第一百九十八条第二项的规定延期审理的案件,人民检察院应当在一个月以内补充侦查完毕。

第二百条 在审判过程中,有下列情形之一,致使案件在较长时间内无法继续审理的,可以中止审理:

(一)被告人患有严重疾病,无法出庭的;

(二)被告人脱逃的;

(三)自诉人患有严重疾病,无法出庭,未委托诉讼代理人出庭的;

(四)由于不能抗拒的原因。

中止审理的原因消失后,应当恢复审理。中止审理的期间不计入审理期限。

第二百零一条 法庭审判的全部活动,应当由书记员写成笔录,经审判长审阅后,由审判长和书记员签名。

法庭笔录中的证人证言部分,应当当庭宣读或者交给证人阅读。证人在承认没有错误后,应当签名或者盖章。

法庭笔录应当交给当事人阅读或者向他宣读。当事人认为记载有遗漏或者差错的,可以请求补充或者改正。当事人承认没有错误后,应当签名或者盖章。

第二百零二条 人民法院审理公诉案件,应当在受理后二个月以内宣判,至迟不得超过三个月。对于可能判处死刑的案件或者附带民事诉讼的案件,以及有本法第一百五十六条规定情形之一的,经上一级人民法院批准,可以延长三个月;因特殊情况还需要延长的,报请最高人民法院批准。

人民法院改变管辖的案件,从改变后的人民法院收到案件之日起计算审理期限。

人民检察院补充侦查的案件,补充侦查完毕移送人民法院后,人民法院重新计算审理期限。

第二百零三条 人民检察院发现人民法院审理案件违反法律规定的诉

讼程序,有权向人民法院提出纠正意见。

第二节 自诉案件

第二百零四条 自诉案件包括下列案件:

(一)告诉才处理的案件;

(二)被害人有证据证明的轻微刑事案件;

(三)被害人有证据证明对被告人侵犯自己人身、财产权利的行为应当依法追究刑事责任,而公安机关或者人民检察院不予追究被告人刑事责任的案件。

第二百零五条 人民法院对于自诉案件进行审查后,按照下列情形分别处理:

(一)犯罪事实清楚,有足够证据的案件,应当开庭审判;

(二)缺乏罪证的自诉案件,如果自诉人提不出补充证据,应当说服自诉人撤回自诉,或者裁定驳回。

自诉人经两次依法传唤,无正当理由拒不到庭的,或者未经法庭许可中途退庭的,按撤诉处理。

法庭审理过程中,审判人员对证据有疑问,需要调查核实的,适用本法第一百九十一条的规定。

第二百零六条 人民法院对自诉案件,可以进行调解;自诉人在宣告判决前,可以同被告人自行和解或者撤回自诉。本法第二百零四条第三项规定的案件不适用调解。

人民法院审理自诉案件的期限,被告人被羁押的,适用本法第二百零二条第一款、第二款的规定;未被羁押的,应当在受理后六个月以内宣判。

第二百零七条 自诉案件的被告人在诉讼过程中,可以对自诉人提起反诉。反诉适用自诉的规定。

第三节 简易程序

第二百零八条 基层人民法院管辖的案件,符合下列条件的,可以适用简易程序审判:

(一)案件事实清楚、证据充分的;

(二)被告人承认自己所犯罪行,对指控的犯罪事实没有异议的;

(三)被告人对适用简易程序没有异议的。

人民检察院在提起公诉的时候,可以建议人民法院适用简易程序。

第二百零九条 有下列情形之一的,不适用简易程序:

(一)被告人是盲、聋、哑人,或者是尚未完全丧失辨认或者控制自己行为能力的精神病人的;

(二)有重大社会影响的;

(三)共同犯罪案件中部分被告人不认罪或者对适用简易程序有异议的;

(四)其他不宜适用简易程序审理的。

第二百一十条 适用简易程序审理案件,对可能判处三年有期徒刑以下刑罚的,可以组成合议庭进行审判,也可以由审判员一人独任审判;对可能判处的有期徒刑超过三年的,应当组成合议庭进行审判。

适用简易程序审理公诉案件,人民检察院应当派员出席法庭。

第二百一十一条 适用简易程序审理案件,审判人员应当询问被告人对指控的犯罪事实的意见,告知被告人适用简易程序审理的法律规定,确认被告人是否同意适用简易程序审理。

第二百一十二条 适用简易程序审理案件,经审判人员许可,被告人及其辩护人可以同公诉人、自诉人及其诉讼代理人互相辩论。

第二百一十三条 适用简易程序审理案件,不受本章第一节关于送达期限、讯问被告人、询问证人、鉴定人、出示证据、法庭辩论程序规定的限制。但在判决宣告前应当听取被告人的最后陈述意见。

第二百一十四条 适用简易程序审理案件,人民法院应当在受理后二十日以内审结;对可能判处的有期徒刑超过三年的,可以延长至一个半月。

第二百一十五条 人民法院在审理过程中,发现不宜适用简易程序的,应当按照本章第一节或者第二节的规定重新审理。

第三章　第二审程序

第二百一十六条 被告人、自诉人和他们的法定代理人,不服地方各级人民法院第一审的判决、裁定,有权用书状或者口头向上一级人民法院上诉。

被告人的辩护人和近亲属,经被告人同意,可以提出上诉。

附带民事诉讼的当事人和他们的法定代理人,可以对地方各级人民法院第一审的判决、裁定中的附带民事诉讼部分,提出上诉。

对被告人的上诉权,不得以任何借口加以剥夺。

第二百一十七条 地方各级人民检察院认为本级人民法院第一审的判决、裁定确有错误的时候,应当向上一级人民法院提出抗诉。

第二百一十八条 被害人及其法定代理人不服地方各级人民法院第一审的判决的,自收到判决书后五日以内,有权请求人民检察院提出抗诉。人民检察院自收到被害人及其法定代理人的请求后五日以内,应当作出是否抗诉的决定并且答复请求人。

第二百一十九条 不服判决的上诉和抗诉的期限为十日,不服裁定的上诉和抗诉的期限为五日,从接到判决书、裁定书的第二日起算。

第二百二十条 被告人、自诉人、附带民事诉讼的原告人和被告人通过原审人民法院提出上诉的,原审人民法院应当在三日以内将上诉状连同案卷、证据移送上一级人民法院,同时将上诉状副本送交同级人民检察院和对方当事人。

被告人、自诉人、附带民事诉讼的原告人和被告人直接向第二审人民法院提出上诉的,第二审人民法院应当在三日以内将上诉状交原审人民法院送交同级人民检察院和对方当事人。

第二百二十一条 地方各级人民检察院对同级人民法院第一审判决、裁定的抗诉,应当通过原审人民法院提出抗诉书,并且将抗诉书抄送上一级人民检察院。原审人民法院应当将抗诉书连同案卷、证据移送上一级人民法院,并且将抗诉书副本送交当事人。

上级人民检察院如果认为抗诉不当,可以向同级人民法院撤回抗诉,并且通知下级人民检察院。

第二百二十二条 第二审人民法院应当就第一审判决认定的事实和适用法律进行全面审查,不受上诉或者抗诉范围的限制。

共同犯罪的案件只有部分被告人上诉的,应当对全案进行审查,一并处理。

第二百二十三条 第二审人民法院对于下列案件,应当组成合议庭,开庭审理:

(一)被告人、自诉人及其法定代理人对第一审认定的事实、证据提出异议,可能影响定罪量刑的上诉案件;

(二)被告人被判处死刑的上诉案件;

(三)人民检察院抗诉的案件;

(四)其他应当开庭审理的案件。

第二审人民法院决定不开庭审理的,应当讯问被告人,听取其他当事人、辩护人、诉讼代理人的意见。

第二审人民法院开庭审理上诉、抗诉案件,可以到案件发生地或者原审人民法院所在地进行。

第二百二十四条 人民检察院提出抗诉的案件或者第二审人民法院开庭审理的公诉案件,同级人民检察院都应当派员出席法庭。第二审人民法院应当在决定开庭审理后及时通知人民检察院查阅案卷。人民检察院应当在一个月以内查阅完毕。人民检察院查阅案卷的时间不计入审理期限。

第二百二十五条 第二审人民法院对不服第一审判决的上诉、抗诉案件,经过审理后,应当按照下列情形分别处理:

(一)原判决认定事实和适用法律正确、量刑适当的,应当裁定驳回上诉或者抗诉,维持原判;

(二)原判决认定事实没有错误,但适用法律有错误,或者量刑不当的,应当改判;

(三)原判决事实不清楚或者证据不足的,可以在查清事实后改判;也可以裁定撤销原判,发回原审人民法院重新审判。

原审人民法院对于依照前款第三项规定发回重新审判的案件作出判决后,被告人提出上诉或者人民检察院提出抗诉的,第二审人民法院应当依法作出判决或者裁定,不得再发回原审人民法院重新审判。

第二百二十六条 第二审人民法院审理被告人或者他的法定代理人、辩护人、近亲属上诉的案件,不得加重被告人的刑罚。第二审人民法院发回原审人民法院重新审判的案件,除有新的犯罪事实,人民检察院补充起诉的以外,原审人民法院也不得加重被告人的刑罚。

人民检察院提出抗诉或者自诉人提出上诉的,不受前款规定的限制。

第二百二十七条 第二审人民法院发现第一审人民法院的审理有下列违反法律规定的诉讼程序的情形之一的,应当裁定撤销原判,发回原审人民法院重新审判：

（一）违反本法有关公开审判的规定的；

（二）违反回避制度的；

（三）剥夺或者限制了当事人的法定诉讼权利，可能影响公正审判的；

（四）审判组织的组成不合法的；

（五）其他违反法律规定的诉讼程序，可能影响公正审判的。

第二百二十八条 原审人民法院对于发回重新审判的案件，应当另行组成合议庭，依照第一审程序进行审判。对于重新审判后的判决，依照本法第二百一十六条、第二百一十七条、第二百一十八条的规定可以上诉、抗诉。

第二百二十九条 第二审人民法院对不服第一审裁定的上诉或者抗诉，经过审查后，应当参照本法第二百二十五条、第二百二十七条和第二百二十八条的规定，分别情形用裁定驳回上诉、抗诉，或者撤销、变更原裁定。

第二百三十条 第二审人民法院发回原审人民法院重新审判的案件，原审人民法院从收到发回的案件之日起，重新计算审理期限。

第二百三十一条 第二审人民法院审判上诉或者抗诉案件的程序，除本章已有规定的以外，参照第一审程序的规定进行。

第二百三十二条 第二审人民法院受理上诉、抗诉案件，应当在二个月以内审结。对于可能判处死刑的案件或者附带民事诉讼的案件，以及有本法第一百五十六条规定情形之一的，经省、自治区、直辖市高级人民法院批准或者决定，可以延长二个月；因特殊情况还需要延长的，报请最高人民法院批准。

最高人民法院受理上诉、抗诉案件的审理期限，由最高人民法院决定。

第二百三十三条 第二审的判决、裁定和最高人民法院的判决、裁定，都是终审的判决、裁定。

第二百三十四条 公安机关、人民检察院和人民法院对查封、扣押、冻结的犯罪嫌疑人、被告人的财物及其孳息，应当妥善保管，以供核查，并制作清单，随案移送。任何单位和个人不得挪用或者自行处理。对被害人的合法财产，应当及时返还。对违禁品或者不宜长期保存的物品，应当依照国家有关规定处理。

对作为证据使用的实物应当随案移送，对不宜移送的，应当将其清单、照片或者其他证明文件随案移送。

人民法院作出的判决，应当对查封、扣押、冻结的财物及其孳息作出处理。

人民法院作出的判决生效以后，有关机关应当根据判决对查封、扣押、冻结的财物及其孳息进行处理。对查封、扣押、冻结的赃款赃物及其孳息，除依法返还被害人的以外，一律上缴国库。

司法工作人员贪污、挪用或者私自处理查封、扣押、冻结的财物及其孳息的，依法追究刑事责任；不构成犯罪的，给予处分。

第四章　死刑复核程序

第二百三十五条　死刑由最高人民法院核准。

第二百三十六条　中级人民法院判处死刑的第一审案件，被告人不上诉的，应当由高级人民法院复核后，报请最高人民法院核准。高级人民法院不同意判处死刑的，可以提审或者发回重新审判。

高级人民法院判处死刑的第一审案件被告人不上诉的，和判处死刑的第二审案件，都应当报请最高人民法院核准。

第二百三十七条　中级人民法院判处死刑缓期二年执行的案件，由高级人民法院核准。

第二百三十八条　最高人民法院复核死刑案件，高级人民法院复核死刑缓期执行的案件，应当由审判员三人组成合议庭进行。

第二百三十九条　最高人民法院复核死刑案件，应当作出核准或者不核准死刑的裁定。对于不核准死刑的，最高人民法院可以发回重新审判或者予以改判。

第二百四十条　最高人民法院复核死刑案件，应当讯问被告人，辩护律师提出要求的，应当听取辩护律师的意见。

在复核死刑案件过程中，最高人民检察院可以向最高人民法院提出意见。最高人民法院应当将死刑复核结果通报最高人民检察院。

第五章　审判监督程序

第二百四十一条　当事人及其法定代理人、近亲属，对已经发生法律效力的判决、裁定，可以向人民法院或者人民检察院提出申诉，但是不能停止判决、裁定的执行。

第二百四十二条 当事人及其法定代理人、近亲属的申诉符合下列情形之一的，人民法院应当重新审判：

（一）有新的证据证明原判决、裁定认定的事实确有错误，可能影响定罪量刑的；

（二）据以定罪量刑的证据不确实、不充分、依法应当予以排除，或者证明案件事实的主要证据之间存在矛盾的；

（三）原判决、裁定适用法律确有错误的；

（四）违反法律规定的诉讼程序，可能影响公正审判的；

（五）审判人员在审理该案件的时候，有贪污受贿，徇私舞弊，枉法裁判行为的。

第二百四十三条 各级人民法院院长对本院已经发生法律效力的判决和裁定，如果发现在认定事实上或者在适用法律上确有错误，必须提交审判委员会处理。

最高人民法院对各级人民法院已经发生法律效力的判决和裁定，上级人民法院对下级人民法院已经发生法律效力的判决和裁定，如果发现确有错误，有权提审或者指令下级人民法院再审。

最高人民检察院对各级人民法院已经发生法律效力的判决和裁定，上级人民检察院对下级人民法院已经发生法律效力的判决和裁定，如果发现确有错误，有权按照审判监督程序向同级人民法院提出抗诉。

人民检察院抗诉的案件，接受抗诉的人民法院应当组成合议庭重新审理，对于原判决事实不清楚或者证据不足的，可以指令下级人民法院再审。

第二百四十四条 上级人民法院指令下级人民法院再审的，应当指令原审人民法院以外的下级人民法院审理；由原审人民法院审理更为适宜的，也可以指令原审人民法院审理。

第二百四十五条 人民法院按照审判监督程序重新审判的案件，由原审人民法院审理的，应当另行组成合议庭进行。如果原来是第一审案件，应当依照第一审程序进行审判，所作的判决、裁定，可以上诉、抗诉；如果原来是第二审案件，或者是上级人民法院提审的案件，应当依照第二审程序进行审判，所作的判决、裁定，是终审的判决、裁定。

人民法院开庭审理的再审案件，同级人民检察院应当派员出席法庭。

第二百四十六条 人民法院决定再审的案件,需要对被告人采取强制措施的,由人民法院依法决定;人民检察院提出抗诉的再审案件,需要对被告人采取强制措施的,由人民检察院依法决定。

人民法院按照审判监督程序审判的案件,可以决定中止原判决、裁定的执行。

第二百四十七条 人民法院按照审判监督程序重新审判的案件,应当在作出提审、再审决定之日起三个月以内审结,需要延长期限的,不得超过六个月。

接受抗诉的人民法院按照审判监督程序审判抗诉的案件,审理期限适用前款规定;对需要指令下级人民法院再审的,应当自接受抗诉之日起一个月以内作出决定,下级人民法院审理案件的期限适用前款规定。

第四编 执 行

第二百四十八条 判决和裁定在发生法律效力后执行。

下列判决和裁定是发生法律效力的判决和裁定:

(一)已过法定期限没有上诉、抗诉的判决和裁定;

(二)终审的判决和裁定;

(三)最高人民法院核准的死刑的判决和高级人民法院核准的死刑缓期二年执行的判决。

第二百四十九条 第一审人民法院判决被告人无罪、免除刑事处罚的,如果被告人在押,在宣判后应当立即释放。

第二百五十条 最高人民法院判处和核准的死刑立即执行的判决,应当由最高人民法院院长签发执行死刑的命令。

被判处死刑缓期二年执行的罪犯,在死刑缓期执行期间,如果没有故意犯罪,死刑缓期执行期满,应当予以减刑,由执行机关提出书面意见,报请高级人民法院裁定;如果故意犯罪,查证属实,应当执行死刑,由高级人民法院报请最高人民法院核准。

第二百五十一条 下级人民法院接到最高人民法院执行死刑的命令后,应当在七日以内交付执行。但是发现有下列情形之一的,应当停止执行,并且立即报告最高人民法院,由最高人民法院作出裁定:

（一）在执行前发现判决可能有错误的；

（二）在执行前罪犯揭发重大犯罪事实或者有其他重大立功表现，可能需要改判的；

（三）罪犯正在怀孕。

前款第一项、第二项停止执行的原因消失后，必须报请最高人民法院院长再签发执行死刑的命令才能执行；由于前款第三项原因停止执行的，应当报请最高人民法院依法改判。

第二百五十二条　人民法院在交付执行死刑前，应当通知同级人民检察院派员临场监督。

死刑采用枪决或者注射等方法执行。

死刑可以在刑场或者指定的羁押场所内执行。

指挥执行的审判人员，对罪犯应当验明正身，讯问有无遗言、信札，然后交付执行人员执行死刑。在执行前，如果发现可能有错误，应当暂停执行，报请最高人民法院裁定。

执行死刑应当公布，不应示众。

执行死刑后，在场书记员应当写成笔录。交付执行的人民法院应当将执行死刑情况报告最高人民法院。

执行死刑后，交付执行的人民法院应当通知罪犯家属。

第二百五十三条　罪犯被交付执行刑罚的时候，应当由交付执行的人民法院在判决生效后十日以内将有关的法律文书送达公安机关、监狱或者其他执行机关。

对被判处死刑缓期二年执行、无期徒刑、有期徒刑的罪犯，由公安机关依法将该罪犯送交监狱执行刑罚。对被判处有期徒刑的罪犯，在被交付执行刑罚前，剩余刑期在三个月以下的，由看守所代为执行。对被判处拘役的罪犯，由公安机关执行。

对未成年犯应当在未成年犯管教所执行刑罚。

执行机关应当将罪犯及时收押，并且通知罪犯家属。

判处有期徒刑、拘役的罪犯，执行期满，应当由执行机关发给释放证明书。

第二百五十四条　对被判处有期徒刑或者拘役的罪犯，有下列情形之一的，可以暂予监外执行：

(一)有严重疾病需要保外就医的;

(二)怀孕或者正在哺乳自己婴儿的妇女;

(三)生活不能自理,适用暂予监外执行不致危害社会的。

对被判处无期徒刑的罪犯,有前款第二项规定情形的,可以暂予监外执行。

对适用保外就医可能有社会危险性的罪犯,或者自伤自残的罪犯,不得保外就医。

对罪犯确有严重疾病,必须保外就医的,由省级人民政府指定的医院诊断并开具证明文件。

在交付执行前,暂予监外执行由交付执行的人民法院决定;在交付执行后,暂予监外执行由监狱或者看守所提出书面意见,报省级以上监狱管理机关或者设区的市一级以上公安机关批准。

第二百五十五条 监狱、看守所提出暂予监外执行的书面意见的,应当将书面意见的副本抄送人民检察院。人民检察院可以向决定或者批准机关提出书面意见。

第二百五十六条 决定或者批准暂予监外执行的机关应当将暂予监外执行决定抄送人民检察院。人民检察院认为暂予监外执行不当的,应当自接到通知之日起一个月以内将书面意见送交决定或者批准暂予监外执行的机关,决定或者批准暂予监外执行的机关接到人民检察院的书面意见后,应当立即对该决定进行重新核查。

第二百五十七条 对暂予监外执行的罪犯,有下列情形之一的,应当及时收监:

(一)发现不符合暂予监外执行条件的;

(二)严重违反有关暂予监外执行监督管理规定的;

(三)暂予监外执行的情形消失后,罪犯刑期未满的。

对于人民法院决定暂予监外执行的罪犯应当予以收监的,由人民法院作出决定,将有关的法律文书送达公安机关、监狱或者其他执行机关。

不符合暂予监外执行条件的罪犯通过贿赂等非法手段被暂予监外执行的,在监外执行的期间不计入执行刑期。罪犯在暂予监外执行期间脱逃的,脱逃的期间不计入执行刑期。

罪犯在暂予监外执行期间死亡的,执行机关应当及时通知监狱或者看守所。

第二百五十八条　对被判处管制、宣告缓刑、假释或者暂予监外执行的罪犯,依法实行社区矫正,由社区矫正机构负责执行。

第二百五十九条　对被判处剥夺政治权利的罪犯,由公安机关执行。执行期满,应当由执行机关书面通知本人及其所在单位、居住地基层组织。

第二百六十条　被判处罚金的罪犯,期满不缴纳的,人民法院应当强制缴纳;如果由于遭遇不能抗拒的灾祸缴纳确实有困难的,可以裁定减少或者免除。

第二百六十一条　没收财产的判决,无论附加适用或者独立适用,都由人民法院执行;在必要的时候,可以会同公安机关执行。

第二百六十二条　罪犯在服刑期间又犯罪的,或者发现了判决的时候所没有发现的罪行,由执行机关移送人民检察院处理。

被判处管制、拘役、有期徒刑或者无期徒刑的罪犯,在执行期间确有悔改或者立功表现,应当依法予以减刑、假释的时候,由执行机关提出建议书,报请人民法院审核裁定,并将建议书副本抄送人民检察院。人民检察院可以向人民法院提出书面意见。

第二百六十三条　人民检察院认为人民法院减刑、假释的裁定不当,应当在收到裁定书副本后二十日以内,向人民法院提出书面纠正意见。人民法院应当在收到纠正意见后一个月以内重新组成合议庭进行审理,作出最终裁定。

第二百六十四条　监狱和其他执行机关在刑罚执行中,如果认为判决有错误或者罪犯提出申诉,应当转请人民检察院或者原判人民法院处理。

第二百六十五条　人民检察院对执行机关执行刑罚的活动是否合法实行监督。如果发现有违法的情况,应当通知执行机关纠正。

第五编　特别程序

第一章　未成年人刑事案件诉讼程序

第二百六十六条　对犯罪的未成年人实行教育、感化、挽救的方针,坚持教育为主、惩罚为辅的原则。

人民法院、人民检察院和公安机关办理未成年人刑事案件,应当保障未成年人行使其诉讼权利,保障未成年人得到法律帮助,并由熟悉未成年人身心特点的审判人员、检察人员、侦查人员承办。

第二百六十七条 未成年犯罪嫌疑人、被告人没有委托辩护人的,人民法院、人民检察院、公安机关应当通知法律援助机构指派律师为其提供辩护。

第二百六十八条 公安机关、人民检察院、人民法院办理未成年人刑事案件,根据情况可以对未成年犯罪嫌疑人、被告人的成长经历、犯罪原因、监护教育等情况进行调查。

第二百六十九条 对未成年犯罪嫌疑人、被告人应当严格限制适用逮捕措施。人民检察院审查批准逮捕和人民法院决定逮捕,应当讯问未成年犯罪嫌疑人、被告人,听取辩护律师的意见。

对被拘留、逮捕和执行刑罚的未成年人与成年人应当分别关押、分别管理、分别教育。

第二百七十条 对于未成年人刑事案件,在讯问和审判的时候,应当通知未成年犯罪嫌疑人、被告人的法定代理人到场。无法通知、法定代理人不能到场或者法定代理人是共犯的,也可以通知未成年犯罪嫌疑人、被告人的其他成年亲属,所在学校、单位、居住地基层组织或者未成年人保护组织的代表到场,并将有关情况记录在案。到场的法定代理人可以代为行使未成年犯罪嫌疑人、被告人的诉讼权利。

到场的法定代理人或者其他人员认为办案人员在讯问、审判中侵犯未成年人合法权益的,可以提出意见。讯问笔录、法庭笔录应当交给到场的法定代理人或者其他人员阅读或者向他宣读。

讯问女性未成年犯罪嫌疑人,应当有女工作人员在场。

审判未成年人刑事案件,未成年被告人最后陈述后,其法定代理人可以进行补充陈述。

询问未成年被害人、证人,适用第一款、第二款、第三款的规定。

第二百七十一条 对于未成年人涉嫌刑法分则第四章、第五章、第六章规定的犯罪,可能判处一年有期徒刑以下刑罚,符合起诉条件,但有悔罪表现的,人民检察院可以作出附条件不起诉的决定。人民检察院在作出附条件不起诉的决定以前,应当听取公安机关、被害人的意见。

对附条件不起诉的决定,公安机关要求复议、提请复核或者被害人申诉的,适用本法第一百七十五条、第一百七十六条的规定。

未成年犯罪嫌疑人及其法定代理人对人民检察院决定附条件不起诉有异议的,人民检察院应当作出起诉的决定。

第二百七十二条　在附条件不起诉的考验期内,由人民检察院对被附条件不起诉的未成年犯罪嫌疑人进行监督考察。未成年犯罪嫌疑人的监护人,应当对未成年犯罪嫌疑人加强管教,配合人民检察院做好监督考察工作。

附条件不起诉的考验期为六个月以上一年以下,从人民检察院作出附条件不起诉的决定之日起计算。

被附条件不起诉的未成年犯罪嫌疑人,应当遵守下列规定:

(一)遵守法律法规,服从监督;

(二)按照考察机关的规定报告自己的活动情况;

(三)离开所居住的市、县或者迁居,应当报经考察机关批准;

(四)按照考察机关的要求接受矫治和教育。

第二百七十三条　被附条件不起诉的未成年犯罪嫌疑人,在考验期内有下列情形之一的,人民检察院应当撤销附条件不起诉的决定,提起公诉:

(一)实施新的犯罪或者发现决定附条件不起诉以前还有其他犯罪需要追诉的;

(二)违反治安管理规定或者考察机关有关附条件不起诉的监督管理规定,情节严重的。

被附条件不起诉的未成年犯罪嫌疑人,在考验期内没有上述情形,考验期满的,人民检察院应当作出不起诉的决定。

第二百七十四条　审判的时候被告人不满十八周岁的案件,不公开审理。但是,经未成年被告人及其法定代理人同意,未成年被告人所在学校和未成年人保护组织可以派代表到场。

第二百七十五条　犯罪的时候不满十八周岁,被判处五年有期徒刑以下刑罚的,应当对相关犯罪记录予以封存。

犯罪记录被封存的,不得向任何单位和个人提供,但司法机关为办案需要或者有关单位根据国家规定进行查询的除外。依法进行查询的单位,应当对被封存的犯罪记录的情况予以保密。

第二百七十六条　办理未成年人刑事案件,除本章已有规定的以外,按照本法的其他规定进行。

第二章 当事人和解的公诉案件诉讼程序

第二百七十七条 下列公诉案件,犯罪嫌疑人、被告人真诚悔罪,通过向被害人赔偿损失、赔礼道歉等方式获得被害人谅解,被害人自愿和解的,双方当事人可以和解:

(一)因民间纠纷引起,涉嫌刑法分则第四章、第五章规定的犯罪案件,可能判处三年有期徒刑以下刑罚的;

(二)除渎职犯罪以外的可能判处七年有期徒刑以下刑罚的过失犯罪案件。

犯罪嫌疑人、被告人在五年以内曾经故意犯罪的,不适用本章规定的程序。

第二百七十八条 双方当事人和解的,公安机关、人民检察院、人民法院应当听取当事人和其他有关人员的意见,对和解的自愿性、合法性进行审查,并主持制作和解协议书。

第二百七十九条 对于达成和解协议的案件,公安机关可以向人民检察院提出从宽处理的建议。人民检察院可以向人民法院提出从宽处罚的建议;对于犯罪情节轻微,不需要判处刑罚的,可以作出不起诉的决定。人民法院可以依法对被告人从宽处罚。

第三章 犯罪嫌疑人、被告人逃匿、死亡案件违法所得的没收程序

第二百八十条 对于贪污贿赂犯罪、恐怖活动犯罪等重大犯罪案件,犯罪嫌疑人、被告人逃匿,在通缉一年后不能到案,或者犯罪嫌疑人、被告人死亡,依照刑法规定应当追缴其违法所得及其他涉案财产的,人民检察院可以向人民法院提出没收违法所得的申请。

公安机关认为有前款规定情形的,应当写出没收违法所得意见书,移送人民检察院。

没收违法所得的申请应当提供与犯罪事实、违法所得相关的证据材料,并列明财产的种类、数量、所在地及查封、扣押、冻结的情况。

人民法院在必要的时候,可以查封、扣押、冻结申请没收的财产。

第二百八十一条 没收违法所得的申请，由犯罪地或者犯罪嫌疑人、被告人居住地的中级人民法院组成合议庭进行审理。

人民法院受理没收违法所得的申请后，应当发出公告。公告期间为六个月。犯罪嫌疑人、被告人的近亲属和其他利害关系人有权申请参加诉讼，也可以委托诉讼代理人参加诉讼。

人民法院在公告期满后对没收违法所得的申请进行审理。利害关系人参加诉讼的，人民法院应当开庭审理。

第二百八十二条 人民法院经审理，对经查证属于违法所得及其他涉案财产，除依法返还被害人的以外，应当裁定予以没收；对不属于应当追缴的财产的，应当裁定驳回申请，解除查封、扣押、冻结措施。

对于人民法院依照前款规定作出的裁定，犯罪嫌疑人、被告人的近亲属和其他利害关系人或者人民检察院可以提出上诉、抗诉。

第二百八十三条 在审理过程中，在逃的犯罪嫌疑人、被告人自动投案或者被抓获的，人民法院应当终止审理。

没收犯罪嫌疑人、被告人财产确有错误的，应当予以返还、赔偿。

第四章 依法不负刑事责任的精神病人的强制医疗程序

第二百八十四条 实施暴力行为，危害公共安全或者严重危害公民人身安全，经法定程序鉴定依法不负刑事责任的精神病人，有继续危害社会可能的，可以予以强制医疗。

第二百八十五条 根据本章规定对精神病人强制医疗的，由人民法院决定。

公安机关发现精神病人符合强制医疗条件的，应当写出强制医疗意见书，移送人民检察院。对于公安机关移送的或者在审查起诉过程中发现的精神病人符合强制医疗条件的，人民检察院应当向人民法院提出强制医疗的申请。人民法院在审理案件过程中发现被告人符合强制医疗条件的，可以作出强制医疗的决定。

对实施暴力行为的精神病人，在人民法院决定强制医疗前，公安机关可以采取临时的保护性约束措施。

第二百八十六条 人民法院受理强制医疗的申请后，应当组成合议庭进行审理。

人民法院审理强制医疗案件,应当通知被申请人或者被告人的法定代理人到场。被申请人或者被告人没有委托诉讼代理人的,人民法院应当通知法律援助机构指派律师为其提供法律帮助。

第二百八十七条 人民法院经审理,对于被申请人或者被告人符合强制医疗条件的,应当在一个月以内作出强制医疗的决定。

被决定强制医疗的人、被害人及其法定代理人、近亲属对强制医疗决定不服的,可以向上一级人民法院申请复议。

第二百八十八条 强制医疗机构应当定期对被强制医疗的人进行诊断评估。对于已不具有人身危险性,不需要继续强制医疗的,应当及时提出解除意见,报决定强制医疗的人民法院批准。

被强制医疗的人及其近亲属有权申请解除强制医疗。

第二百八十九条 人民检察院对强制医疗的决定和执行实行监督。

附　则

第二百九十条 军队保卫部门对军队内部发生的刑事案件行使侦查权。

对罪犯在监狱内犯罪的案件由监狱进行侦查。

军队保卫部门、监狱办理刑事案件,适用本法的有关规定。

最高人民法院、最高人民检察院、公安部、国家安全部、司法部、全国人大常委会法制工作委员会关于实施刑事诉讼法若干问题的规定

一、管　辖

1. 公安机关侦查刑事案件涉及人民检察院管辖的贪污贿赂案件时,应当将贪污贿赂案件移送人民检察院;人民检察院侦查贪污贿赂案件涉及公安机关管辖的刑事案件,应当将属于公安机关管辖的刑事案件移送公安机关。在上述情况中,如果涉嫌主罪属于公安机关管辖,由公安机关为主侦查,人民检察院予以配合;如果涉嫌主罪属于人民检察院管辖,由人民检察院为主侦查,

公安机关予以配合。

2. 刑事诉讼法第二十四条中规定:"刑事案件由犯罪地的人民法院管辖。"刑事诉讼法规定的"犯罪地",包括犯罪的行为发生地和结果发生地。

3. 具有下列情形之一的,人民法院、人民检察院、公安机关可以在其职责范围内并案处理:

(一)一人犯数罪的;

(二)共同犯罪的;

(三)共同犯罪的犯罪嫌疑人、被告人还实施其他犯罪的;

(四)多个犯罪嫌疑人、被告人实施的犯罪存在关联,并案处理有利于查明案件事实的。

二、辩护与代理

4. 人民法院、人民检察院、公安机关、国家安全机关、监狱的现职人员,人民陪审员,外国人或者无国籍人,以及与本案有利害关系的人,不得担任辩护人。但是,上述人员系犯罪嫌疑人、被告人的监护人或者近亲属,犯罪嫌疑人、被告人委托其担任辩护人的,可以准许。无行为能力或者限制行为能力的人,不得担任辩护人。

一名辩护人不得为两名以上的同案犯罪嫌疑人、被告人辩护,不得为两名以上的未同案处理但实施的犯罪存在关联的犯罪嫌疑人、被告人辩护。

5. 刑事诉讼法第三十四条、第二百六十七条、第二百八十六条对法律援助作了规定。对于人民法院、人民检察院、公安机关根据上述规定,通知法律援助机构指派律师提供辩护或者法律帮助的,法律援助机构应当在接到通知后三日以内指派律师,并将律师的姓名、单位、联系方式书面通知人民法院、人民检察院、公安机关。

6. 刑事诉讼法第三十六条规定:"辩护律师在侦查期间可以为犯罪嫌疑人提供法律帮助;代理申诉、控告;申请变更强制措施;向侦查机关了解犯罪嫌疑人涉嫌的罪名和案件有关情况,提出意见。"根据上述规定,辩护律师在侦查期间可以向侦查机关了解犯罪嫌疑人涉嫌的罪名及当时已查明的该罪的主要事实,犯罪嫌疑人被采取、变更、解除强制措施的情况,侦查机关延长侦查羁押期限等情况。

7. 刑事诉讼法第三十七条第二款规定:"辩护律师持律师执业证书、律师事务所证明和委托书或者法律援助公函要求会见在押的犯罪嫌疑人、被告人的,看守所应当及时安排会见,至迟不得超过四十八小时。"根据上述规定,辩护律师要求会见在押的犯罪嫌疑人、被告人的,看守所应当及时安排会见,保证辩护律师在四十八小时以内见到在押的犯罪嫌疑人、被告人。

8. 刑事诉讼法第四十一条第一款规定:"辩护律师经证人或者其他有关单位和个人同意,可以向他们收集与本案有关的材料,也可以申请人民检察院、人民法院收集、调取证据,或者申请人民法院通知证人出庭作证。"对于辩护律师申请人民检察院、人民法院收集、调取证据,人民检察院、人民法院认为需要调查取证的,应当由人民检察院、人民法院收集、调取证据,不得向律师签发准许调查决定书,让律师收集、调取证据。

9. 刑事诉讼法第四十二条第二款中规定:"违反前款规定的,应当依法追究法律责任,辩护人涉嫌犯罪的,应当由办理辩护人所承办案件的侦查机关以外的侦查机关办理。"根据上述规定,公安机关、人民检察院发现辩护人涉嫌犯罪,或者接受报案、控告、举报、有关机关的移送,依照侦查管辖分工进行审查后认为符合立案条件的,应当按照规定报请办理辩护人所承办案件的侦查机关的上一级侦查机关指定其他侦查机关立案侦查,或者由上一级侦查机关立案侦查。不得指定办理辩护人所承办案件的侦查机关的下级侦查机关立案侦查。

10. 刑事诉讼法第四十七条规定:"辩护人、诉讼代理人认为公安机关、人民检察院、人民法院及其工作人员阻碍其依法行使诉讼权利的,有权向同级或者上一级人民检察院申诉或者控告。人民检察院对申诉或者控告应当及时进行审查,情况属实的,通知有关机关予以纠正。"人民检察院受理辩护人、诉讼代理人的申诉或者控告后,应当在十日以内将处理情况书面答复提出申诉或者控告的辩护人、诉讼代理人。

三、证　　据

11. 刑事诉讼法第五十六条第一款规定:"法庭审理过程中,审判人员认为可能存在本法第五十四条规定的以非法方法收集证据情形的,应当对证据收集的合法性进行法庭调查。"法庭经对当事人及其辩护人、诉讼代理人提供的相关线索或者材料进行审查后，认为可能存在刑事诉讼法第五十四条规定的以非法方法收集证据情形的，应当对证据收集的合法性进行法庭调查。法庭调查的顺序由法庭根据案件审理情况确定。

12. 刑事诉讼法第六十二条规定，对证人、鉴定人、被害人可以采取“不公开真实姓名、住址和工作单位等个人信息”的保护措施。人民法院、人民检察院和公安机关依法决定不公开证人、鉴定人、被害人的真实姓名、住址和工作单位等个人信息的，可以在判决书、裁定书、起诉书、询问笔录等法律文书、证据材料中使用化名等代替证人、鉴定人、被害人的个人信息。但是，应当书面说明使用化名的情况并标明密级，单独成卷。辩护律师经法庭许可，查阅对证人、鉴定人、被害人使用化名情况的，应当签署保密承诺书。

四、强制措施

13. 被取保候审、监视居住的犯罪嫌疑人、被告人无正当理由不得离开所居住的市、县或者执行监视居住的处所，有正当理由需要离开所居住的市、县或者执行监视居住的处所，应当经执行机关批准。如果取保候审、监视居住是由人民检察院、人民法院决定的，执行机关在批准犯罪嫌疑人、被告人离开所居住的市、县或者执行监视居住的处所前，应当征得决定机关同意。

14. 对取保候审保证人是否履行了保证义务，由公安机关认定，对保证人的罚款决定，也由公安机关作出。

15. 指定居所监视居住的，不得要求被监视居住人支付费用。

16. 刑事诉讼法规定，拘留由公安机关执行。对于人民检察院直接受理的案件，人民检察院作出的拘留决定，应当送达公安机关执行，公安机关应当立即执行，人民检察院可以协助公安机关执行。

17. 对于人民检察院批准逮捕的决定，公安机关应当立即执行，并将执行回执及时送达批准逮捕的人民检察院。如果未能执行，也应当将回执送达人民检察院，并写明未能执行的原因。对于人民检察院决定不批准逮捕的，公安机关在收到不批准逮捕决定书后，应当立即释放在押的犯罪嫌疑人或者变更强制措施，并将执行回执在收到不批准逮捕决定书后的三日内送达作出不批准逮捕决定的人民检察院。

五、立　　案

18.刑事诉讼法第一百一十一条规定:“人民检察院认为公安机关对应当立案侦查的案件而不立案侦查的,或者被害人认为公安机关对应当立案侦查的案件而不立案侦查,向人民检察院提出的,人民检察院应当要求公安机关说明不立案的理由。人民检察院认为公安机关不立案理由不能成立的,应当通知公安机关立案,公安机关接到通知后应当立案。”根据上述规定,公安机关收到人民检察院要求说明不立案理由通知书后,应当在七日内将说明情况书面答复人民检察院。人民检察院认为公安机关不立案理由不能成立,发出通知立案书时,应当将有关证明应当立案的材料同时移送公安机关。公安机关收到通知立案书后,应当在十五日内决定立案,并将立案决定书送达人民检察院。

六、侦　　查

19.刑事诉讼法第一百二十一条第一款规定:“侦查人员在讯问犯罪嫌疑人的时候,可以对讯问过程进行录音或者录像;对于可能判处无期徒刑、死刑的案件或者其他重大犯罪案件,应当对讯问过程进行录音或者录像。”侦查人员对讯问过程进行录音或者录像的,应当在讯问笔录中注明。人民检察院、人民法院可以根据需要调取讯问犯罪嫌疑人的录音或者录像,有关机关应当及时提供。

20.刑事诉讼法第一百四十九条中规定:“批准决定应当根据侦查犯罪的需要,确定采取技术侦查措施的种类和适用对象。”采取技术侦查措施收集的材料作为证据使用的,批准采取技术侦查措施的法律文书应当附卷,辩护律师可以依法查阅、摘抄、复制,在审判过程中可以向法庭出示。

21.公安机关对案件提请延长羁押期限的,应当在羁押期限届满七日前提出,并书面呈报延长羁押期限案件的主要案情和延长羁押期限的具体理由,人民检察院应当在羁押期限届满前作出决定。

22.刑事诉讼法第一百五十八条第一款规定:“在侦查期间,发现犯罪嫌疑人另有重要罪行的,自发现之日起依照本法第一百五十四条的规定重新计算侦查羁押期限。”公安机关依照上述规定重新计算侦查羁押期限的,不需要经人民检察院批准,但应当报人民检察院备案,人民检察院可以进行监督。

七、提起公诉

23.上级公安机关指定下级公安机关立案侦查的案件,需要逮捕犯罪嫌疑人的,由侦查该案件的公安机关提请同级人民检察院审查批准;需要提起公诉的,由侦查该案件的公安机关移送同级人民检察院审查起诉。

人民检察院对于审查起诉的案件,按照刑事诉讼法的管辖规定,认为应当由上级人民检察院或者同级其他人民检察院起诉的,应当将案件移送有管辖权的人民检察院。人民检察院认为需要依照刑事诉讼法的规定指定审判管辖的,应当协商同级人民法院办理指定管辖有关事宜。

24.人民检察院向人民法院提起公诉时,应当将案卷材料和全部证据移送人民法院,包括犯罪嫌疑人、被告人翻供的材料,证人改变证言的材料,以及对犯罪嫌疑人、被告人有利的其他证据材料。

八、审　判

25.刑事诉讼法第一百八十一条规定:"人民法院对提起公诉的案件进行审查后,对于起诉书中有明确的指控犯罪事实的,应当决定开庭审判。"对于人民检察院提起公诉的案件,人民法院都应当受理。人民法院对提起公诉的案件进行审查后,对于起诉书中有明确的指控犯罪事实并且附有案卷材料、证据的,应当决定开庭审判,不得以上述材料不充足为由而不开庭审判。如果人民检察院移送的材料中缺少上述材料的,人民法院可以通知人民检察院补充材料,人民检察院应当自收到通知之日起三日内补送。

人民法院对提起公诉的案件进行审查的期限计入人民法院的审理期限。

26.人民法院开庭审理公诉案件时,出庭的检察人员和辩护人需要出示、宣读、播放已移交人民法院的证据的,可以申请法庭出示、宣读、播放。

27.刑事诉讼法第三十九条规定:"辩护人认为在侦查、审查起诉期间公安机关、人民检察院收集的证明犯罪嫌疑人、被告人无罪或者罪轻的证据材料未提交的,有权申请人民检察院、人民法院调取。"第一百九十一条第一款规定:"法庭审理过程中,合议庭对证据有疑问的,可以宣布休庭,对证据进行调查核实。"第一百九十二条第一款规定:"法庭审理过程中,当事人和辩护人、诉讼代理人有权申请通知新的证人到庭,调取新的物证,申请重新鉴定或者勘验。”根据上述规定,自案件移送审查起诉之日起,人民检察院可以根据辩护人的申请,向公安机关调取未提交的证明犯罪嫌疑人、被告人无罪或者罪轻的证据材料。在法庭审理过程中,人民法院可以根据辩护人的申请,向人民检察院调取未提交的证明被告人无罪或者罪轻的证据材料,也可以向人民检察院调取需要调查核实的证据材料。公安机关、人民检察院应当自收到要求调取证据材料决定书后三日内移交。

28. 人民法院依法通知证人、鉴定人出庭作证的,应当同时将证人、鉴定人出庭通知书送交控辩双方,控辩双方应当予以配合。

29. 刑事诉讼法第一百八十七条第三款规定:“公诉人、当事人或者辩护人、诉讼代理人对鉴定意见有异议,人民法院认为鉴定人有必要出庭的,鉴定人应当出庭作证。经人民法院通知,鉴定人拒不出庭作证的,鉴定意见不得作为定案的根据。”根据上述规定,依法应当出庭的鉴定人经人民法院通知未出庭作证的,鉴定意见不得作为定案的根据。鉴定人由于不能抗拒的原因或者有其他正当理由无法出庭的,人民法院可以根据案件审理情况决定延期审理。

30. 人民法院审理公诉案件,发现有新的事实,可能影响定罪的,人民检察院可以要求补充起诉或者变更起诉,人民法院可以建议人民检察院补充起诉或者变更起诉。人民法院建议人民检察院补充起诉或者变更起诉的,人民检察院应当在七日以内回复意见。

31. 法庭审理过程中,被告人揭发他人犯罪行为或者提供重要线索,人民检察院认为需要进行查证的,可以建议补充侦查。

32. 刑事诉讼法第二百零三条规定:“人民检察院发现人民法院审理案件违反法律规定的诉讼程序,有权向人民法院提出纠正意见。”人民检察院对违反法定程序的庭审活动提出纠正意见,应当由人民检察院在庭审后提出。

九、执　　行

33. 刑事诉讼法第二百五十四条第五款中规定:“在交付执行前,暂予监外执行由交付执行的人民法院决定”。对于被告人可能被判处拘役、有期徒刑、无期徒刑,符合暂予监外执行条件的,被告人及其辩护人有权向人民法院提出暂予监外执行的申请,看守所可以将有关情况通报人民法院。人民法院应当进行审查,并在交付执行前作出是否暂予监外执行的决定。

34. 刑事诉讼法第二百五十七条第三款规定:"不符合暂予监外执行条件的罪犯通过贿赂等非法手段被暂予监外执行的,在监外执行的期间不计入执行刑期。罪犯在暂予监外执行期间脱逃的,脱逃的期间不计入执行刑期。"对于人民法院决定暂予监外执行的罪犯具有上述情形的,人民法院在决定予以收监的同时,应当确定不计入刑期的期间。对于监狱管理机关或者公安机关决定暂予监外执行的罪犯具有上述情形的,罪犯被收监后,所在监狱或者看守所应当及时向所在地的中级人民法院提出不计入执行刑期的建议书,由人民法院审核裁定。

35. 被决定收监执行的社区矫正人员在逃的,社区矫正机构应当立即通知公安机关,由公安机关负责追捕。

十、涉案财产的处理

36. 对于依照刑法规定应当追缴的违法所得及其他涉案财产,除依法返还被害人的财物以及依法销毁的违禁品外,必须一律上缴国库。查封、扣押的涉案财产,依法不移送的,待人民法院作出生效判决、裁定后,由人民法院通知查封、扣押机关上缴国库,查封、扣押机关应当向人民法院送交执行回单;冻结在金融机构的违法所得及其他涉案财产,待人民法院作出生效判决、裁定后,由人民法院通知有关金融机构上缴国库,有关金融机构应当向人民法院送交执行回单。

对于被扣押、冻结的债券、股票、基金份额等财产,在扣押、冻结期间权利人申请出售,经扣押、冻结机关审查,不损害国家利益、被害人利益,不影响诉讼正常进行的,以及扣押、冻结的汇票、本票、支票的有效期即将届满的,可以在判决生效前依法出售或者变现,所得价款由扣押、冻结机关保管,并及时告知当事人或者其近亲属。

37. 刑事诉讼法第一百四十二条第一款中规定:"人民检察院、公安机关根据侦查犯罪的需要,可以依照规定查询、冻结犯罪嫌疑人的存款、汇款、债券、股票、基金份额等财产。"根据上述规定,人民检察院、公安机关不能扣划存款、汇款、债券、股票、基金份额等财产。对于犯罪嫌疑人、被告人死亡,依照刑法规定应当追缴其违法所得及其他涉案财产的,适用刑事诉讼法第五编第三章规定的程序,由人民检察院向人民法院提出没收违法所得的申请。

38. 犯罪嫌疑人、被告人死亡,现有证据证明存在违法所得及其他涉案财产应当予以没收的,公安机关、人民检察院可以进行调查。公安机关、人民检察院进行调查,可以依法进行查封、扣押、查询、冻结。

人民法院在审理案件过程中,被告人死亡的,应当裁定终止审理;被告人脱逃的,应当裁定中止审理。人民检察院可以依法另行向人民法院提出没收违法所得的申请。

39. 对于人民法院依法作出的没收违法所得的裁定,犯罪嫌疑人、被告人的近亲属和其他利害关系人或者人民检察院可以在五日内提出上诉、抗诉。

十一、其　他

40. 刑事诉讼法第一百四十七条规定:"对犯罪嫌疑人作精神病鉴定的期间不计入办案期限。"根据上述规定,犯罪嫌疑人、被告人在押的案件,除对犯罪嫌疑人、被告人的精神病鉴定期间不计入办案期限外,其他鉴定期间都应当计入办案期限。对于因鉴定时间较长,办案期限届满仍不能终结的案件,自期限届满之日起,应当对被羁押的犯罪嫌疑人、被告人变更强制措施,改为取保候审或者监视居住。

国家安全机关依照法律规定,办理危害国家安全的刑事案件,适用本规定中有关公安机关的规定。

本规定自2013年1月1日起施行。1998年1月19日发布的《最高人民法院、最高人民检察院、公安部、国家安全部、司法部、全国人大常委会法制工作委员会关于刑事诉讼法实施中若干问题的规定》同时废止。

最高人民法院
最高人民检察院
公安部
国家安全部
司法部
全国人大常委会法制工作委员会
2012年12月26日

人民检察院刑事诉讼规则(试行)(上)

(1997年1月15日最高人民检察院第八届检察委员会第六十九次会议通过　1998年12月16日最高人民检察院第九届检察委员会第二十一次会议第一次修订　2012年10月16日最高人民检察院第十一届检察委员会第八十次会议第二次修订)

目　录

第一章　通　　则
第二章　管　　辖
第三章　回　　避
第四章　辩护与代理
第五章　证　　据
第六章　强制措施
　第一节　拘　　传
　第二节　取保候审
　第三节　监视居住
　第四节　拘　　留
　第五节　逮　　捕
　第六节　强制措施解除与变更
第七章　案件受理
第八章　初查和立案
　第一节　初　　查
　第二节　立　　案
第九章　侦　　查
　第一节　一般规定
　第二节　讯问犯罪嫌疑人

第三节　询问证人、被害人
第四节　勘验、检查
第五节　搜　　查
第六节　调取、查封、扣押物证、书证和视听资料、电子数据
第七节　查询、冻结
第八节　鉴　　定
第九节　辨　　认
第十节　技术侦查措施
第十一节　通　　缉
第十二节　侦查终结
第十章　审查逮捕
第一节　一般规定
第二节　审查批准逮捕
第三节　审查决定逮捕
第四节　核准追诉
第十一章　审查起诉
第一节　审　　查
第二节　起　　诉
第三节　不 起 诉
第十二章　出席法庭
第一节　出席第一审法庭
第二节　简易程序
第三节　出席第二审法庭
第四节　出席再审法庭
第十三章　特别程序
第一节　未成年人刑事案件诉讼程序
第二节　当事人和解的公诉案件诉讼程序
第三节　犯罪嫌疑人、被告人逃匿、死亡案件违法所得的没收程序
第四节　依法不负刑事责任的精神病人的强制医疗程序
第十四章　刑事诉讼法律监督
第一节　刑事立案监督

第二节 侦查活动监督
第三节 审判活动监督
第四节 刑事判决、裁定监督
第五节 死刑复核法律监督
第六节 羁押和办案期限监督
第七节 看守所执法活动监督
第八节 刑事判决、裁定执行监督
第九节 强制医疗执行监督
第十五章 案件管理
第十六章 刑事司法协助
第一节 一般规定
第二节 人民检察院提供司法协助
第三节 人民检察院向外国提出司法协助请求
第四节 期限和费用
第十七章 附 则

第一章 通 则

第一条 为保证人民检察院在刑事诉讼中严格依照法定程序办案,正确履行职权,实现惩罚犯罪与保障人权的统一,根据《中华人民共和国刑事诉讼法》、《中华人民共和国人民检察院组织法》和有关法律规定,结合人民检察院工作实际,制定本规则。

第二条 人民检察院在刑事诉讼中的任务,是立案侦查直接受理的案件、批准或者决定逮捕、审查起诉和提起公诉、对刑事诉讼实行法律监督,保证准确、及时地查明犯罪事实,正确应用法律,惩罚犯罪分子,保障无罪的人不受刑事追究,保障国家刑事法律的统一正确实施,维护社会主义法制,尊重和保障人权,保护公民的人身权利、财产权利、民主权利和其他权利,保障社会主义建设事业的顺利进行。

第三条 人民检察院办理刑事案件,应当严格遵守《中华人民共和国刑事诉讼法》规定的各项基本原则和程序以及其他法律的有关规定。

第四条 人民检察院办理刑事案件,由检察人员承办,办案部门负责人审核,检察长或者检察委员会决定。

第五条 人民检察院按照法律规定设置内部机构,在刑事诉讼中实行案件受理、立案侦查、侦查监督、公诉、控告、申诉、监所检察等业务分工,各司其职,互相制约,保证办案质量。

第六条 在刑事诉讼中,最高人民检察院领导地方各级人民检察院和专门人民检察院的工作,上级人民检察院领导下级人民检察院的工作。检察长统一领导检察院的工作。

第七条 在刑事诉讼中,上级人民检察院对下级人民检察院作出的决定,有权予以撤销或者变更;发现下级人民检察院办理的案件有错误的,有权指令下级人民检察院予以纠正。

下级人民检察院对上级人民检察院的决定应当执行,如果认为有错误的,应当在执行的同时向上级人民检察院报告。

第二章 管 辖

第八条 人民检察院立案侦查贪污贿赂犯罪、国家工作人员的渎职犯罪、国家机关工作人员利用职权实施的非法拘禁、刑讯逼供、报复陷害、非法搜查的侵犯公民人身权利的犯罪以及侵犯公民民主权利的犯罪案件。

贪污贿赂犯罪是指刑法分则第八章规定的贪污贿赂犯罪及其他章中明确规定依照第八章相关条文定罪处罚的犯罪案件。

国家工作人员的渎职犯罪是指刑法分则第九章规定的渎职犯罪案件。

国家机关工作人员利用职权实施的侵犯公民人身权利和民主权利的犯罪案件包括:

(一)非法拘禁案(刑法第二百三十八条);

(二)非法搜查案(刑法第二百四十五条);

(三)刑讯逼供案(刑法第二百四十七条);

(四)暴力取证案(刑法第二百四十七条);

(五)虐待被监管人案(刑法第二百四十八条);

(六)报复陷害案(刑法第二百五十四条);

(七)破坏选举案(刑法第二百五十六条)。

第九条 国家机关工作人员利用职权实施的其他重大犯罪案件，需要由人民检察院直接受理的时候，经省级以上人民检察院决定，可以由人民检察院立案侦查。

第十条 对本规则第九条规定的案件，基层人民检察院或者分、州、市人民检察院需要直接立案侦查的，应当层报省级人民检察院决定。分、州、市人民检察院对于基层人民检察院层报省级人民检察院的案件，应当进行审查，提出是否需要立案侦查的意见，报请省级人民检察院决定。

报请省级人民检察院决定立案侦查的案件，应当制作提请批准直接受理书，写明案件情况以及需要由人民检察院立案侦查的理由，并附有关材料。

省级人民检察院应当在收到提请批准直接受理书后的十日以内作出是否立案侦查的决定。省级人民检察院可以决定由下级人民检察院直接立案侦查，也可以决定直接立案侦查。

第十一条 对于根据本规则第九条规定立案侦查的案件，应当根据案件性质，由人民检察院负责侦查的部门进行侦查。

报送案件的具体手续由发现案件线索的业务部门办理。

第十二条 人民检察院侦查直接受理的刑事案件涉及公安机关管辖的刑事案件，应当将属于公安机关管辖的刑事案件移送公安机关。在上述情况中，如果涉嫌主罪属于公安机关管辖，由公安机关为主侦查，人民检察院予以配合；如果涉嫌主罪属于人民检察院管辖，由人民检察院为主侦查，公安机关予以配合。

对于一人犯数罪、共同犯罪、多个犯罪嫌疑人实施的犯罪相互关联，并案处理有利于查明案件事实和诉讼进行的，人民检察院可以对相关犯罪案件并案处理。

第十三条 人民检察院对直接受理的案件实行分级立案侦查的制度。

最高人民检察院立案侦查全国性的重大犯罪案件；省、自治区、直辖市人民检察院立案侦查全省（自治区、直辖市）性的重大犯罪案件；分、州、市人民检察院立案侦查本辖区的重大犯罪案件；基层人民检察院立案侦查本辖区的犯罪案件。

第十四条 上级人民检察院在必要的时候，可以直接立案侦查或者组织、指挥、参与侦查下级人民检察院管辖的案件，也可以将本院管辖的案件指定下级人民检察院立案侦查；下级人民检察院认为案情重大、复杂，需要由上级人民检察院立案侦查的案件,可以请求移送上级人民检察院立案侦查。

第十五条 国家工作人员职务犯罪案件,由犯罪嫌疑人工作单位所在地的人民检察院管辖;如果由其他人民检察院管辖更为适宜的,可以由其他人民检察院管辖。

第十六条 对管辖不明确的案件,可以由有关人民检察院协商确定管辖。对管辖有争议的或者情况特殊的案件,由共同的上级人民检察院指定管辖。

第十七条 几个人民检察院都有权管辖的案件,由最初受理的人民检察院管辖。必要时,可以由主要犯罪地的人民检察院管辖。

第十八条 上级人民检察院可以指定下级人民检察院立案侦查管辖不明或者需要改变管辖的案件。

人民检察院在立案侦查中指定异地管辖,需要在异地起诉、审判的,应当在移送审查起诉前与人民法院协商指定管辖的相关事宜。

分、州、市人民检察院办理直接立案侦查的案件,需要将属于本院管辖的案件指定下级人民检察院管辖的,应当报请上一级人民检察院批准。

第十九条 军事检察院、铁路运输检察院等专门人民检察院的管辖以及军队、武装警察与地方互涉刑事案件的管辖,按照有关规定执行。

第三章 回　避

第二十条 检察人员在受理举报和办理案件过程中,发现有刑事诉讼法第二十八条或者第二十九条规定的情形之一的,应当自行提出回避;没有自行提出回避的,人民检察院应当按照本规则第二十四条的规定决定其回避,当事人及其法定代理人有权要求其回避。

第二十一条 检察人员自行回避的,可以口头或者书面提出,并说明理由。口头提出申请的,应当记录在案。

第二十二条 人民检察院应当告知当事人及其法定代理人有依法申请回避的权利,并告知办理相关案件检察人员、书记员等的姓名、职务等有关情况。

第二十三条 当事人及其法定代理人的回避要求,应当书面或者口头向人民检察院提出,并说明理由;根据刑事诉讼法第二十九条的规定提出回避申请的,应当提供有关证明材料。人民检察院经过审查或者调查,符合回避条件的,应当作出回避决定;不符合回避条件的,应当驳回申请。

第二十四条　检察长的回避,由检察委员会讨论决定。检察委员会讨论检察长回避问题时,由副检察长主持,检察长不得参加。其他检察人员的回避,由检察长决定。

第二十五条　当事人及其法定代理人要求公安机关负责人回避,应当向公安机关同级的人民检察院提出,由检察长提交检察委员会讨论决定。

第二十六条　应当回避的人员,本人没有自行回避,当事人及其法定代理人也没有申请其回避的,检察长或者检察委员会应当决定其回避。

第二十七条　人民检察院作出驳回申请回避的决定后,应当告知当事人及其法定代理人如不服本决定,有权在收到驳回申请回避的决定书后五日以内向原决定机关申请复议一次。

第二十八条　当事人及其法定代理人对驳回申请回避的决定不服申请复议的,决定机关应当在三日以内作出复议决定并书面通知申请人。

第二十九条　人民检察院直接受理案件的侦查人员或者进行补充侦查的人员在回避决定作出以前或者复议期间,不得停止对案件的侦查。

第三十条　参加过本案侦查的侦查人员,不得承办本案的审查逮捕、起诉和诉讼监督工作。

第三十一条　因符合刑事诉讼法第二十八条或者第二十九条规定的情形之一而回避的检察人员,在回避决定作出以前所取得的证据和进行的诉讼行为是否有效,由检察委员会或者检察长根据案件具体情况决定。

第三十二条　本章所称检察人员,包括人民检察院检察长、副检察长、检察委员会委员、检察员和助理检察员。

第三十三条　本规则关于回避的规定,适用于书记员、司法警察和人民检察院聘请或者指派的翻译人员、鉴定人。

书记员、司法警察和人民检察院聘请或者指派的翻译人员、鉴定人的回避由检察长决定。

辩护人、诉讼代理人可以依照刑事诉讼法及本规则关于回避的规定要求回避、申请复议。

第四章　辩护与代理

第三十四条　人民检察院在办案过程中,应当依法保障犯罪嫌疑人行使辩护权利。

第三十五条 辩护人、诉讼代理人向人民检察院提出有关申请、要求或者提交有关书面材料的,案件管理部门应当接收并及时移送相关办案部门或者与相关办案部门协调、联系,具体业务由办案部门负责办理,本规则另有规定的除外。

第三十六条 人民检察院侦查部门在第一次开始讯问犯罪嫌疑人或者对其采取强制措施的时候,应当告知犯罪嫌疑人有权委托辩护人,并告知其如果经济困难或者其他原因没有聘请辩护人的,可以申请法律援助。对于属于刑事诉讼法第三十四条规定情形的,应当告知犯罪嫌疑人有权获得法律援助。

人民检察院自收到移送审查起诉的案件材料之日起三日以内,公诉部门应当告知犯罪嫌疑人有权委托辩护人,并告知其如果经济困难或者其他原因没有聘请辩护人的,可以申请法律援助。对于属于刑事诉讼法第三十四条规定情形的,应当告知犯罪嫌疑人有权获得法律援助。

告知可以采取口头或者书面方式。口头告知的,应当记入笔录,由被告知人签名;书面告知的,应当将送达回执入卷。

第三十七条 人民检察院办理直接受理立案侦查案件、审查逮捕案件和审查起诉案件,在押或者被指定居所监视居住的犯罪嫌疑人提出委托辩护人要求的,侦查部门、侦查监督部门和公诉部门应当及时向其监护人、近亲属或者其指定的人员转达其要求,并记录在案。

第三十八条 在侦查期间,犯罪嫌疑人只能委托律师作为辩护人。在审查起诉期间,犯罪嫌疑人可以委托律师作为辩护人,也可以委托人民团体或者所在单位推荐的人以及监护人、亲友作为辩护人。但下列人员不得被委托担任辩护人:

(一)人民法院、人民检察院、公安机关、国家安全机关、监狱的现职人员;

(二)人民陪审员;

(三)外国人或者无国籍人;

(四)与本案有利害关系的人;

(五)依法被剥夺、限制人身自由的人;

(六)处于缓刑、假释考验期间或者刑罚尚未执行完毕的人;

(七)无行为能力或者限制行为能力的人。

一名辩护人不得为两名以上的同案犯罪嫌疑人辩护,不得为两名以上的未同案处理但实施的犯罪相互关联的犯罪嫌疑人辩护。

本条第一款第一至四项规定的人员,如果是犯罪嫌疑人的近亲属或者监护人,并且不属于第一款第五至七项情形的,犯罪嫌疑人可以委托其担任辩护人。

第三十九条 审判人员、检察人员从人民法院、人民检察院离任后二年以内,不得以律师身份担任辩护人。

检察人员从人民检察院离任后,不得担任原任职检察院办理案件的辩护人。但作为犯罪嫌疑人的监护人、近亲属进行辩护的除外。

检察人员的配偶、子女不得担任该检察人员所任职检察院办理案件的辩护人。

第四十条 一名犯罪嫌疑人可以委托一至二人作为辩护人。

律师担任诉讼代理人的,不得同时接受同一案件二名以上被害人的委托,参与刑事诉讼活动。

第四十一条 人民检察院办理直接受理立案侦查案件和审查起诉案件,发现犯罪嫌疑人是盲、聋、哑人或者是尚未完全丧失辨认或者控制自己行为能力的精神病人,或者可能被判处无期徒刑、死刑,没有委托辩护人的,应当及时书面通知法律援助机构指派律师为其提供辩护。

第四十二条 人民检察院收到在押或者被指定居所监视居住的犯罪嫌疑人提出的法律援助申请,应当在三日以内将其申请材料转交法律援助机构,并通知犯罪嫌疑人的监护人、近亲属或者其委托的其他人员协助提供有关证件、证明等相关材料。

第四十三条 犯罪嫌疑人拒绝法律援助机构指派的律师作为辩护人的,人民检察院应当查明拒绝的原因,有正当理由的,予以准许,但犯罪嫌疑人需另行委托辩护人;犯罪嫌疑人未另行委托辩护人的,应当书面通知法律援助机构另行指派律师为其提供辩护。

第四十四条 辩护人接受委托后告知人民检察院或者法律援助机构指派律师后通知人民检察院的,人民检察院案件管理部门应当及时登记辩护人的相关信息,并将有关情况和材料及时通知、移交相关办案部门。

人民检察院案件管理部门对办理业务的辩护人,应当查验其律师执业证书、律师事务所证明和授权委托书或者法律援助公函。对其他辩护人、诉讼代理人,应当查验其身份证明和授权委托书。

第四十五条 对于特别重大贿赂犯罪案件,犯罪嫌疑人被羁押或者监视居住的,人民检察院侦查部门应当在将犯罪嫌疑人送交看守所或者送交公安机关执行时书面通知看守所或者公安机关,在侦查期间辩护律师会见犯罪嫌疑人的,应当经人民检察院许可。

有下列情形之一的,属于特别重大贿赂犯罪:

(1)涉嫌贿赂犯罪数额在五十万元以上,犯罪情节恶劣的;

(2)有重大社会影响的;

(三)涉及国家重大利益的。

第四十六条 对于特别重大贿赂犯罪案件,辩护律师在侦查期间提出会见在押或者被监视居住的犯罪嫌疑人的,人民检察院侦查部门应当提出是否许可的意见,在三日以内报检察长决定并答复辩护律师。

人民检察院办理特别重大贿赂犯罪案件,在有碍侦查的情形消失后,应当通知看守所或者执行监视居住的公安机关和辩护律师,辩护律师可以不经许可会见犯罪嫌疑人。

对于特别重大贿赂犯罪案件,人民检察院在侦查终结前应当许可辩护律师会见犯罪嫌疑人。

第四十七条 自案件移送审查起诉之日起,人民检察院应当允许辩护律师查阅、摘抄、复制本案的案卷材料。

案卷材料包括案件的诉讼文书和证据材料。

第四十八条 自案件移送审查起诉之日起,律师以外的辩护人向人民检察院申请查阅、摘抄、复制本案的案卷材料或者申请同在押、被监视居住的犯罪嫌疑人会见和通信的,人民检察院公诉部门应当对申请人是否具备辩护人资格进行审查并提出是否许可的意见,在三日以内报检察长决定并书面通知申请人。

人民检察院许可律师以外的辩护人同在押或者被监视居住的犯罪嫌疑人通信的,可以要求看守所或者公安机关将书信送交人民检察院进行检查。

对于律师以外的辩护人申请查阅、摘抄、复制案卷材料或者申请同在押、被监视居住的犯罪嫌疑人会见和通信,具有下列情形之一的,人民检察院可以不予许可:

（一）同案犯罪嫌疑人在逃的；

（二）案件事实不清，证据不足，或者遗漏罪行、遗漏同案犯罪嫌疑人需要补充侦查的；

（三）涉及国家秘密或者商业秘密的；

（四）有事实表明存在串供、毁灭、伪造证据或者危害证人人身安全可能的。

第四十九条　辩护律师或者经过许可的其他辩护人到人民检察院查阅、摘抄、复制本案的案卷材料，由案件管理部门及时安排，由公诉部门提供案卷材料。因公诉部门工作等原因无法及时安排的，应当向辩护人说明，并安排辩护人自即日起三个工作日以内阅卷，公诉部门应当予以配合。

查阅、摘抄、复制案卷材料，应当在人民检察院设置的专门场所进行。必要时，人民检察院可以派员在场协助。

辩护人复制案卷材料可以采取复印、拍照等方式，人民检察院只收取必需的工本费用。对于承办法律援助案件的辩护律师复制必要的案卷材料的费用，人民检察院应当根据具体情况予以减收或者免收。

第五十条　案件移送审查逮捕或者审查起诉后，辩护人认为在侦查期间公安机关收集的证明犯罪嫌疑人无罪或者罪轻的证据材料未提交，申请人民检察院向公安机关调取的，人民检察院案件管理部门应当及时将申请材料送侦查监督部门或者公诉部门办理。经审查，认为辩护人申请调取的证据已收集并且与案件事实有联系的，应当予以调取；认为辩护人申请调取的证据未收集或者与案件事实没有联系的，应当决定不予调取并向辩护人说明理由。公安机关移送相关证据材料的，人民检察院应当在三日以内告知辩护人。

人民检察院办理直接立案侦查的案件，按照本条规定办理。

第五十一条　在人民检察院侦查、审查逮捕、审查起诉过程中，辩护人收集到有关犯罪嫌疑人不在犯罪现场、未达到刑事责任年龄、属于依法不负刑事责任的精神病人的证据，告知人民检察院的，人民检察院相关办案部门应当及时进行审查。

第五十二条　案件移送审查起诉后，辩护律师依据刑事诉讼法第四十一条第一款的规定申请人民检察院收集、调取证据的，人民检察院案件管理部门应当及时将申请材料移送公诉部门办理。

人民检察院认为需要收集、调取证据的，应当决定收集、调取并制作笔录附卷;决定不予收集、调取的,应当书面说明理由。

人民检察院根据辩护律师的申请收集、调取证据时,辩护律师可以在场。

第五十三条 辩护律师向被害人或者其近亲属、被害人提供的证人收集与本案有关的材料,向人民检察院提出申请的,参照本规则第五十二条第一款的规定办理,人民检察院应当在七日以内作出是否许可的决定,通知辩护律师。人民检察院没有许可的,应当书面说明理由。

第五十四条 在人民检察院侦查、审查逮捕、审查起诉过程中,辩护人提出要求听取其意见的,案件管理部门应当及时联系侦查部门、侦查监督部门或者公诉部门对听取意见作出安排。辩护人提出书面意见的,案件管理部门应当及时移送侦查部门、侦查监督部门或者公诉部门。

第五十五条 人民检察院自收到移送审查起诉的案件材料之日起三日以内,应当告知被害人及其法定代理人或者其近亲属、附带民事诉讼的当事人及其法定代理人有权委托诉讼代理人。

告知可以采取口头或者书面方式。口头告知的,应当制作笔录,由被告知人签名;书面告知的,应当将送达回执入卷;无法告知的,应当记录在案。

被害人有法定代理人的,应当告知其法定代理人;没有法定代理人的,应当告知其近亲属。

法定代理人或者近亲属为二人以上的,可以只告知其中一人,告知时应当按照刑事诉讼法第一百零六条第三项、第六项列举的顺序择先进行。

当事人及其法定代理人、近亲属委托诉讼代理人的,参照刑事诉讼法第三十二条和本规则第三十八条、第三十九条、第四十四条的规定执行。

第五十六条 经人民检察院许可,诉讼代理人查阅、摘抄、复制本案的案卷材料的,参照本规则第四十七条至第四十九条的规定办理。

律师担任诉讼代理人,需要申请人民检察院收集、调取证据的,参照本规则第五十二条的规定办理。

第五十七条 辩护人、诉讼代理人认为公安机关、人民检察院、人民法院及其工作人员具有下列阻碍其依法行使诉讼权利的行为之一的,可以向同级或者上一级人民检察院申诉或者控告,控告检察部门应当接受并依法办理,相关办案部门应当予以配合:

(一)对辩护人、诉讼代理人提出的回避要求不予受理或者对不予回避决定不服的复议申请不予受理的;

(二)未依法告知犯罪嫌疑人、被告人有权委托辩护人的;

(三)未转达在押的或者被监视居住的犯罪嫌疑人、被告人委托辩护人的要求的;

(四)应当通知而不通知法律援助机构为符合条件的犯罪嫌疑人、被告人或者被申请强制医疗的人指派律师提供辩护或者法律援助的;

(五)在规定时间内不受理、不答复辩护人提出的变更强制措施申请或者解除强制措施要求的;

(六)未依法告知辩护律师犯罪嫌疑人涉嫌的罪名和案件有关情况的;

(七)违法限制辩护律师同在押、被监视居住的犯罪嫌疑人、被告人会见和通信的;

(八)违法不允许辩护律师查阅、摘抄、复制本案的案卷材料的;

(九)违法限制辩护律师收集、核实有关证据材料的;

(十)没有正当理由不同意辩护律师提出的收集、调取证据或者通知证人出庭作证的申请,或者不答复、不说明理由的;

(十一)未依法提交证明犯罪嫌疑人、被告人无罪或者罪轻的证据材料的;

(十二)未依法听取辩护人、诉讼代理人的意见的;

(十三)未依法将开庭的时间、地点及时通知辩护人、诉讼代理人的;

(十四)未依法向辩护人、诉讼代理人及时送达本案的法律文书或者及时告知案件移送情况的;

(十五)阻碍辩护人、诉讼代理人在法庭审理过程中依法行使诉讼权利的;

(十六)其他阻碍辩护人、诉讼代理人依法行使诉讼权利的。

辩护人、诉讼代理人认为看守所及其工作人员有阻碍其依法行使诉讼权利的行为,向人民检察院申诉或者控告的,监所检察部门应当接收并依法办理;控告检察部门收到申诉或者控告的,应当及时移送监所检察部门办理。

第五十八条　辩护人、诉讼代理人认为其依法行使诉讼权利受到阻碍向人民检察院申诉或者控告的,人民检察院应当在受理后十日以内进行审查,情况属实的,经检察长决定,通知有关机关或者本院有关部门、下级人民检察院予以纠正,并将处理情况书面答复提出申诉或者控告的辩护人、诉讼代理人。

第五十九条 辩护律师告知人民检察院其委托人或者其他人员准备实施、正在实施危害国家安全、公共安全以及严重危及他人人身安全犯罪的,人民检察院应当接受并立即移送有关机关依法处理。

人民检察院应当为反映有关情况的辩护律师保密。

第六十条 人民检察院发现辩护人有帮助犯罪嫌疑人、被告人隐匿、毁灭、伪造证据或者串供,或者威胁、引诱证人作伪证以及其他干扰司法机关诉讼活动的行为,可能涉嫌犯罪的,经检察长批准,应当按照下列规定办理:

(一)涉嫌犯罪属于公安机关管辖的,应当将辩护人涉嫌犯罪的线索或者证据材料移送同级公安机关按照有关规定处理;

(二)涉嫌犯罪属于人民检察院管辖的,应当报请上一级人民检察院立案侦查或者由上一级人民检察院指定其他人民检察院立案侦查。上一级人民检察院不得指定办理辩护人所承办案件的人民检察院的下级人民检察院立案侦查。

辩护人是律师的,被指定管辖的人民检察院应当在立案侦查的同时书面通知其所在的律师事务所或者所属的律师协会。

第五章 证 据

第六十一条 人民检察院在立案侦查、审查逮捕、审查起诉等办案活动中认定案件事实,应当以证据为根据。

公诉案件中被告人有罪的举证责任由人民检察院承担。人民检察院在提起公诉指控犯罪时,应当提出确实、充分的证据,并运用证据加以证明。

人民检察院提起公诉,应当遵循客观公正原则,对被告人有罪、罪重、罪轻的证据都应当向人民法院提出。

第六十二条 证据的审查认定,应当结合案件的具体情况,从证据与待证事实的关联程度、各证据之间的联系、是否依照法定程序收集等方面进行综合审查判断。

第六十三条 人民检察院侦查终结或者提起公诉的案件,证据应当确实、充分。证据确实、充分,应当符合以下条件:

(一)定罪量刑的事实都有证据证明;

(二)据以定案的证据均经法定程序查证属实;

（三）综合全案证据，对所认定事实已排除合理怀疑。

第六十四条　行政机关在行政执法和查办案件过程中收集的物证、书证、视听资料、电子数据等证据材料，应当以该机关的名义移送，经人民检察院审查符合法定要求的，可以作为证据使用。

行政机关在行政执法和查办案件过程中收集的鉴定意见、勘验、检查笔录，经人民检察院审查符合法定要求的，可以作为证据使用。

人民检察院办理直接受理立案侦查的案件，对于有关机关在行政执法和查办案件过程中收集的涉案人员供述或者相关人员的证言、陈述，应当重新收集；确有证据证实涉案人员或者相关人员因路途遥远、死亡、失踪或者丧失作证能力，无法重新收集，但供述、证言或者陈述的来源、收集程序合法，并有其他证据相印证，经人民检察院审查符合法定要求的，可以作为证据使用。

根据法律、法规赋予的职责查处行政违法、违纪案件的组织属于本条规定的行政机关。

第六十五条　对采用刑讯逼供等非法方法收集的犯罪嫌疑人供述和采用暴力、威胁等非法方法收集的证人证言、被害人陈述，应当依法排除，不得作为报请逮捕、批准或者决定逮捕、移送审查起诉以及提起公诉的依据。

刑讯逼供是指使用肉刑或者变相使用肉刑，使犯罪嫌疑人在肉体或者精神上遭受剧烈疼痛或者痛苦以逼取供述的行为。

其他非法方法是指违法程度和对犯罪嫌疑人的强迫程度与刑讯逼供或者暴力、威胁相当而迫使其违背意愿供述的方法。

第六十六条　收集物证、书证不符合法定程序，可能严重影响司法公正的，人民检察院应当及时要求侦查机关补正或者作出书面解释；不能补正或者无法作出合理解释的，对该证据应当予以排除。

对侦查机关的补正或者解释，人民检察院应当予以审查。经侦查机关补正或者作出合理解释的，可以作为批准或者决定逮捕、提起公诉的依据。

本条第一款中的可能严重影响司法公正是指收集物证、书证不符合法定程序的行为明显违法或者情节严重，可能对司法机关办理案件的公正性造成严重损害；补正是指对取证程序上的非实质性瑕疵进行补救；合理解释是指对取证程序的瑕疵作出符合常理及逻辑的解释。

第六十七条　人民检察院经审查发现存在刑事诉讼法第五十四条规定的非法取证行为，依法对该证据予以排除后，其他证据不能证明犯罪嫌疑人实施犯罪行为的,应当不批准或者决定逮捕,已经移送审查起诉的,可以将案件退回侦查机关补充侦查或者作出不起诉决定。

第六十八条 在侦查、审查起诉和审判阶段,人民检察院发现侦查人员以非法方法收集证据的,应当报经检察长批准,及时进行调查核实。

当事人及其辩护人、诉讼代理人报案、控告、举报侦查人员采用刑讯逼供等非法方法收集证据并提供涉嫌非法取证的人员、时间、地点、方式和内容等材料或者线索的,人民检察院应当受理并进行审查,对于根据现有材料无法证明证据收集合法性的,应当报经检察长批准,及时进行调查核实。

上一级人民检察院接到对侦查人员采用刑讯逼供等非法方法收集证据的报案、控告、举报的,可以直接进行调查核实,也可以交由下级人民检察院调查核实。交由下级人民检察院调查核实的,下级人民检察院应当及时将调查结果报告上一级人民检察院。

人民检察院决定调查核实的,应当及时通知办案机关。

第六十九条 对于非法证据的调查核实,在侦查阶段由侦查监督部门负责;在审查起诉、审判阶段由公诉部门负责。必要时,渎职侵权检察部门可以派员参加。

第七十条 人民检察院可以采取以下方式对非法取证行为进行调查核实:

(1)讯问犯罪嫌疑人;

(2)询问办案人员;

(3)询问在场人员及证人;

(4)听取辩护律师意见;

(5)调取讯问笔录、讯问录音、录像;

(6)调取、查询犯罪嫌疑人出入看守所的身体检查记录及相关材料;

(七)进行伤情、病情检查或者鉴定;

(八)其他调查核实方式。

第七十一条 人民检察院调查完毕后,应当制作调查报告,根据查明的情况提出处理意见,报请检察长决定后依法处理。

办案人员在审查逮捕、审查起诉中经调查核实依法排除非法证据的,应当在调查报告中予以说明。被排除的非法证据应当随案移送。

对于确有以非法方法收集证据情形,尚未构成犯罪的,应当依法向被调查人所在机关提出纠正意见。对于需要补正或者作出合理解释的,应当提出明确要求。

经审查,认为非法取证行为构成犯罪需要追究刑事责任的,应当依法移送立案侦查。

第七十二条 人民检察院认为存在以非法方法收集证据情形的,可以书面要求侦查机关对证据收集的合法性进行说明。说明应当加盖单位公章,并由侦查人员签名。

第七十三条 对于公安机关立案侦查的案件,存在下列情形之一的,人民检察院在审查逮捕、审查起诉和审判阶段,可以调取公安机关讯问犯罪嫌疑人的录音、录像,对证据收集的合法性以及犯罪嫌疑人、被告人供述的真实性进行审查:

(一)认为讯问活动可能存在刑讯逼供等非法取证行为的;

(二)犯罪嫌疑人、被告人或者辩护人提出犯罪嫌疑人、被告人供述系非法取得,并提供相关线索或者材料的;

(三)犯罪嫌疑人、被告人对讯问活动合法性提出异议或者翻供,并提供相关线索或者材料的;

(四)案情重大、疑难、复杂的。

人民检察院直接受理立案侦查的案件,侦查部门移送审查逮捕、审查起诉时,应当将讯问录音、录像连同案卷材料一并移送审查。

第七十四条 对于提起公诉的案件,被告人及其辩护人提出审前供述系非法取得,并提供相关线索或者材料的,人民检察院可以将讯问录音、录像连同案卷材料一并移送人民法院。

第七十五条 在法庭审理过程中,被告人或者辩护人对讯问活动合法性提出异议,公诉人可以要求被告人及其辩护人提供相关线索或者材料。必要时,公诉人可以提请法庭当庭播放相关时段的讯问录音、录像,对有关异议或者事实进行质证。

需要播放的讯问录音、录像中涉及国家秘密、商业秘密、个人隐私或者含有其他不宜公开的内容的,公诉人应当建议在法庭组成人员、公诉人、侦查人员、被告人及其辩护人范围内播放。因涉及国家秘密、商业秘密、个人隐私或者其他犯罪线索等内容,人民检察院对讯问录音、录像的相关内容作技术处理的,公诉人应当向法庭作出说明。

第七十六条 对于危害国家安全犯罪、恐怖活动犯罪、黑社会性质的组织犯罪、毒品犯罪等案件,人民检察院在办理案件过程中,证人、鉴定人、被害人因在诉讼中作证,本人或者其近亲属人身安全面临危险,向人民检察院请求保护的,人民检察院应当受理并及时进行审查,对于确实存在人身安全危险的,应当立即采取必要的保护措施。人民检察院发现存在上述情形的,可以主动采取保护措施。

人民检察院可以采取以下一项或者多项保护措施:

(一)不公开真实姓名、住址和工作单位等个人信息;

(二)建议法庭采取不暴露外貌、真实声音等出庭作证措施;

(三)禁止特定的人员接触证人、鉴定人、被害人及其近亲属;

(四)对人身和住宅采取专门性保护措施;

(五)其他必要的保护措施。

人民检察院依法决定不公开证人、鉴定人、被害人的真实姓名、住址和工作单位等个人信息的,可以在起诉书、询问笔录等法律文书、证据材料中使用化名代替证人、鉴定人、被害人的个人信息。但是应当另行书面说明使用化名的情况并标明密级。

人民检察院依法采取保护措施,可以要求有关单位和个人予以配合。

对证人及其近亲属进行威胁、侮辱、殴打或者打击报复,构成犯罪或者应当给予治安管理处罚的,人民检察院应当移送公安机关处理;情节轻微的,予以批评教育、训诫。

第七十七条 证人在人民检察院侦查、审查起诉阶段因履行作证义务而支出的交通、住宿、就餐等费用,人民检察院应当给予补助。

第六章 强制措施

第一节 拘 传

第七十八条 人民检察院根据案件情况,对犯罪嫌疑人可以拘传。

拘传应当经检察长批准,签发拘传证。

第七十九条 拘传时,应当向被拘传的犯罪嫌疑人出示拘传证。对抗拒拘传的,可以使用械具,强制到案。

执行拘传的人员不得少于二人。

第八十条 拘传持续的时间从犯罪嫌疑人到案时开始计算。犯罪嫌疑人到案后,应当责令其在拘传证上填写到案时间,并在拘传证上签名、捺指印或者盖章,然后立即讯问。讯问结束后,应当责令犯罪嫌疑人在拘传证上填写讯问结束时间。犯罪嫌疑人拒绝填写的,检察人员应当在拘传证上注明。

一次拘传持续的时间不得超过十二小时;案情特别重大、复杂,需要采取拘留、逮捕措施的,拘传持续的时间不得超过二十四小时。两次拘传间隔的时间一般不得少于十二小时,不得以连续拘传的方式变相拘禁犯罪嫌疑人。

拘传犯罪嫌疑人,应当保证犯罪嫌疑人的饮食和必要的休息时间。

第八十一条 人民检察院拘传犯罪嫌疑人,应当在犯罪嫌疑人所在市、县内的地点进行。

犯罪嫌疑人的工作单位与居住地不在同一市、县的,拘传应当在犯罪嫌疑人的工作单位所在的市、县进行;特殊情况下,也可以在犯罪嫌疑人居住地所在的市、县内进行。

第八十二条 需要对被拘传的犯罪嫌疑人变更强制措施的,应当经检察长或者检察委员会决定,在拘传期限内办理变更手续。

在拘传期间内决定不采取其他强制措施的,拘传期限届满,应当结束拘传。

第二节 取保候审

第八十三条 人民检察院对于有下列情形之一的犯罪嫌疑人,可以取保候审:

(一)可能判处管制、拘役或者独立适用附加刑的;

(二)可能判处有期徒刑以上刑罚,采取取保候审不致发生社会危险性的;

(三)患有严重疾病、生活不能自理,怀孕或者正在哺乳自己婴儿的妇女,采取取保候审不致发生社会危险性的;

(四)犯罪嫌疑人羁押期限届满,案件尚未办结,需要取保候审的。

第八十四条 人民检察院对于严重危害社会治安的犯罪嫌疑人,以及其他犯罪性质恶劣、情节严重的犯罪嫌疑人不得取保候审。

第八十五条 被羁押或者监视居住的犯罪嫌疑人及其法定代理人、近亲属或者辩护人申请取保候审,经审查具有本规则第八十三条规定情形之一的,经检察长决定,可以对犯罪嫌疑人取保候审。

第八十六条 被羁押或者监视居住的犯罪嫌疑人及其法定代理人、近亲属或者辩护人向人民检察院申请取保候审,人民检察院应当在三日以内作出是否同意的答复。经审查符合本规则第八十三条规定情形之一的,对被羁押的犯罪嫌疑人依法办理取保候审手续;经审查不符合取保候审条件的,应当告知申请人,并说明不同意取保候审的理由。

第八十七条 人民检察院决定对犯罪嫌疑人取保候审,应当责令犯罪嫌疑人提出保证人或者交纳保证金。

对同一犯罪嫌疑人决定取保候审,不得同时使用保证人保证和保证金保证方式。

对符合取保候审条件,具有下列情形之一的犯罪嫌疑人,人民检察院决定取保候审时,可以责令其提供一至二名保证人:

(一)无力交纳保证金的;

(二)系未成年人或者已满七十五周岁的人;

(三)其他不宜收取保证金的。

第八十八条 采取保证人担保方式的,保证人应当符合刑事诉讼法第六十七条规定的条件,并经人民检察院审查同意。

第八十九条 人民检察院应当告知保证人履行以下义务:

(一)监督被保证人遵守刑事诉讼法第六十九条的规定;

(二)发现被保证人可能发生或者已经发生违反刑事诉讼法第六十九条规定的行为的,及时向执行机关报告。

保证人保证承担上述义务后,应当在取保候审保证书上签名或者盖章。

第九十条 采取保证金担保方式的,人民检察院可以根据犯罪嫌疑人的社会危险性,案件的性质、情节、危害后果,可能判处刑罚的轻重,犯罪嫌疑人的经济状况等,责令犯罪嫌疑人交纳一千元以上的保证金,对于未成年犯罪嫌疑人可以责令交纳五百元以上的保证金。

第九十一条 对犯罪嫌疑人取保候审,应当由办案人员提出意见,部门负责人审核,检察长决定。

第九十二条 人民检察院决定对犯罪嫌疑人取保候审的,应当制作取保候审决定书,载明取保候审的期间、担保方式、被取保候审人应当履行的义务和应当遵守的规定。

人民检察院作出取保候审决定时，可以根据犯罪嫌疑人涉嫌犯罪性质、危害后果、社会影响，犯罪嫌疑人、被害人的具体情况等，有针对性地责令其遵守以下一项或者多项规定：

（一）不得进入特定的场所；

（二）不得与特定的人员会见或者通信；

（三）不得从事特定的活动；

（四）将护照等出入境证件、驾驶证件交执行机关保存。

第九十三条　人民检察院应当向取保候审的犯罪嫌疑人宣读取保候审决定书，由犯罪嫌疑人签名、捺指印或者盖章，并责令犯罪嫌疑人遵守刑事诉讼法第六十九条的规定，告知其违反规定应负的法律责任；以保证金方式担保的，应当同时告知犯罪嫌疑人一次性将保证金存入公安机关指定银行的专门账户。

第九十四条　向犯罪嫌疑人宣布取保候审决定后，人民检察院应当将执行取保候审通知书送达公安机关执行，并告知公安机关在执行期间拟批准犯罪嫌疑人离开所居住的市、县的，应当征得人民检察院同意。以保证人方式担保的，应当将取保候审保证书同时送达公安机关。

人民检察院核实保证金已经交纳到公安机关指定银行的凭证后，应当将银行出具的凭证及其他有关材料与执行取保候审通知书一并送交公安机关。

第九十五条　采取保证人保证方式的，如果保证人在取保候审期间不愿继续担保或者丧失担保条件的，人民检察院应当在收到保证人不愿继续担保的申请或者发现其丧失担保条件后的三日以内，责令犯罪嫌疑人重新提出保证人或者交纳保证金，并将变更情况通知公安机关。

第九十六条　采取保证金担保方式的，被取保候审人拒绝交纳保证金或者交纳保证金不足决定数额时，人民检察院应当作出变更取保候审措施、变更保证方式或者变更保证金数额的决定，并将变更情况通知公安机关。

第九十七条　公安机关在执行取保候审期间向人民检察院征询是否同意批准犯罪嫌疑人离开所居住的市、县时，人民检察院应当根据案件的具体情况及时作出决定，并通知公安机关。

第九十八条　人民检察院发现保证人没有履行刑事诉讼法第六十八条规定的义务，应当通知公安机关，要求公安机关对保证人作出罚款决定。构成犯罪的，依法追究保证人的刑事责任。

第九十九条 人民检察院发现犯罪嫌疑人违反刑事诉讼法第六十九条的规定,已交纳保证金的,应当书面通知公安机关没收部分或者全部保证金,并且根据案件的具体情况,责令犯罪嫌疑人具结悔过,重新交纳保证金、提出保证人或者决定监视居住、予以逮捕。

公安机关发现犯罪嫌疑人违反刑事诉讼法第六十九条的规定,提出没收保证金或者变更强制措施意见的,人民检察院应当在收到意见后五日以内作出决定,并通知公安机关。

重新交纳保证金的程序适用本规则第九十条、第九十一条的规定;提出保证人的程序适用本规则第八十八条、第八十九条的规定。对犯罪嫌疑人继续取保候审的,取保候审的时间应当累计计算。

对犯罪嫌疑人决定监视居住的,应当办理监视居住手续,监视居住的期限应当重新计算并告知犯罪嫌疑人。

第一百条 犯罪嫌疑人有下列违反取保候审规定的行为,人民检察院应当对犯罪嫌疑人予以逮捕:

(一)故意实施新的犯罪的;

(二)企图自杀、逃跑,逃避侦查、审查起诉的;

(三)实施毁灭、伪造证据,串供或者干扰证人作证,足以影响侦查、审查起诉工作正常进行的;

(四)对被害人、证人、举报人、控告人及其他人员实施打击报复的。

犯罪嫌疑人有下列违反取保候审规定的行为,人民检察院可以对犯罪嫌疑人予以逮捕:

(一)未经批准,擅自离开所居住的市、县,造成严重后果,或者两次未经批准,擅自离开所居住的市、县的;

(二)经传讯不到案,造成严重后果,或者经两次传讯不到案的;

(三)住址、工作单位和联系方式发生变动,未在二十四小时以内向公安机关报告,造成严重后果的;

(四)违反规定进入特定场所、与特定人员会见或者通信、从事特定活动,严重妨碍诉讼程序正常进行的。

需要对上述犯罪嫌疑人予以逮捕的,可以先行拘留;已交纳保证金的,同时书面通知公安机关没收保证金。

第一百零一条 人民检察院决定对犯罪嫌疑人取保候审,最长不得超过十二个月。

第一百零二条　公安机关决定对犯罪嫌疑人取保候审，案件移送人民检察院审查起诉后，对于需要继续取保候审的，人民检察院应当依法重新作出取保候审决定，并对犯罪嫌疑人办理取保候审手续。取保候审的期限应当重新计算并告知犯罪嫌疑人。对继续采取保证金方式取保候审的，被取保候审人没有违反刑事诉讼法第六十九条规定的，不变更保证金数额，不再重新收取保证金。

第一百零三条　在取保候审期间，不得中断对案件的侦查、审查起诉。

第一百零四条　取保候审期限届满或者发现不应当追究犯罪嫌疑人的刑事责任的，应当及时解除或者撤销取保候审。

第一百零五条　解除或者撤销取保候审，应当由办案人员提出意见，部门负责人审核，检察长决定。

第一百零六条　解除或者撤销取保候审的决定，应当及时通知执行机关，并将解除或者撤销取保候审的决定书送达犯罪嫌疑人；有保证人的，应当通知保证人解除保证义务。

第一百零七条　犯罪嫌疑人在取保候审期间没有违反刑事诉讼法第六十九条的规定，或者发现不应当追究犯罪嫌疑人刑事责任的，变更、解除或者撤销取保候审时，应当告知犯罪嫌疑人可以凭变更、解除或者撤销取保候审的通知或者有关法律文书到银行领取退还的保证金。

第一百零八条　犯罪嫌疑人及其法定代理人、近亲属或者辩护人认为取保候审期限届满，向人民检察院提出解除取保候审要求的，人民检察院应当在三日以内审查决定。经审查认为法定期限届满的，经检察长批准后，解除取保候审；经审查未超过法定期限的，书面答复申请人。

第三节　监视居住

第一百零九条　人民检察院对于符合逮捕条件，有下列情形之一的犯罪嫌疑人，可以监视居住：

（一）患有严重疾病、生活不能自理的；

（二）怀孕或者正在哺乳自己婴儿的妇女；

（三）系生活不能自理的人的唯一扶养人；

(四)因为案件的特殊情况或者办理案件的需要,采取监视居住措施更为适宜的;

(五)羁押期限届满,案件尚未办结,需要采取监视居住措施的。

前款第三项中的扶养包括父母、祖父母、外祖父母对子女、孙子女、外孙子女的抚养和子女、孙子女、外孙子女对父母、祖父母、外祖父母的赡养以及配偶、兄弟姐妹之间的相互扶养。

对符合取保候审条件,但犯罪嫌疑人不能提出保证人,也不交纳保证金的,可以监视居住。

第一百一十条 监视居住应当在犯罪嫌疑人的住处执行。对于犯罪嫌疑人无固定住处或者涉嫌特别重大贿赂犯罪在住处执行可能有碍侦查的,可以在指定的居所执行。

固定住处是指犯罪嫌疑人在办案机关所在地的市、县内工作、生活的合法居所。

本条第一款规定的特别重大贿赂犯罪依照本规则第四十五条第二款规定的条件予以认定。

有下列情形之一的,属于有碍侦查:

(1)可能毁灭、伪造证据,干扰证人作证或者串供的;

(2)可能自杀或者逃跑的;

(3)可能导致同案犯逃避侦查的;

(4)在住处执行监视居住可能导致犯罪嫌疑人面临人身危险的;

(五)犯罪嫌疑人的家属或者其所在单位的人员与犯罪有牵连的;

(六)可能对举报人、控告人、证人及其他人员等实施打击报复的。

指定的居所应当符合下列条件:

(1)具备正常的生活、休息条件;

(2)便于监视、管理;

(3)能够保证办案安全。

采取指定居所监视居住的,不得在看守所、拘留所、监狱等羁押、监管场所以及留置室、讯问室等专门的办案场所、办公区域执行。

第一百一十一条 对犯罪嫌疑人采取监视居住,应当由办案人员提出意见,部门负责人审核,检察长决定。

需要对涉嫌特别重大贿赂犯罪的犯罪嫌疑人采取指定居所监视居住的,

由办案人员提出意见,经部门负责人审核,报检察长审批后,连同案卷材料一并报上一级人民检察院侦查部门审查。

对于下级人民检察院报请指定居所监视居住的案件,上一级人民检察院应当在收到案卷材料后及时作出是否批准的决定。

上一级人民检察院批准指定居所监视居住的,应当将指定居所监视居住决定书连同案卷材料一并交由下级人民检察院通知同级公安机关执行。下级人民检察院应当将执行回执报上一级人民检察院。

上一级人民检察院不予批准指定居所监视居住的,应当将不予批准指定监视居住决定书送达下级人民检察院,并说明不予批准的理由。

第一百一十二条 对于特别重大贿赂犯罪案件决定指定居所监视居住的,人民检察院侦查部门应当自决定指定居所监视居住之日起每二个月对指定居所监视居住的必要性进行审查,没有必要继续指定居所监视居住或者案件已经办结的,应当解除指定居所监视居住或者变更强制措施。

犯罪嫌疑人及其法定代理人、近亲属或者辩护人认为不再具备指定居所监视居住条件的,有权向人民检察院申请变更强制措施。人民检察院应当在三日以内作出决定,经审查认为不需要继续指定居所监视居住的,应当解除指定居所监视居住或者变更强制措施;认为需要继续指定居所监视居住的,应当答复申请人并说明理由。

解除指定居所监视居住或者变更强制措施的,下级人民检察院侦查部门应当报送上一级人民检察院备案。

第一百一十三条 人民检察院应当向监视居住的犯罪嫌疑人宣读监视居住决定书,由犯罪嫌疑人签名、捺指印或者盖章,并责令犯罪嫌疑人遵守刑事诉讼法第七十五条的规定,告知其违反规定应负的法律责任。

指定居所监视居住的,不得要求被监视居住人支付费用。

第一百一十四条 对犯罪嫌疑人决定在指定的居所执行监视居住,除无法通知的以外,人民检察院应当在执行监视居住后二十四小时以内,将指定居所监视居住的原因通知被监视居住人的家属。无法通知的,应当向检察长报告,并将原因写明附卷。无法通知的情形消除后,应当立即通知其家属。

无法通知包括以下情形:

(一)被监视居住人无家属的;

(二)与其家属无法取得联系的;

(三)受自然灾害等不可抗力阻碍的。

第一百一十五条 人民检察院核实犯罪嫌疑人住处或者为其指定居所后,应当制作监视居住执行通知书,将有关法律文书和案由、犯罪嫌疑人基本情况材料,送交监视居住地的公安机关执行,必要时人民检察院可以协助公安机关执行。

人民检察院应当告知公安机关在执行期间拟批准犯罪嫌疑人离开执行监视居住的处所、会见他人或者通信的,批准前应当征得人民检察院同意。

第一百一十六条 公安机关在执行监视居住期间向人民检察院征询是否同意批准犯罪嫌疑人离开执行监视居住的处所、会见他人或者通信时,人民检察院应当根据案件的具体情况决定是否同意。

第一百一十七条 人民检察院可以根据案件的具体情况,商请公安机关对被监视居住的犯罪嫌疑人采取电子监控、不定期检查等监视方法,对其遵守监视居住规定的情况进行监督。

人民检察院办理直接受理立案侦查的案件对犯罪嫌疑人采取监视居住的,在侦查期间可以商请公安机关对其通信进行监控。

第一百一十八条 人民检察院应当依法对指定居所监视居住的决定是否合法实行监督。

对于下级人民检察院报请指定居所监视居住的案件,由上一级人民检察院侦查监督部门依法对决定是否合法进行监督。

对于公安机关决定指定居所监视居住的案件,由作出批准决定公安机关的同级人民检察院侦查监督部门依法对决定是否合法进行监督。

对于人民法院因被告人无固定住处而指定居所监视居住的,由同级人民检察院公诉部门依法对决定是否合法进行监督。

第一百一十九条 被指定居所监视居住人及其法定代理人、近亲属或者辩护人认为侦查机关、人民法院的指定居所监视居住决定存在违法情形,提出控告或者举报的,人民检察院应当受理,并报送或者移送本规则第一百一十八条规定的承担监督职责的部门办理。

人民检察院可以要求侦查机关、人民法院提供指定居所监视居住决定书和相关案件材料。经审查,发现存在下列违法情形的,应当及时通知有关机关纠正:

(1)不符合指定居所监视居住的适用条件的;

(2)未按法定程序履行批准手续的;

(三)在决定过程中有其他违反刑事诉讼法规定的行为的。

第一百二十条 人民检察院监所检察部门依法对指定居所监视居住的执行活动是否合法实行监督。发现下列违法情形的,应当及时提出纠正意见:

(一)在执行指定居所监视居住后二十四小时以内没有通知被监视居住人的家属的;

(二)在羁押场所、专门的办案场所执行监视居住的;

(三)为被监视居住人通风报信、私自传递信件、物品的;

(四)对被监视居住人刑讯逼供、体罚、虐待或者变相体罚、虐待的;

(五)有其他侵犯被监视居住人合法权利或者其他违法行为的。

被监视居住人及其法定代理人、近亲属或者辩护人对于公安机关、本院侦查部门或者侦查人员存在上述违法情形提出控告的,人民检察院控告检察部门应当受理并及时移送监所检察部门处理。

第一百二十一条 犯罪嫌疑人有下列违反监视居住规定的行为,人民检察院应当对犯罪嫌疑人予以逮捕:

(一)故意实施新的犯罪行为的;

(二)企图自杀、逃跑,逃避侦查、审查起诉的;

(三)实施毁灭、伪造证据或者串供、干扰证人作证行为,足以影响侦查、审查起诉工作正常进行的;

(四)对被害人、证人、举报人、控告人及其他人员实施打击报复的。

犯罪嫌疑人有下列违反监视居住规定的行为,人民检察院可以对犯罪嫌疑人予以逮捕:

(一)未经批准,擅自离开执行监视居住的处所,造成严重后果,或者两次未经批准,擅自离开执行监视居住的处所的;

(二)未经批准,擅自会见他人或者通信,造成严重后果,或者两次未经批准,擅自会见他人或者通信的;

(三)经传讯不到案,造成严重后果,或者经两次传讯不到案的。

需要对上述犯罪嫌疑人予以逮捕的,可以先行拘留。

第一百二十二条 人民检察院决定对犯罪嫌疑人监视居住,最长不得超过六个月。

第一百二十三条 公安机关决定对犯罪嫌疑人监视居住,案件移送人民检察院审查起诉后,对于需要继续监视居住的,人民检察院应当依法重新作出监视居住决定,并对犯罪嫌疑人办理监视居住手续。监视居住的期限应当重新计算并告知犯罪嫌疑人。

第一百二十四条 在监视居住期间,不得中断对案件的侦查、审查起诉。

第一百二十五条 监视居住期限届满或者发现不应当追究犯罪嫌疑人刑事责任的,应当解除或者撤销监视居住。

第一百二十六条 解除或者撤销监视居住,应当由办案人员提出意见,部门负责人审核,检察长决定。

第一百二十七条 解除或者撤销监视居住的决定应当通知执行机关,并将解除或者撤销监视居住的决定书送达犯罪嫌疑人。

第一百二十八条 犯罪嫌疑人及其法定代理人、近亲属或者辩护人认为监视居住法定期限届满,向人民检察院提出解除监视居住要求的,人民检察院应当在三日以内审查决定。经审查认为法定期限届满的,经检察长批准后,解除监视居住;经审查未超过法定期限的,书面答复申请人。

第四节 拘　留

第一百二十九条 人民检察院对于有下列情形之一的犯罪嫌疑人,可以决定拘留:

(一)犯罪后企图自杀、逃跑或者在逃的;

(二)有毁灭、伪造证据或者串供可能的。

第一百三十条 人民检察院拘留犯罪嫌疑人的时候,必须出示拘留证。

拘留犯罪嫌疑人,应当由办案人员提出意见,部门负责人审核,检察长决定。

第一百三十一条 人民检察院作出拘留决定后,应当将有关法律文书和案由、犯罪嫌疑人基本情况的材料送交同级公安机关执行。必要时人民检察院可以协助公安机关执行。

拘留后,应当立即将被拘留人送看守所羁押,至迟不得超过二十四小时。

第一百三十二条 担任县级以上人民代表大会代表的犯罪嫌疑人因现行犯被拘留的,人民检察院应当立即向该代表所属的人民代表大会主席团或者常务委员会报告；因为其他情形需要拘留的，人民检察院应当报请该代表所属的人民代表大会主席团或者常务委员会许可。

人民检察院拘留担任本级人民代表大会代表的犯罪嫌疑人，直接向本级人民代表大会主席团或常务委员会报告或者报请许可。

拘留担任上级人民代表大会代表的犯罪嫌疑人，应当立即层报该代表所属的人民代表大会同级的人民检察院报告或者报请许可。

拘留担任下级人民代表大会代表的犯罪嫌疑人，可以直接向该代表所属的人民代表大会主席团或者常务委员会报告或者报请许可，也可以委托该代表所属的人民代表大会同级的人民检察院报告或者报请许可；拘留担任乡、民族乡、镇的人民代表大会代表的犯罪嫌疑人，由县级人民检察院报告乡、民族乡、镇的人民代表大会。

拘留担任两级以上人民代表大会代表的犯罪嫌疑人，分别按照本条第二、三、四款的规定报告或者报请许可。

拘留担任办案单位所在省、市、县(区)以外的其他地区人民代表大会代表的犯罪嫌疑人，应当委托该代表所属的人民代表大会同级的人民检察院报告或者报请许可；担任两级以上人民代表大会代表的，应当分别委托该代表所属的人民代表大会同级的人民检察院报告或者报请许可。

第一百三十三条　对犯罪嫌疑人拘留后，除无法通知的以外，人民检察院应当在二十四小时以内，通知被拘留人的家属。

无法通知的，应当向检察长报告，并将原因写明附卷。无法通知的情形消除后，应当立即通知其家属。

无法通知包括以下情形：

(1)被拘留人无家属的；

(2)与其家属无法取得联系的；

(3)受自然灾害等不可抗力阻碍的。

第一百三十四条　对被拘留的犯罪嫌疑人，应当在拘留后的二十四小时以内进行讯问。

第一百三十五条　对被拘留的犯罪嫌疑人，发现不应当拘留的，应当立即释放；依法可以取保候审或者监视居住的，按照本规则的有关规定办理取保候审或者监视居住手续。

对被拘留的犯罪嫌疑人，需要逮捕的，按照本规则的有关规定办理逮捕手续;决定不予逮捕的,应当及时变更强制措施。

第一百三十六条 人民检察院拘留犯罪嫌疑人的羁押期限为十四日,特殊情况下可以延长一日至三日。

第一百三十七条 公民将正在实行犯罪或者在犯罪后即被发觉的、通缉在案的、越狱逃跑的、正在被追捕的犯罪嫌疑人或者犯罪人扭送到人民检察院的,人民检察院应当予以接受,并且根据具体情况决定是否采取相应的紧急措施。对于不属于自己管辖的,应当移送主管机关处理。

第一百三十八条 犯罪嫌疑人及其法定代理人、近亲属或者辩护人认为人民检察院对拘留的犯罪嫌疑人法定羁押期限届满,向人民检察院提出释放犯罪嫌疑人或者变更拘留措施要求的,人民检察院侦查部门应当在三日以内审查完毕。

侦查部门经审查认为法定期限届满的,应当提出释放犯罪嫌疑人或者变更强制措施的意见,经检察长批准后,通知公安机关执行;经审查认为未满法定期限的,书面答复申诉人。

侦查部门应当将审查结果同时书面通知本院监所检察部门。

第五节 逮　　捕

第一百三十九条 人民检察院对有证据证明有犯罪事实,可能判处徒刑以上刑罚的犯罪嫌疑人,采取取保候审尚不足以防止发生下列社会危险性的,应当予以逮捕:

(一)可能实施新的犯罪的,即犯罪嫌疑人多次作案、连续作案、流窜作案,其主观恶性、犯罪习性表明其可能实施新的犯罪,以及有一定证据证明犯罪嫌疑人已经开始策划、预备实施犯罪的;

(二)有危害国家安全、公共安全或者社会秩序的现实危险的,即有一定证据证明或者有迹象表明犯罪嫌疑人在案发前或者案发后正在积极策划、组织或者预备实施危害国家安全、公共安全或者社会秩序的重大违法犯罪行为的;

(三)可能毁灭、伪造证据,干扰证人作证或者串供的,即有一定证据证明或者有迹象表明犯罪嫌疑人在归案前或者归案后已经着手实施或者企图实施毁灭、伪造证据,干扰证人作证或者串供行为的;

(四)有一定证据证明或者有迹象表明犯罪嫌疑人可能对被害人、举报人、控告人实施打击报复的；

(五)企图自杀或者逃跑的，即犯罪嫌疑人归案前或者归案后曾经自杀，或者有一定证据证明或者有迹象表明犯罪嫌疑人试图自杀或者逃跑的。

有证据证明有犯罪事实是指同时具备下列情形：

(一)有证据证明发生了犯罪事实；

(二)有证据证明该犯罪事实是犯罪嫌疑人实施的；

(三)证明犯罪嫌疑人实施犯罪行为的证据已经查证属实的。

犯罪事实既可以是单一犯罪行为的事实，也可以是数个犯罪行为中任何一个犯罪行为的事实。

第一百四十条　对有证据证明有犯罪事实，可能判处十年有期徒刑以上刑罚的犯罪嫌疑人，应当批准或者决定逮捕。

对有证据证明有犯罪事实，可能判处徒刑以上刑罚，犯罪嫌疑人曾经故意犯罪或者不讲真实姓名、住址，身份不明的，应当批准或者决定逮捕。

第一百四十一条　人民检察院经审查认为被取保候审、监视居住的犯罪嫌疑人违反取保候审、监视居住规定的，依照本规则第一百条、第一百二十一条的规定办理。

第一百四十二条　对实施多个犯罪行为或者共同犯罪案件的犯罪嫌疑人，符合本规则第一百三十九条的规定，具有下列情形之一的，应当批准或者决定逮捕：

(一)有证据证明犯有数罪中的一罪的；

(二)有证据证明实施多次犯罪中的一次犯罪的；

(三)共同犯罪中，已有证据证明有犯罪事实的犯罪嫌疑人。

第一百四十三条　对具有下列情形之一的犯罪嫌疑人，人民检察院应当作出不批准逮捕的决定或者不予逮捕：

(一)不符合本规则第一百三十九条至第一百四十二条规定的逮捕条件的；

(二)具有刑事诉讼法第十五条规定的情形之一的。

第一百四十四条　犯罪嫌疑人涉嫌的罪行较轻，且没有其他重大犯罪嫌疑，具有以下情形之一的，可以作出不批准逮捕的决定或者不予逮捕：

(一)属于预备犯、中止犯，或者防卫过当、避险过当的；

(二)主观恶性较小的初犯,共同犯罪中的从犯、胁从犯,犯罪后自首、有立功表现或者积极退赃、赔偿损失、确有悔罪表现的;

(三)过失犯罪的犯罪嫌疑人,犯罪后有悔罪表现,有效控制损失或者积极赔偿损失的;

(四)犯罪嫌疑人与被害人双方根据刑事诉讼法的有关规定达成和解协议,经审查,认为和解系自愿、合法且已经履行或者提供担保的;

(五)犯罪嫌疑人系已满十四周岁未满十八周岁的未成年人或者在校学生,本人有悔罪表现,其家庭、学校或者所在社区、居民委员会、村民委员会具备监护、帮教条件的;

(六)年满七十五周岁以上的老年人。

第一百四十五条　对符合刑事诉讼法第七十二条第一款规定的犯罪嫌疑人,人民检察院经审查认为不需要逮捕的,可以在作出不批准逮捕或者不予逮捕决定的同时,向侦查机关提出监视居住的建议。

第一百四十六条　人民检察院对担任本级人民代表大会代表的犯罪嫌疑人批准或者决定逮捕,应当报请本级人民代表大会主席团或者常务委员会许可。报请许可手续的办理由侦查机关负责。

对担任上级人民代表大会代表的犯罪嫌疑人批准或者决定逮捕,应当层报该代表所属的人民代表大会同级的人民检察院报请许可。

对担任下级人民代表大会代表的犯罪嫌疑人批准或者决定逮捕,可以直接报请该代表所属的人民代表大会主席团或者常务委员会许可,也可以委托该代表所属的人民代表大会同级的人民检察院报请许可;对担任乡、民族乡、镇的人民代表大会代表的犯罪嫌疑人批准或者决定逮捕,由县级人民检察院报告乡、民族乡、镇的人民代表大会。

对担任两级以上的人民代表大会代表的犯罪嫌疑人批准或者决定逮捕,分别依照本条第一、二、三款的规定报请许可。

对担任办案单位所在省、市、县(区)以外的其他地区人民代表大会代表的犯罪嫌疑人批准或者决定逮捕,应当委托该代表所属的人民代表大会同级的人民检察院报请许可;担任两级以上人民代表大会代表的,应当分别委托该代表所属的人民代表大会同级的人民检察院报请许可。

第六节　强制措施解除与变更

第一百四十七条　犯罪嫌疑人及其法定代理人、近亲属或者辩护人认为人民检察院采取强制措施法定期限届满，要求解除强制措施的，由人民检察院侦查部门或者公诉部门审查后报请检察长决定。人民检察院应当在收到申请后三日以内作出决定。

经审查，认为法定期限届满的，应当决定解除或者依法变更强制措施，并通知公安机关执行；认为未满法定期限的，书面答复申请人。

对于被羁押的犯罪嫌疑人解除或者变更强制措施的，侦查部门或者公诉部门应当及时通报本院监所检察部门和案件管理部门。

第一百四十八条　犯罪嫌疑人及其法定代理人、近亲属或者辩护人向人民检察院提出变更强制措施申请的，由人民检察院侦查部门或者公诉部门审查后报请检察长决定。人民检察院应当在收到申请后三日内作出决定。

经审查同意变更强制措施的，在作出决定的同时通知公安机关执行；不同意变更强制措施的，应当书面告知申请人，并说明不同意的理由。

对于被羁押的犯罪嫌疑人变更强制措施的，侦查部门或者公诉部门应当及时通报本院监所检察部门和案件管理部门。

犯罪嫌疑人及其法定代理人、近亲属或者辩护人提出变更强制措施申请的，应当说明理由，有证据和其他材料的，应当附上相关材料。

第一百四十九条　取保候审变更为监视居住，或者取保候审、监视居住变更为拘留、逮捕的，在变更的同时原强制措施自动解除，不再办理解除法律手续。

第一百五十条　人民检察院已经对犯罪嫌疑人取保候审、监视居住，案件起诉至人民法院后，人民法院决定取保候审、监视居住或者变更强制措施的，原强制措施自动解除，不再办理解除法律手续。

第一百五十一条　人民检察院提出抗诉的再审案件，需要对被告人采取强制措施的，适用本章及本规则第十章的规定。

第七章　案件受理

第一百五十二条　对于侦查机关、下级人民检察院移送的审查逮捕、审查起诉、延长侦查羁押期限、申请强制医疗、申请没收违法所得、提出或者提请抗诉、报请指定管辖等案件，由人民检察院案件管理部门统一受理。对人民检察院管辖的其他案件，需要由案件管理部门受理的，可以由案件管理部门受理。

第一百五十三条 人民检察院案件管理部门受理案件时,应当接收案卷材料,并立即审查下列内容:

(一)依据移送的法律文书载明的内容确定案件是否属于本院管辖;

(二)案卷材料是否齐备、规范,符合有关规定的要求;

(三)移送的款项或者物品与移送清单是否相符;

(四)犯罪嫌疑人是否在案以及采取强制措施的情况。

第一百五十四条 案件管理部门对接收的案卷材料审查后,认为具备受理条件的,应当及时进行登记,并立即将案卷材料和案件受理登记表移送相关办案部门办理。

经审查,认为案卷材料不齐备的,应当及时要求移送案件的单位补送相关材料。对于案卷装订不符合要求的,应当要求移送案件的单位重新装订后移送。

对于移送审查起诉的案件,如果犯罪嫌疑人在逃的,应当要求公安机关采取措施保证犯罪嫌疑人到案后再移送审查起诉。共同犯罪案件中部分犯罪嫌疑人在逃的,对在案的犯罪嫌疑人的审查起诉应当依法进行。

第一百五十五条 侦查机关送达的执行情况回执和人民法院送达的判决书、裁定书等法律文书,由案件管理部门负责接收。案件管理部门应当即时登记,并及时移送相关办案部门。

第一百五十六条 人民检察院办理直接立案侦查的案件,移送审查逮捕、审查起诉的,按照本规则第一百五十二条至第一百五十四条的规定办理。

第一百五十七条 人民检察院控告检察部门或者举报中心统一受理报案、控告、举报、申诉和犯罪嫌疑人投案自首,并根据具体情况和管辖规定,在七日以内作出以下处理:

(一)属于人民检察院管辖的,按照相关规定移送本院有关部门或者其他人民检察院办理;

(二)不属于人民检察院管辖的,移送有管辖权的机关处理,并且通知报案人、控告人、举报人、自首人。对于不属于人民检察院管辖又必须采取紧急措施的,应当先采取紧急措施,然后移送主管机关;

(三)对案件事实或者线索不明的,应当进行必要的调查核实,收集相关材料,查明情况后及时移送有管辖权的机关或者部门办理。

控告检察部门或者举报中心可以向下级人民检察院交办控告、申诉、举报案件,交办举报线索前应当向有关侦查部门通报,交办函及有关材料复印件应当转送本院有关侦查部门。控告检察部门或者举报中心对移送本院有关部门和向下级人民检察院交办的案件,应当依照有关规定进行督办。

第一百五十八条 控告检察部门或者举报中心对于以走访形式的报案、控告、举报和犯罪嫌疑人投案自首,应当指派两名以上工作人员接待,问明情况,并制作笔录,经核对无误后,由报案人、控告人、举报人、自首人签名、捺指印,必要时可以录音、录像;对报案人、控告人、举报人、自首人提供的有关证据材料、物品等应当登记,制作接受证据(物品)清单,并由报案人、控告人、举报人、自首人签名,必要时予以拍照,并妥善保管。

第一百五十九条 接受控告、举报的检察人员,应当告知控告人、举报人如实控告、举报和捏造、歪曲事实应当承担的法律责任。

第一百六十条 办案部门应当在规定期限内办理案件,并向控告检察部门或者举报中心书面回复办理结果。回复办理结果应当包括控告、申诉或举报事项、办理过程、认定的事实和证据、处理情况和法律依据以及执法办案风险评估情况等。

第一百六十一条 人民检察院举报中心负责统一管理举报线索。本院其他部门或者人员对所接受的犯罪案件线索,应当在七日以内移送举报中心。

有关机关或者部门移送人民检察院审查是否立案的案件线索和人民检察院侦查部门发现的案件线索,由侦查部门自行审查。

第一百六十二条 控告检察部门或者举报中心对于不愿公开姓名和举报行为的举报人,应当为其保密。

第一百六十三条 人民检察院对于直接受理的要案线索实行分级备案的管理制度。县、处级干部的要案线索一律报省级人民检察院举报中心备案,其中涉嫌犯罪数额特别巨大或者犯罪后果特别严重的,层报最高人民检察院举报中心备案;厅、局级以上干部的要案线索一律报最高人民检察院举报中心备案。

要案线索是指依法由人民检察院直接立案侦查的县、处级以上干部犯罪的案件线索。

第一百六十四条 要案线索的备案,应当逐案填写要案线索备案表。备案应当在受理后七日以内办理;情况紧急的,应当在备案之前及时报告。

接到备案的上级人民检察院举报中心对于备案材料应当及时审查,如果有不同意见,应当在十日以内将审查意见通知报送备案的下级人民检察院。

第一百六十五条 侦查部门收到举报中心移送的举报线索,应当在三个月以内将处理情况回复举报中心;下级人民检察院接到上级人民检察院移送的举报材料后,应当在三个月以内将处理情况回复上级人民检察院举报中心。情况复杂逾期不能办结的,报检察长批准,可以适当延长办理期限。

第一百六十六条 举报中心应当对作出不立案决定的举报线索进行审查,认为不立案决定错误的,应当提出意见报检察长决定。如果符合立案条件的,应当立案侦查。

举报中心审查不立案举报线索,应当在收到侦查部门决定不予立案回复文书之日起一个月以内办结;情况复杂,逾期不能办结的,经举报中心负责人批准,可以延长二个月。

侦查部门对决定不予立案的举报线索,应当在一个月以内退回举报中心。

第一百六十七条 举报中心对性质不明难以归口、检察长批交的举报线索应当进行初核。对群众多次举报未查处的举报线索,可以要求侦查部门说明理由,认为理由不充分的,报检察长决定。

第八章　初查和立案

第一节　初　　查

第一百六十八条 侦查部门对举报中心移交的举报线索进行审查后,认为有犯罪事实需要初查的,应当报检察长或者检察委员会决定。

第一百六十九条 初查由侦查部门负责,在刑罚执行和监管活动中发现的应当由人民检察院直接立案侦查的案件线索,由监所检察部门负责初查。

对于重大、复杂的案件线索,监所检察部门可以商请侦查部门协助初查;必要时也可以报检察长批准后,移送侦查部门初查,监所检察部门予以配合。

第一百七十条 各级人民检察院初查的分工,按照检察机关直接立案侦查案件分级管辖的规定确定。

上级人民检察院在必要时,可以直接初查或者组织、指挥、参与下级人民检察院的初查,可以将下级人民检察院管辖的案件线索指定辖区内其他人民检察院初查,也可以将本院管辖的案件线索交由下级人民检察院初查;下级人民检察院认为案情重大、复杂,需要由上级人民检察院初查的案件线索,可以提请移送上级人民检察院初查。

第一百七十一条 检察长或者检察委员会决定初查的,承办人员应当制作初查工作方案,经侦查部门负责人审核后,报检察长审批。

第一百七十二条 初查一般应当秘密进行,不得擅自接触初查对象。公开进行初查或者接触初查对象,应当经检察长批准。

第一百七十三条 在初查过程中,可以采取询问、查询、勘验、检查、鉴定、调取证据材料等不限制初查对象人身、财产权利的措施。不得对初查对象采取强制措施,不得查封、扣押、冻结初查对象的财产,不得采取技术侦查措施。

第一百七十四条 根据初查工作需要,人民检察院可以商请有关部门配合调查。

第一百七十五条 对案件进行初查的人民检察院可以委托其他人民检察院协助调查有关事项,委托协助调查应当提供初查审批表,并列明协助调查事项及有关要求。接受委托的人民检察院应当按照协助调查请求提供协助;对协助调查事项有争议的,应当提请双方共同的上级人民检察院协调解决。

第一百七十六条 侦查部门对举报线索初查后,认为有犯罪事实需要追究刑事责任的,应当制作审查报告,提请批准立案侦查,报检察长决定。

对具有下列情形之一的,提请批准不予立案:

(一)具有刑事诉讼法第十五条规定情形之一的;

(二)认为没有犯罪事实的;

(三)事实或者证据尚不符合立案条件的。

第一百七十七条 对上级人民检察院交办、指定管辖或者按照规定应当向上级人民检察院备案的案件线索,应当在初查终结后十日以内向上级人民检察院报告初查结论。

上级人民检察院认为处理不当的,应当在收到备案材料后十日以内通知下级人民检察院纠正。

第一百七十八条 对于实名举报,经初查决定不立案的,侦查部门应当制作不立案通知书,写明案由和案件来源、决定不立案的理由和法律依据,连同举报材料和调查材料,自作出不立案决定之日起十日以内移送本院举报中心,由举报中心答复举报人。必要时可以由举报中心与侦查部门共同答复。

第一百七十九条 对于其他机关或者部门移送的案件线索,经初查决定不立案的,侦查部门应当制作不立案通知书,写明案由和案件来源、决定不立案的理由和法律依据,自作出不立案决定之日起十日以内送达移送案件线索的单位。

第一百八十条 对于属于错告的,如果对被控告人、被举报人造成不良影响的,应当自作出决定之日起一个月以内向其所在单位或者有关部门通报初查结论,澄清事实。

对于属于诬告陷害的,应当移送有关部门处理。

第一百八十一条 初查终结后,相关材料应当立卷归档。立案进入侦查程序的,对于作为诉讼证据以外的其他材料应当归入侦查内卷。

第一百八十二条 刑事诉讼法以及本规则关于回避的规定,适用于初查。

第二节 立　案

第一百八十三条 人民检察院对于直接受理的案件,经审查认为有犯罪事实需要追究刑事责任的,应当制作立案报告书,经检察长批准后予以立案。在决定立案之日起三日以内,将立案备案登记表、提请立案报告和立案决定书一并报送上一级人民检察院备案。

上一级人民检察院应当审查下级人民检察院报送的备案材料,并在收到备案材料之日起三十日以内,提出是否同意下级人民检察院立案的审查意见。认为下级人民检察院的立案决定错误的,应当在报经检察长或者检察委员会决定后,书面通知下级人民检察院纠正。上一级人民检察院也可以直接作出决定,通知下级人民检察院执行。

下级人民检察院应当执行上一级人民检察院的决定,并在收到上一级人民检察院的书面通知或者决定之日起十日以内将执行情况向上一级人民检察院报告。下级人民检察院对上一级人民检察院的决定有异议的,可以在执行的同时向上一级人民检察院报告。

第一百八十四条 人民检察院决定不予立案的,如果是被害人控告的,应当制作不立案通知书，写明案由和案件来源、决定不立案的原因和法律依据，由侦查部门在十五日以内送达控告人，同时告知本院控告检察部门。控告人如果不服，可以在收到不立案通知书后十日以内申请复议。

对不立案的复议，由人民检察院控告检察部门受理。控告检察部门应当根据事实和法律进行审查，并可以要求控告人、申诉人提供有关材料，认为需要侦查部门说明不立案理由的，应当及时将案件移送侦查监督部门办理。

人民检察院认为被举报人的行为未构成犯罪，决定不予立案，但需要追究其党纪、政纪责任的，应当移送有管辖权的主管机关处理。

第一百八十五条　人民检察院决定对人民代表大会代表立案，应当按照本规则第一百三十二条规定的程序向该代表所属的人民代表大会主席团或者常务委员会进行通报。

第九章　侦　　查

第一节　一般规定

第一百八十六条　人民检察院办理直接受理立案侦查的案件，应当全面、客观地收集、调取犯罪嫌疑人有罪或者无罪、罪轻或者罪重的证据材料，并依法进行审查、核实。

第一百八十七条　人民检察院办理直接受理立案侦查的案件，必须重证据，重调查研究，不轻信口供。严禁刑讯逼供和以威胁、引诱、欺骗以及其他非法方法收集证据，不得强迫任何人证实自己有罪。

第一百八十八条　人民检察院办理直接受理立案侦查的案件，应当保障犯罪嫌疑人和其他诉讼参与人依法享有的辩护权和其他各项诉讼权利。

第一百八十九条　人民检察院办理直接受理立案侦查的案件，应当严格依照刑事诉讼法规定的条件和程序采取强制措施，严格遵守刑事案件办案期限的规定，依法提请批准逮捕、移送起诉、不起诉或撤销案件。

第一百九十条　人民检察院办理直接受理立案侦查的案件，应当对侦查过程中知悉的国家秘密、商业秘密及个人隐私保密。

第一百九十一条　人民检察院对于直接受理案件的侦查，可以适用刑事诉讼法第二编第二章规定的各项侦查措施。

第二节　讯问犯罪嫌疑人

第一百九十二条　讯问犯罪嫌疑人，由检察人员负责进行。讯问的时候，检察人员不得少于二人。

讯问同案的犯罪嫌疑人，应当分别进行。

第一百九十三条　对于不需要逮捕、拘留的犯罪嫌疑人，经检察长批准，可以传唤到犯罪嫌疑人所在市、县内的指定地点或者到他的住处进行讯问。

传唤犯罪嫌疑人，应当向犯罪嫌疑人出示传唤证和侦查人员的工作证件，并责令犯罪嫌疑人在传唤证上签名、捺指印。

犯罪嫌疑人到案后，应当由其在传唤证上填写到案时间。传唤结束时，应当由其在传唤证上填写传唤结束时间。拒绝填写的，侦查人员应当在传唤证上注明。

对在现场发现的犯罪嫌疑人，经出示工作证件，可以口头传唤，并将传唤的原因和依据告知被传唤人。在讯问笔录中应当注明犯罪嫌疑人到案经过、到案时间和传唤结束时间。

本规则第八十一条第二款的规定适用于传唤犯罪嫌疑人。

第一百九十四条　传唤犯罪嫌疑人时，其家属在场的，应当当场将传唤的原因和处所口头告知其家属，并在讯问笔录中注明。其家属不在场的，侦查人员应当及时将传唤的原因和处所通知被传唤人家属。无法通知的，应当在讯问笔录中注明。

第一百九十五条　传唤持续的时间不得超过十二小时；案情特别重大、复杂，需要采取拘留、逮捕措施的，传唤持续的时间不得超过二十四小时。两次传唤间隔的时间一般不得少于十二小时，不得以连续传唤的方式变相拘禁犯罪嫌疑人。

传唤犯罪嫌疑人，应当保证犯罪嫌疑人的饮食和必要的休息时间。

第一百九十六条　犯罪嫌疑人被送交看守所羁押后，检察人员对其进行讯问，应当填写提讯、提解证，在看守所讯问室进行。

因侦查工作需要，需要提押犯罪嫌疑人出所辨认或者追缴犯罪有关财物的，经检察长批准，可以提押犯罪嫌疑人出所，并应当由二名以上司法警察押解。不得以讯问为目的将犯罪嫌疑人提押出所进行讯问。

第一百九十七条 讯问犯罪嫌疑人一般按照下列顺序进行:

(1)查明犯罪嫌疑人的基本情况,包括姓名、出生年月日、户籍地、身份证号码、民族、职业、文化程度、工作单位及职务、住所、家庭情况、社会经历、是否属于人大代表、政协委员等;

(2)告知犯罪嫌疑人在侦查阶段的诉讼权利,有权自行辩护或委托律师辩护,告知其如实供述自己罪行可以依法从宽处理的法律规定;

(3)讯问犯罪嫌疑人是否有犯罪行为,让他陈述有罪的事实或者无罪的辩解,应当允许其连贯陈述。

犯罪嫌疑人对侦查人员的提问,应当如实回答。但是对与本案无关的问题,有拒绝回答的权利。

讯问犯罪嫌疑人时,应当告知犯罪嫌疑人将对讯问进行全程同步录音、录像,告知情况应当在录音、录像中予以反映,并记明笔录。

讯问时,对犯罪嫌疑人提出的辩解要认真查核。严禁刑讯逼供和以威胁、引诱、欺骗以及其他非法的方法获取供述。

第一百九十八条 讯问聋、哑或者不通晓当地通用语言文字的人,人民检察院应当为其聘请通晓聋、哑手势或者当地通用语言文字且与本案无利害关系的人员进行翻译。翻译人员的姓名、性别、工作单位和职业应当记录在案。翻译人员应当在讯问笔录上签字。

第一百九十九条 讯问犯罪嫌疑人,应当制作讯问笔录。讯问笔录应当忠实于原话,字迹清楚,详细具体,并交犯罪嫌疑人核对。犯罪嫌疑人没有阅读能力的,应当向他宣读。如果记载有遗漏或者差错,应当补充或者改正。犯罪嫌疑人认为讯问笔录没有错误的,由犯罪嫌疑人在笔录上逐页签名、盖章或者捺指印,并在末页写明“以上笔录我看过(向我宣读过),和我说的相符”,同时签名、盖章、捺指印并注明日期。如果犯罪嫌疑人拒绝签名、盖章、捺指印的,检察人员应当在笔录上注明。讯问的检察人员也应当在笔录上签名。

第二百条 犯罪嫌疑人请求自行书写供述的,检察人员应当准许。必要的时候,检察人员也可以要求犯罪嫌疑人亲笔书写供述。犯罪嫌疑人应当在亲笔供述的末页签名、捺指印,并注明书写日期。检察人员收到后,应当在首页右上方写明“于某年某月某日收到”,并签名。

第二百零一条 人民检察院立案侦查职务犯罪案件,在每次讯问犯罪嫌疑人的时候,应当对讯问过程实行全程录音、录像,并在讯问笔录中注明。

录音、录像应当由检察技术人员负责。特殊情况下,经检察长批准也可以由讯问人员以外的其他检察人员负责。

第二百零二条 人民检察院讯问犯罪嫌疑人实行全程同步录音、录像,应当按照最高人民检察院的有关规定办理。

第三节 询问证人、被害人

第二百零三条 人民检察院在侦查过程中,应当及时询问证人,并且告知证人履行作证的权利和义务。

人民检察院应当保证一切与案件有关或者了解案情的公民,有客观充分地提供证据的条件,并为他们保守秘密。除特殊情况外,人民检察院可以吸收证人协助调查。

第二百零四条 询问证人,应当由检察人员进行。询问的时候,检察人员不得少于二人。

第二百零五条 询问证人,可以在现场进行,也可以到证人所在单位、住处或者证人提出的地点进行。必要时,也可以通知证人到人民检察院提供证言。到证人提出的地点进行询问的,应当在笔录中记明。

询问证人应当个别进行。

在现场询问证人,应当出示工作证件。到证人所在单位、住处或者证人提出的地点询问证人,应当出示人民检察院的证明文件。

第二百零六条 询问证人,应当问明证人的基本情况以及与当事人的关系,并且告知证人应当如实提供证据、证言和故意作伪证或者隐匿罪证应当承担的法律责任,但是不得向证人泄露案情,不得采用羁押、暴力、威胁、引诱、欺骗以及其他非法方法获取证言。

第二百零七条 本规则第一百九十八条、第一百九十九条的规定,适用于询问证人。

第二百零八条 询问被害人,适用询问证人的规定。

第四节 勘验、检查

第二百零九条 检察人员对于与犯罪有关的场所、物品、人身、尸体应当进行勘验或者检查。在必要的时候,可以指派检察技术人员或者聘请其他具有专门知识的人,在检察人员的主持下进行勘验、检查。

第二百一十条 进行勘验、检查,应当持有检察长签发的勘查证。

勘查现场,应当拍摄现场照片,勘查的情况应当写明笔录并制作现场图,由参加勘查的人和见证人签名。对重大案件的现场,应当录像。

第二百一十一条 勘验时,人民检察院应当邀请二名与案件无关的见证人在场。

第二百一十二条 人民检察院解剖死因不明的尸体,应当通知死者家属到场,并让其在解剖通知书上签名或者盖章。

死者家属无正当理由拒不到场或者拒绝签名、盖章的,不影响解剖的进行,但是应当在解剖通知书上记明。对于身份不明的尸体,无法通知死者家属的,应当记明笔录。

第二百一十三条 为了确定被害人、犯罪嫌疑人的某些特征、伤害情况或者生理状态,人民检察院可以对人身进行检查,可以提取指纹信息,采集血液、尿液等生物样本。

必要时,可以指派、聘请法医或者医师进行人身检查。采集血液等生物样本应当由医师进行。

犯罪嫌疑人如果拒绝检查,检察人员认为必要的时候,可以强制检查。

检查妇女的身体,应当由女工作人员或者医师进行。

第二百一十四条 人身检查不得采用损害被检查人生命、健康或贬低其名誉或人格的方法。

在人身检查过程中知悉的被检查人的个人隐私,检察人员应当保密。

第二百一十五条 勘验、检查的情况应当制作笔录,由参加勘验、检查的人员和见证人签名或者盖章。

第二百一十六条 为了查明案情,在必要的时候,经检察长批准,可以进行侦查实验。

侦查实验,禁止一切足以造成危险、侮辱人格或者有伤风化的行为。

第二百一十七条 侦查实验,在必要的时候可以聘请有关专业人员参加,也可以要求犯罪嫌疑人、被害人、证人参加。

第二百一十八条 侦查实验,应当制作笔录,记明侦查实验的条件、经过和结果,由参加侦查实验的人员签名。必要时可以对侦查实验录音、录像。

第五节　搜　　查

第二百一十九条　人民检察院有权要求有关单位和个人,交出能够证明犯罪嫌疑人有罪或者无罪以及犯罪情节轻重的证据。

第二百二十条　为了收集犯罪证据,查获犯罪人,经检察长批准,检察人员可以对犯罪嫌疑人以及可能隐藏罪犯或者犯罪证据的人的身体、物品、住处、工作地点和其他有关的地方进行搜查。

第二百二十一条　进行搜查,应当向被搜查人或者他的家属出示搜查证。

搜查证由检察长签发。

第二百二十二条　人民检察院在搜查前,应当了解被搜查对象的基本情况、搜查现场及周围环境,确定搜查的范围和重点,明确搜查人员的分工和责任。

第二百二十三条　搜查应当在检察人员的主持下进行,可以有司法警察参加。必要的时候,可以指派检察技术人员参加或者邀请当地公安机关、有关单位协助进行。

执行搜查的检察人员不得少于二人。

第二百二十四条　在执行逮捕、拘留的时候,遇有下列紧急情况之一,不另用搜查证也可以进行搜查:

(一)可能随身携带凶器的;

(二)可能隐藏爆炸、剧毒等危险物品的;

(三)可能隐匿、毁弃、转移犯罪证据的;

(四)可能隐匿其他犯罪嫌疑人的;

(五)其他紧急情况。

搜查结束后,搜查人员应当在二十四小时内向检察长报告,及时补办有关手续。

第二百二十五条　搜查时,应当有被搜查人或者他的家属、邻居或者其他见证人在场,并且对被搜查人或者其家属说明阻碍搜查、妨碍公务应负的法律责任。

搜查妇女的身体,应当由女工作人员进行。

第二百二十六条　搜查时,如果遇到阻碍,可以强制进行搜查。对以暴力、威胁方法阻碍搜查的,应当予以制止,或者由司法警察将其带离现场;阻碍搜查构成犯罪的,应当依法追究刑事责任。

第二百二十七条　搜查应当全面、细致、及时,并且指派专人严密注视搜查现场的动向。

第二百二十八条　进行搜查的人员,应当遵守纪律,服从指挥,文明执法,不得无故损坏搜查现场的物品,不得擅自扩大搜查对象和范围。对于查获的重要书证、物证、视听资料、电子数据及其放置、存储地点应当拍照,并且用文字说明有关情况,必要的时候可以录像。

第二百二十九条　搜查情况应当制作笔录,由检察人员和被搜查人或者其家属、邻居或者其他见证人签名或者盖章。被搜查人在逃,其家属拒不到场,或者拒绝签名、盖章的,应当记明笔录。

第二百三十条　人民检察院到本辖区以外进行搜查,检察人员应当携带搜查证、工作证以及载有主要案情、搜查目的、要求等内容的公函,与当地人民检察院联系,当地人民检察院应当协助搜查。

第六节　调取、查封、扣押物证、书证和视听资料、电子数据

第二百三十一条　检察人员可以凭人民检察院的证明文件,向有关单位和个人调取能够证明犯罪嫌疑人有罪或者无罪以及犯罪情节轻重的证据材料,并且可以根据需要拍照、录像、复印和复制。

第二百三十二条　人民检察院办理案件,需要向本辖区以外的有关单位和个人调取物证、书证等证据材料的,办案人员应当携带工作证、人民检察院的证明文件和有关法律文书,与当地人民检察院联系,当地人民检察院应当予以协助。

必要时,可以向证据所在地的人民检察院发函调取证据。调取证据的函件应当注明取证对象的具体内容和确切地址。协助的人民检察院应当在收到函件后一个月内将调查结果送达请求的人民检察院。

第二百三十三条　调取物证应当调取原物。原物不便搬运、保存,或者依法应当返还被害人,或者因保密工作需要不能调取原物的,可以将原物封存,并拍照、录像。对原物拍照或者录像应当足以反映原物的外形、内容。

调取书证、视听资料应当调取原件。取得原件确有困难或者因保密需要不能调取原件的,可以调取副本或者复制件。

调取书证、视听资料的副本、复制件和物证的照片、录像的,应当书面记明不能调取原件、原物的原因,制作过程和原件、原物存放地点,并由制作人员和原书证、视听资料、物证持有人签名或者盖章。

第二百三十四条 在侦查活动中发现的可以证明犯罪嫌疑人有罪、无罪或者犯罪情节轻重的各种财物和文件,应当查封或者扣押;与案件无关的,不得查封或者扣押。

不能立即查明是否与案件有关的可疑的财物和文件,也可以查封或者扣押,但应当及时审查。经查明确实与案件无关的,应当在三日以内解除查封或者予以退还。

持有人拒绝交出应当查封、扣押的财物和文件的,可以强制查封、扣押。

对于犯罪嫌疑人、被告人到案时随身携带的物品需要扣押的,可以依照前款规定办理。对于与案件无关的个人用品,应当逐件登记,并随案移交或者退还其家属。

第二百三十五条 人民检察院查封、扣押财物和文件,应当经检察长批准,由两名以上检察人员执行。

需要查封、扣押的财物和文件不在本辖区的,办理案件的人民检察院应当依照有关法律及有关规定,持相关法律文书及简要案情等说明材料,商请被查封、扣押财物和文件所在地的人民检察院协助执行。

被请求协助的人民检察院有异议的,可以与办理案件的人民检察院进行协商,必要时,报请共同的上级人民检察院决定。

第二百三十六条 对于查封、扣押的财物和文件,检察人员应当会同在场见证人和被查封、扣押物品持有人查点清楚,当场开列查封、扣押清单一式四份,注明查封、扣押物品的名称、型号、规格、数量、质量、颜色、新旧程度、包装等主要特征,由检察人员、见证人和持有人签名或者盖章,一份交给文件、资料和其他物品持有人,一份交被查封、扣押文件、资料和其他物品保管人,一份附卷,一份保存。持有人拒绝签名、盖章或者不在场的,应当在清单上记明。

查封、扣押外币、金银珠宝、文物、名贵字画以及其他不易辨别真伪的贵重物品,应当在拍照或者录像后当场密封,由检察人员、见证人和被扣押物品持有人在密封材料上签名或者盖章,根据办案需要及时委托具有资质的部门出具鉴定报告。启封时应当有见证人或者持有人在场并且签名或者盖章。

查封、扣押存折、信用卡、有价证券等支付凭证和具有一定特征能够证明案情的现金,应当注明特征、编号、种类、面值、张数、金额等,由检察人员、见证人和被扣押物品持有人在密封材料上签名或者盖章。启封时应当有见证人或者持有人在场并签名或者盖章。

查封、扣押易损毁、灭失、变质以及其他不宜长期保存的物品,应当用笔录、绘图、拍照、录像等方法加以保全后进行封存,或者经检察长批准后委托有关部门变卖、拍卖。变卖、拍卖的价款暂予保存,待诉讼终结后一并处理。

第二百三十七条　对于应当查封的不动产和置于该不动产上不宜移动的设施、家具和其他相关财物,以及涉案的车辆、船舶、航空器和大型机械、设备等财物,必要时可以扣押其权利证书,经拍照或者录像后原地封存,并开具查封清单一式四份,注明相关财物的详细地址和相关特征,同时注明已经拍照或者录像及其权利证书已被扣押,由检察人员、见证人和持有人签名或者盖章。持有人拒绝签名、盖章或者不在场的,应当在清单上注明。

人民检察院查封不动产和置于该不动产上不宜移动的设施、家具和其他相关财物,以及涉案的车辆、船舶、航空器和大型机械、设备等财物,应当在保证侦查活动正常进行的同时,尽量不影响有关当事人的正常生活和生产经营活动。必要时,可以将被查封的财物交持有人或者其近亲属保管,并书面告知保管人对被查封的财物应当妥善保管,不得转移、变卖、毁损、出租、抵押、赠予等。

人民检察院应当将查封决定书副本送达不动产、生产设备或者车辆、船舶、航空器等财物的登记、管理部门,告知其在查封期间禁止办理抵押、转让、出售等权属关系变更、转移登记手续。

第二百三十八条　扣押犯罪嫌疑人的邮件、电报或者电子邮件,应当经检察长批准,通知邮电部门或者网络服务单位将有关的邮件、电报或者电子邮件检交扣押。

不需要继续扣押的时候,应当立即通知邮电部门或者网络服务单位。

对于可以作为证据使用的录音、录像带、电子数据存储介质,应当记明案由、对象、内容,录取、复制的时间、地点、规格、类别、应用长度、文件格式及长度等,妥为保管,并制作清单,随案移送。

第二百三十九条 查封单位的涉密电子设备、文件等物品，应当在拍照或者录像后当场密封，由检察人员、见证人、单位有关负责人签名或者盖章。启封时应当有见证人、单位有关负责人在场并签名或者盖章。

对于有关人员拒绝按照前款有关规定签名或者盖章的，人民检察院应当在相关文书上注明。

对犯罪嫌疑人使用违法所得与合法收入共同购置的不可分割的财产，可以先行查封、扣押、冻结。对无法分割退还的财产，应当在结案后予以拍卖、变卖，对不属于违法所得的部分予以退还。

第二百四十条 对于查封、扣押在人民检察院的物品、文件、邮件、电报，应当妥善保管，不得使用、调换、损毁或者自行处理。经查明确实与案件无关的，应当在三日以内作出解除或者退还决定，并通知有关单位、当事人办理相关手续。

第七节　查询、冻结

第二百四十一条 人民检察院根据侦查犯罪的需要，可以依照规定查询、冻结犯罪嫌疑人的存款、汇款、债券、股票、基金份额等财产，并可以要求有关单位和个人配合。

第二百四十二条 查询、冻结犯罪嫌疑人的存款、汇款、债券、股票、基金份额等财产，应当经检察长批准，制作查询、冻结财产通知书，通知银行或者其他金融机构、邮电部门执行。

第二百四十三条 犯罪嫌疑人的存款、汇款、债券、股票、基金份额等财产已冻结的，人民检察院不得重复冻结，但是应当要求有关银行或者其他金融机构、邮电部门在解除冻结或者作出处理前通知人民检察院。

第二百四十四条 扣押、冻结债券、股票、基金份额等财产，应当书面告知当事人或者其法定代理人、委托代理人有权申请出售。

对于被扣押、冻结的债券、股票、基金份额等财产，在扣押、冻结期间权利人申请出售，经审查认为不损害国家利益、被害人利益，不影响诉讼正常进行的，以及扣押、冻结的汇票、本票、支票的有效期即将届满的，经检察长批准，可以在案件办结前依法出售或者变现，所得价款由检察机关指定专门的银行账户保管，并及时告知当事人或者其近亲属。

第二百四十五条 对于冻结的存款、汇款、债券、股票、基金份额等财产，经查明确实与案件无关的，应当在三日以内解除冻结，并通知被冻结存款、汇款、债券、股票、基金份额等财产的所有人。

第二百四十六条 查询、冻结与案件有关的单位的存款、汇款、债券、股票、基金份额等财产的办法适用本规则第二百四十一条至第二百四十五条的规定。

第八节 鉴 定

第二百四十七条 人民检察院为了查明案情，解决案件中某些专门性的问题，可以进行鉴定。

第二百四十八条 鉴定由检察长批准，由人民检察院技术部门有鉴定资格的人员进行。必要的时候，也可以聘请其他有鉴定资格的人员进行，但是应当征得鉴定人所在单位的同意。

具有刑事诉讼法第二十八条、第二十九条规定的应当回避的情形的，不能担任鉴定人。

第二百四十九条 人民检察院应当为鉴定人进行鉴定提供必要条件，及时向鉴定人送交有关检材和对比样本等原始材料，介绍与鉴定有关的情况，并明确提出要求鉴定解决的问题，但是不得暗示或者强迫鉴定人作出某种鉴定意见。

第二百五十条 鉴定人进行鉴定后，应当出具鉴定意见、检验报告，同时附上鉴定机构和鉴定人的资质证明，并且签名或者盖章。

多个鉴定人的鉴定意见不一致的，应当在鉴定意见上写明分歧的内容和理由，并且分别签名或者盖章。

第二百五十一条 鉴定人故意作虚假鉴定的，应当承担法律责任。

第二百五十二条 对于鉴定意见，检察人员应当进行审查，必要的时候，可以提出补充鉴定或者重新鉴定的意见，报检察长批准后进行补充鉴定或者重新鉴定。检察长也可以直接决定进行补充鉴定或者重新鉴定。

第二百五十三条 用作证据的鉴定意见，人民检察院办案部门应当告知犯罪嫌疑人、被害人；被害人死亡或者没有诉讼行为能力的，应当告知其法定代理人、近亲属或诉讼代理人。

犯罪嫌疑人、被害人或被害人的法定代理人、近亲属、诉讼代理人提出申请，经检察长批准，可以补充鉴定或者重新鉴定，鉴定费用由请求方承担，但原鉴定违反法定程序的，由人民检察院承担。

犯罪嫌疑人的辩护人或者近亲属以犯罪嫌疑人有患精神病可能而申请对犯罪嫌疑人进行鉴定的，鉴定费用由请求方承担。

第二百五十四条 人民检察院决定重新鉴定的，应当另行指派或者聘请鉴定人。

第二百五十五条 对犯罪嫌疑人作精神病鉴定的期间不计入羁押期限和办案期限。

第二百五十六条 对于因鉴定时间较长、办案期限届满仍不能终结的案件，自期限届满之日起，应当依法释放被羁押的犯罪嫌疑人或者变更强制措施。

第九节 辨认

第二百五十七条 为了查明案情，在必要的时候，检察人员可以让被害人、证人和犯罪嫌疑人对与犯罪有关的物品、文件、尸体或场所进行辨认；也可以让被害人、证人对犯罪嫌疑人进行辨认，或者让犯罪嫌疑人对其他犯罪嫌疑人进行辨认。

对犯罪嫌疑人进行辨认，应当经检察长批准。

第二百五十八条 辨认应当在检察人员的主持下进行，主持辨认的检察人员不得少于二人。在辨认前，应当向辨认人详细询问被辨认对象的具体特征，避免辨认人见到被辨认对象，并应当告知辨认人有意作虚假辨认应负的法律责任。

第二百五十九条 几名辨认人对同一被辨认对象进行辨认时，应当由每名辨认人单独进行。必要的时候，可以有见证人在场。

第二百六十条 辨认时，应当将辨认对象混杂在其他对象中，不得给辨认人任何暗示。

辨认犯罪嫌疑人、被害人时，被辨认的人数为五到十人，照片五到十张。

辨认物品时，同类物品不得少于五件，照片不得少于五张。

对犯罪嫌疑人的辨认，辨认人不愿公开进行时，可以在不暴露辨认人的情况下进行，并应当为其保守秘密。

第二百六十一条 辨认的情况，应当制作笔录，由检察人员、辨认人、见证人签字。对辨认对象应当拍照，必要时可以对辨认过程进行录音、录像。

第二百六十二条 人民检察院主持进行辨认，可以商请公安机关参加或者协助。

第十节 技术侦查措施

第二百六十三条 人民检察院在立案后，对于涉案数额在十万元以上、采取其他方法难以收集证据的重大贪污、贿赂犯罪案件以及利用职权实施的严重侵犯公民人身权利的重大犯罪案件，经过严格的批准手续，可以采取技术侦查措施，交有关机关执行。

本条规定的贪污、贿赂犯罪包括刑法分则第八章规定的贪污罪、受贿罪、单位受贿罪、行贿罪、对单位行贿罪、介绍贿赂罪、单位行贿罪、利用影响力受贿罪。

本条规定的利用职权实施的严重侵犯公民人身权利的重大犯罪案件包括有重大社会影响的、造成严重后果的或者情节特别严重的非法拘禁、非法搜查、刑讯逼供、暴力取证、虐待被监管人、报复陷害等案件。

第二百六十四条 人民检察院办理直接受理立案侦查的案件，需要追捕被通缉或者批准、决定逮捕的在逃的犯罪嫌疑人、被告人的，经过批准，可以采取追捕所必需的技术侦查措施，不受本规则第二百六十三条规定的案件范围的限制。

第二百六十五条 人民检察院采取技术侦查措施应当根据侦查犯罪的需要，确定采取技术侦查措施的种类和适用对象，按照有关规定报请批准。批准决定自签发之日起三个月以内有效。对于不需要继续采取技术侦查措施的，应当及时解除；对于复杂、疑难案件，期限届满仍有必要继续采取技术侦查措施的，应当在期限届满前十日以内制作呈请延长技术侦查措施期限报告书，写明延长的期限及理由，经过原批准机关批准，有效期可以延长，每次不得超过三个月。

采取技术侦查措施收集的材料作为证据使用的，批准采取技术侦查措施的法律决定文书应当附卷，辩护律师可以依法查阅、摘抄、复制。

第二百六十六条 采取技术侦查措施收集的物证、书证及其他证据材料,侦查人员应当制作相应的说明材料,写明获取证据的时间、地点、数量、特征以及采取技术侦查措施的批准机关、种类等,并签名和盖章。

对于使用技术侦查措施获取的证据材料,如果可能危及特定人员的人身安全、涉及国家秘密或者公开后可能暴露侦查秘密或者严重损害商业秘密、个人隐私的,应当采取不暴露有关人员身份、技术方法等保护措施。在必要的时候,可以建议不在法庭上质证,由审判人员在庭外对证据进行核实。

第二百六十七条 检察人员对采取技术侦查措施过程中知悉的国家秘密、商业秘密和个人隐私,应当保密;对采取技术侦查措施获取的与案件无关的材料,应当及时销毁,并对销毁情况制作记录。

采取技术侦查措施获取的证据、线索及其他有关材料,只能用于对犯罪的侦查、起诉和审判,不得用于其他用途。

第十一节 通 缉

第二百六十八条 人民检察院办理直接受理立案侦查的案件,应当逮捕的犯罪嫌疑人如果在逃,或者已被逮捕的犯罪嫌疑人脱逃的,经检察长批准,可以通缉。

第二百六十九条 各级人民检察院需要在本辖区内通缉犯罪嫌疑人的,可以直接决定通缉;需要在本辖区外通缉犯罪嫌疑人的,由有决定权的上级人民检察院决定。

第二百七十条 人民检察院应当将通缉通知书和通缉对象的照片、身份、特征、案情简况送达公安机关,由公安机关发布通缉令,追捕归案。

第二百七十一条 为防止犯罪嫌疑人等涉案人员逃往境外,需要在边防口岸采取边控措施的,人民检察院应当按照有关规定制作边控对象通知书,商请公安机关办理边控手续。

第二百七十二条 人民检察院应当及时了解通缉的执行情况。

第二百七十三条 对于应当逮捕的犯罪嫌疑人,如果潜逃出境,可以按照有关规定层报最高人民检察院商请国际刑警组织中国国家中心局,请求有关方面协助,或者通过其他法律规定的途径进行追捕。

第十二节 侦查终结

第二百七十四条 对犯罪嫌疑人逮捕后的侦查羁押期限不得超过二个月。基层人民检察院,分、州、市人民检察院和省级人民检察院直接受理立案侦查的案件,案情复杂、期限届满不能终结的案件,可以经上一级人民检察院批准延长一个月。

第二百七十五条 基层人民检察院和分、州、市人民检察院直接受理立案侦查的案件,属于交通十分不便的边远地区的重大复杂案件、重大的犯罪集团案件、流窜作案的重大复杂案件和犯罪涉及面广、取证困难的重大复杂案件,在依照本规则第二百七十四条规定的期限届满前不能侦查终结的,经省、自治区、直辖市人民检察院批准,可以延长二个月。

省级人民检察院直接受理立案侦查的案件,属于上述情形的,可以直接决定延长二个月。

第二百七十六条 基层人民检察院和分、州、市人民检察院直接受理立案侦查的案件,对犯罪嫌疑人可能判处十年有期徒刑以上刑罚,依照本规则第二百七十五条的规定依法延长羁押期限届满,仍不能侦查终结的,经省、自治区、直辖市人民检察院批准,可以再延长二个月。

省级人民检察院直接受理立案侦查的案件,属于上述情形的,可以直接决定再延长二个月。

第二百七十七条 最高人民检察院直接受理立案侦查的案件,依照刑事诉讼法的规定需要延长侦查羁押期限的,直接决定延长侦查羁押期限。

第二百七十八条 公安机关需要延长侦查羁押期限的,应当在侦查羁押期限届满七日前,向同级人民检察院移送延长侦查羁押期限意见书,写明案件的主要案情和延长侦查羁押期限的具体理由。

人民检察院直接立案侦查的案件,侦查部门认为需要延长侦查羁押期限的,应当按照本条第一款的规定向本院侦查监督部门移送延长侦查羁押期限的意见及有关材料。

第二百七十九条 人民检察院审查批准或者决定延长侦查羁押期限,由侦查监督部门办理。

受理案件的人民检察院侦查监督部门对延长侦查羁押期限的意见审查

后，应当提出是否同意延长侦查羁押期限的意见，报检察长决定后，将侦查机关延长侦查羁押期限的意见和本院的审查意见层报有决定权的人民检察院审查决定。有决定权的人民检察院应当在侦查羁押期限届满前作出是否批准延长侦查羁押期限的决定，并交由受理案件的人民检察院侦查监督部门送达公安机关或者本院侦查部门。

第二百八十条 因为特殊原因，在较长时间内不宜交付审判的特别重大复杂的案件，由最高人民检察院报请全国人民代表大会常务委员会批准延期审理。

第二百八十一条 人民检察院在侦查期间发现犯罪嫌疑人另有重要罪行的，自发现之日起依照本规则第二百七十四条的规定重新计算侦查羁押期限。

另有重要罪行是指与逮捕时的罪行不同种的重大犯罪和同种的影响罪名认定、量刑档次的重大犯罪。

第二百八十二条 人民检察院重新计算侦查羁押期限，应当由侦查部门提出重新计算侦查羁押期限的意见，移送本院侦查监督部门审查。侦查监督部门审查后应当提出是否同意重新计算侦查羁押期限的意见，报检察长决定。

第二百八十三条 对公安机关重新计算侦查羁押期限的备案，由侦查监督部门审查。侦查监督部门认为公安机关重新计算侦查羁押期限不当的，应当提出纠正意见，报检察长决定后，通知公安机关纠正。

第二百八十四条 人民检察院直接受理立案侦查的案件，不能在法定侦查羁押期限内侦查终结的，应当依法释放犯罪嫌疑人或者变更强制措施。

第二百八十五条 侦查监督部门审查延长侦查羁押期限、审查重新计算侦查羁押期限案件，可以讯问犯罪嫌疑人，听取律师意见，调取案卷及相关材料等。

第二百八十六条 人民检察院经过侦查，认为犯罪事实清楚，证据确实、充分，依法应当追究刑事责任的案件，应当写出侦查终结报告，并且制作起诉意见书。

对于犯罪情节轻微，依照刑法规定不需要判处刑罚或者免除刑罚的案件，应当写出侦查终结报告，并且制作不起诉意见书。

侦查终结报告和起诉意见书或者不起诉意见书由侦查部门负责人审核，

检察长批准。

第二百八十七条 提出起诉意见或者不起诉意见的,侦查部门应当将起诉意见书或者不起诉意见书,查封、扣押、冻结的犯罪嫌疑人的财物及其孳息、文件清单以及对查封、扣押、冻结的涉案款物的处理意见和其他案卷材料,一并移送本院公诉部门审查。国家或者集体财产遭受损失的,在提出提起公诉意见的同时,可以提出提起附带民事诉讼的意见。

第二百八十八条 在案件侦查过程中,犯罪嫌疑人委托辩护律师的,检察人员可以听取辩护律师的意见。

辩护律师要求当面提出意见的,检察人员应当听取意见,并制作笔录附卷。辩护律师提出书面意见的,应当附卷。

案件侦查终结移送审查起诉时,人民检察院应当同时将案件移送情况告知犯罪嫌疑人及其辩护律师。

第二百八十九条 上级人民检察院侦查终结的案件,依照刑事诉讼法的规定应当由下级人民检察院提起公诉或者不起诉的,应当将有关决定、侦查终结报告连同案卷材料、证据移送下级人民检察院,由下级人民检察院按照上级人民检察院有关决定交侦查部门制作起诉意见书或者不起诉意见书,移送本院公诉部门审查。

下级人民检察院公诉部门认为应当对案件补充侦查的,可以退回本院侦查部门补充侦查,上级人民检察院侦查部门应当协助。

下级人民检察院认为上级人民检察院的决定有错误的,可以向上级人民检察院提请复议,上级人民检察院维持原决定的,下级人民检察院应当执行。

第二百九十条 人民检察院在侦查过程中或者侦查终结后,发现具有下列情形之一的,侦查部门应当制作拟撤销案件意见书,报请检察长或者检察委员会决定:

(一)具有刑事诉讼法第十五条规定情形之一的;

(二)没有犯罪事实的,或者依照刑法规定不负刑事责任或者不是犯罪的;

(三)虽有犯罪事实,但不是犯罪嫌疑人所为的。

对于共同犯罪的案件,如有符合本条规定情形的犯罪嫌疑人,应当撤销对该犯罪嫌疑人的立案。

第二百九十一条 检察长或者检察委员会决定撤销案件的,侦查部门应当将撤销案件意见书连同本案全部案卷材料,在法定期限届满七日前报上一级人民检察院审查;重大、复杂案件在法定期限届满十日前报上一级人民检察院审查。

对于共同犯罪案件,应当将处理同案犯罪嫌疑人的有关法律文书以及案件事实、证据材料复印件等,一并报送上一级人民检察院。

上一级人民检察院侦查部门应当对案件事实、证据和适用法律进行全面审查,必要时可以讯问犯罪嫌疑人。

上一级人民检察院侦查部门经审查后,应当提出是否同意撤销案件的意见,报请检察长或者检察委员会决定。

人民检察院决定撤销案件的,应当告知控告人、举报人,听取其意见并记明笔录。

第二百九十二条 上一级人民检察院审查下级人民检察院报送的拟撤销案件,应当于收到案件后七日以内批复;重大、复杂案件,应当于收到案件后十日以内批复下级人民检察院。情况紧急或者因其他特殊原因不能按时送达的,可以先行通知下级人民检察院执行。

第二百九十三条 上一级人民检察院同意撤销案件的,下级人民检察院应当作出撤销案件决定,并制作撤销案件决定书。上一级人民检察院不同意撤销案件的,下级人民检察院应当执行上一级人民检察院的决定。

报请上一级人民检察院审查期间,犯罪嫌疑人羁押期限届满的,应当依法释放犯罪嫌疑人或者变更强制措施。

第二百九十四条 撤销案件的决定,应当分别送达犯罪嫌疑人所在单位和犯罪嫌疑人。犯罪嫌疑人死亡的,应当送达犯罪嫌疑人原所在单位。如果犯罪嫌疑人在押,应当制作决定释放通知书,通知公安机关依法释放。

第二百九十五条 人民检察院作出撤销案件决定的,侦查部门应当在三十日以内对犯罪嫌疑人的违法所得作出处理,并制作查封、扣押、冻结款物的处理报告,详细列明每一项款物的来源、去向并附有关法律文书复印件,报检察长审核后存入案卷,并在撤销案件决定书中写明对查封、扣押、冻结的涉案款物的处理结果。情况特殊的,经检察长决定,可以延长三十日。

第二百九十六条 人民检察院撤销案件时,对犯罪嫌疑人的违法所得应当区分不同情形,作出相应处理:

(1)因犯罪嫌疑人死亡而撤销案件,依照刑法规定应当追缴其违法所得及其他涉案财产的,按照本规则第十三章第三节的规定办理。

(2)因其他原因撤销案件,对于查封、扣押、冻结的犯罪嫌疑人违法所得及其他涉案财产需要没收的,应当提出检察建议,移送有关主管机关处理。

(3)对于冻结的犯罪嫌疑人存款、汇款、债券、股票、基金份额等财产需要返还被害人的,可以通知金融机构返还被害人;对于查封、扣押的犯罪嫌疑人的违法所得及其他涉案财产需要返还被害人的,直接决定返还被害人。

人民检察院申请人民法院裁定处理犯罪嫌疑人涉案财产的,应当向人民法院移送有关案件材料。

第二百九十七条　人民检察院撤销案件时,对查封、扣押、冻结的犯罪嫌疑人的涉案财产需要返还犯罪嫌疑人的,应当解除查封、扣押或者书面通知有关金融机构解除冻结,返还犯罪嫌疑人或者其合法继承人。

第二百九十八条　查封、扣押、冻结的款物,除依法应当返还被害人或者经查明确实与案件无关的以外,不得在诉讼程序终结之前处理。法律和有关规定另有规定的除外。

第二百九十九条　处理查封、扣押、冻结的涉案款物,应当由办案部门提出意见,报请检察长决定。负责保管涉案款物的管理部门会同办案部门办理相关的处理手续。

人民检察院向其他机关移送的案件需要随案移送扣押、冻结的涉案款物的,按照前款的规定办理。

第三百条　人民检察院直接受理立案侦查的共同犯罪案件,如果同案犯罪嫌疑人在逃,但在案犯罪嫌疑人犯罪事实清楚,证据确实、充分的,对在案犯罪嫌疑人应当根据本规则第二百八十六条的规定分别移送审查起诉或者移送审查不起诉。

由于同案犯罪嫌疑人在逃,在案犯罪嫌疑人的犯罪事实无法查清的,对在案犯罪嫌疑人应当根据案件的不同情况分别报请延长侦查羁押期限、变更强制措施或者解除强制措施。

第三百零一条　人民检察院直接受理立案侦查的案件,对犯罪嫌疑人没有采取取保候审、监视居住、拘留或者逮捕措施的,侦查部门应当在立案后二年以内提出移送审查起诉、移送审查不起诉或者撤销案件的意见;对犯罪嫌疑人采取取保候审、监视居住、拘留或者逮捕措施的,侦查部门应当在解除或者撤销强制措施后一年以内提出移送审查起诉、移送审查不起诉或者撤销案件的意见。

第三百零二条 人民检察院直接受理立案侦查的案件,撤销案件以后,又发现新的事实或者证据,认为有犯罪事实需要追究刑事责任的,可以重新立案侦查。

第十章 审查逮捕

第一节 一般规定

第三百零三条 人民检察院审查批准或者决定逮捕犯罪嫌疑人,由侦查监督部门办理。

第三百零四条 侦查监督部门办理审查逮捕案件,应当指定办案人员进行审查。办案人员应当审阅案卷材料和证据,依法讯问犯罪嫌疑人、询问证人等诉讼参与人、听取辩护律师意见,制作审查逮捕意见书,提出批准或者决定逮捕、不批准或者不予逮捕的意见,经部门负责人审核后,报请检察长批准或者决定;重大案件应当经检察委员会讨论决定。

侦查监督部门办理审查逮捕案件,不另行侦查,不得直接提出采取取保候审措施的意见。

第三百零五条 侦查监督部门办理审查逮捕案件,可以讯问犯罪嫌疑人;有下列情形之一的,应当讯问犯罪嫌疑人:

(一)对是否符合逮捕条件有疑问的;

(二)犯罪嫌疑人要求向检察人员当面陈述的;

(三)侦查活动可能有重大违法行为的;

(四)案情重大疑难复杂的;

(五)犯罪嫌疑人系未成年人的;

(六)犯罪嫌疑人是盲、聋、哑人或者是尚未完全丧失辨认或者控制自己行为能力的精神病人的。

讯问未被拘留的犯罪嫌疑人,讯问前应当征求侦查机关的意见,并做好办案安全风险评估预警工作。

是否符合逮捕条件有疑问主要包括罪与非罪界限不清的,据以定罪的证据之间存在矛盾的,犯罪嫌疑人的供述前后矛盾或者违背常理的,有无社会危险性难以把握的,以及犯罪嫌疑人是否达到刑事责任年龄需要确认等情形。

重大违法行为是指办案严重违反法律规定的程序,或者存在刑讯逼供等严重侵犯犯罪嫌疑人人身权利和其他诉讼权利等情形。

第三百零六条 在审查逮捕中对被拘留的犯罪嫌疑人不予讯问的,应当送达听取犯罪嫌疑人意见书,由犯罪嫌疑人填写后及时收回审查并附卷。经审查发现应当讯问犯罪嫌疑人的,应当及时讯问。

第三百零七条 讯问犯罪嫌疑人时,检察人员不得少于二人。

犯罪嫌疑人被送交看守所羁押后,讯问应当在看守所内进行。

讯问时,应当首先查明犯罪嫌疑人的基本情况,依法告知犯罪嫌疑人的诉讼权利和义务,听取其供述和辩解,有检举揭发他人犯罪线索的,应当予以记录,并依照有关规定移送有关部门处理。

讯问犯罪嫌疑人应当制作讯问笔录,并交犯罪嫌疑人核对或者向其宣读,经核对无误后逐页签名、盖章或者捺指印并附卷。犯罪嫌疑人请求自行书写供述的,应当准许,但不得以自行书写的供述代替讯问笔录。

第三百零八条 侦查监督部门办理审查逮捕案件,必要时,可以询问证人、被害人、鉴定人等诉讼参与人,并制作笔录附卷。

第三百零九条 在审查逮捕过程中,犯罪嫌疑人已经委托辩护律师的,侦查监督部门可以听取辩护律师的意见。辩护律师提出要求的,应当听取辩护律师的意见。对辩护律师的意见应当制作笔录附卷。

辩护律师提出不构成犯罪、无社会危险性、不适宜羁押、侦查活动有违法犯罪情形等书面意见的,办案人员应当审查,并在审查逮捕意见书中说明是否采纳的情况和理由。

第三百一十条 对于公安机关立案侦查的案件,侦查监督部门审查逮捕时发现存在本规则第七十三条第一款规定情形的,可以调取公安机关讯问犯罪嫌疑人的录音、录像并审查相关的录音、录像,对于重大、疑难、复杂的案件,必要时可以审查全部录音、录像。

人民检察院直接受理立案侦查的案件,侦查部门在移送或者报请审查逮捕时,应当向侦查监督部门移送全部讯问犯罪嫌疑人的录音、录像,未移送或移送不全的,侦查监督部门应当要求侦查部门补充移送。经要求仍未移送或者未全部移送的,应当将案件退回侦查部门。侦查监督部门审查逮捕时对取证合法性或者讯问笔录真实性等产生疑问的,可以审查相关的录音、录像;对于重大、疑难、复杂的案件,必要时可以审查全部录音、录像。

第三百一十一条 经审查讯问犯罪嫌疑人录音、录像,发现侦查机关讯问不规范,讯问过程存在违法行为,录音、录像内容与讯问笔录不一致等情形的,应当逐一列明并向侦查机关书面提出,要求侦查机关予以纠正、补正或者书面作出合理解释。发现讯问笔录与讯问犯罪嫌疑人录音、录像内容有重大实质性差异的,或者侦查机关不能补正或者作出合理解释的,该讯问笔录不能作为批准逮捕或者决定逮捕的依据。

第三百一十二条 外国人、无国籍人涉嫌危害国家安全犯罪的案件或者涉及国与国之间政治、外交关系的案件以及在适用法律上确有疑难的案件,认为需要逮捕犯罪嫌疑人的,按照刑事诉讼法第十九条、第二十条的规定,分别由基层人民检察院或者分、州、市人民检察院审查并提出意见,层报最高人民检察院审查。最高人民检察院经审查认为需要逮捕的,经征求外交部的意见后,作出批准逮捕的批复,经审查认为不需要逮捕的,作出不批准逮捕的批复。基层人民检察院或者分、州、市人民检察院根据最高人民检察院的批复,依法作出批准或者不批准逮捕的决定。层报过程中,上级人民检察院经审查认为不需要逮捕的,应当作出不批准逮捕的批复,报送的人民检察院根据批复依法作出不批准逮捕的决定。

基层人民检察院或者分、州、市人民检察院经审查认为不需要逮捕的,可以直接依法作出不批准逮捕的决定。

外国人、无国籍人涉嫌本条第一款规定以外的其他犯罪案件,决定批准逮捕的人民检察院应当在作出批准逮捕决定后四十八小时以内报上一级人民检察院备案,同时向同级人民政府外事部门通报。上一级人民检察院对备案材料经审查发现错误的,应当依法及时纠正。

第三百一十三条 人民检察院办理审查逮捕的危害国家安全的案件,应当报上一级人民检察院备案。

上一级人民检察院对报送的备案材料经审查发现错误的,应当依法及时纠正。

第三百一十四条 对于人民检察院正在侦查或者审查起诉的案件,被逮捕的犯罪嫌疑人及其法定代理人、近亲属或者辩护人认为羁押期限届满,向人民检察院提出释放犯罪嫌疑人或者变更逮捕措施要求的,人民检察院应当在三日以内审查决定。经审查,认为法定期限届满的,应当决定释放或者依法变更逮捕措施,并通知公安机关执行;认为未满法定期限的,书面答复申请人。

第三百一十五条 被害人对人民检察院以没有犯罪事实为由作出的不批准逮捕决定不服提出申诉的，由作出不批准逮捕决定的人民检察院刑事申诉检察部门审查处理。对以其他理由作出的不批准逮捕决定不服提出申诉的，由侦查监督部门办理。

第二节 审查批准逮捕

第三百一十六条 对公安机关提请批准逮捕的犯罪嫌疑人，已被拘留的，人民检察院应当在收到提请批准逮捕书后的七日以内作出是否批准逮捕的决定；未被拘留的，应当在收到提请批准逮捕书后的十五日以内作出是否批准逮捕的决定，重大、复杂的案件，不得超过二十日。

第三百一十七条 上级公安机关指定犯罪地或者犯罪嫌疑人居住地以外的下级公安机关立案侦查的案件，需要逮捕犯罪嫌疑人的，由侦查该案件的公安机关提请同级人民检察院审查批准逮捕，人民检察院应当依法作出批准或者不批准逮捕的决定。

第三百一十八条 对公安机关提请批准逮捕的犯罪嫌疑人，人民检察院经审查认为符合本规则第一百三十九条、第一百四十条、第一百四十二条规定情形的，应当作出批准逮捕的决定，连同案卷材料送达公安机关执行，并可以对收集证据、适用法律提出意见。

第三百一十九条 对公安机关提请批准逮捕的犯罪嫌疑人，具有本规则第一百四十三条至第一百四十五条规定情形，人民检察院作出不批准逮捕决定的，应当说明理由，连同案卷材料送达公安机关执行。需要补充侦查的，应当同时通知公安机关。

第三百二十条 对于人民检察院批准逮捕的决定，公安机关应当立即执行，并将执行回执及时送达作出批准决定的人民检察院；如果未能执行，也应当将回执送达人民检察院，并写明未能执行的原因。对于人民检察院决定不批准逮捕的，公安机关在收到不批准逮捕决定书后，应当立即释放在押的犯罪嫌疑人或者变更强制措施，并将执行回执在收到不批准逮捕决定书后的三日以内送达作出不批准逮捕决定的人民检察院。

第三百二十一条 人民检察院办理审查逮捕案件，发现应当逮捕而公安机关未提请批准逮捕的犯罪嫌疑人的，应当建议公安机关提请批准逮捕。如果公安机关仍不提请批准逮捕或者不提请批准逮捕的理由不能成立的,人民检察院也可以直接作出逮捕决定,送达公安机关执行。

第三百二十二条 对已作出的批准逮捕决定发现确有错误的,人民检察院应当撤销原批准逮捕决定,送达公安机关执行。

对已作出的不批准逮捕决定发现确有错误,需要批准逮捕的,人民检察院应当撤销原不批准逮捕决定,并重新作出批准逮捕决定,送达公安机关执行。

对因撤销原批准逮捕决定而被释放的犯罪嫌疑人或者逮捕后公安机关变更为取保候审、监视居住的犯罪嫌疑人,又发现需要逮捕的,人民检察院应当重新作出逮捕决定。

第三百二十三条 对公安机关要求复议的不批准逮捕的案件,人民检察院侦查监督部门应当另行指派办案人员复议,并在收到提请复议书和案卷材料后的七日以内作出是否变更的决定,通知公安机关。

第三百二十四条 对公安机关提请上一级人民检察院复核的不批准逮捕的案件,上一级人民检察院侦查监督部门应当在收到提请复核意见书和案卷材料后的十五日以内由检察长或者检察委员会作出是否变更的决定,通知下级人民检察院和公安机关执行。如果需要改变原决定,应当通知作出不批准逮捕决定的人民检察院撤销原不批准逮捕决定,另行制作批准逮捕决定书。必要时,上级人民检察院也可以直接作出批准逮捕决定,通知下级人民检察院送达公安机关执行。

第三百二十五条 人民检察院作出不批准逮捕决定,并且通知公安机关补充侦查的案件,公安机关在补充侦查后又提请复议的,人民检察院应当告知公安机关重新提请批准逮捕。公安机关坚持复议的,人民检察院不予受理。

公安机关补充侦查后应当提请批准逮捕而不提请批准逮捕的,按照本规则第三百二十一条的规定办理。

第三百二十六条 对公安机关提请批准逮捕的案件,侦查监督部门应当将批准、变更、撤销逮捕措施的情况书面通知本院监所检察部门。

第三节 审查决定逮捕

第三百二十七条 省级以下(不含省级)人民检察院直接受理立案侦查

的案件，需要逮捕犯罪嫌疑人的，应当报请上一级人民检察院审查决定。

监所、林业等派出人民检察院立案侦查的案件，需要逮捕犯罪嫌疑人的，应当报请上一级人民检察院审查决定。

第三百二十八条　下级人民检察院报请审查逮捕的案件，由侦查部门制作报请逮捕书，报检察长或者检察委员会审批后，连同案卷材料、讯问犯罪嫌疑人录音、录像一并报上一级人民检察院审查，报请逮捕时应当说明犯罪嫌疑人的社会危险性并附相关证据材料。

侦查部门报请审查逮捕时，应当同时将报请情况告知犯罪嫌疑人及其辩护律师。

第三百二十九条　犯罪嫌疑人已被拘留的，下级人民检察院侦查部门应当在拘留后七日以内报上一级人民检察院审查逮捕。上一级人民检察院应当在收到报请逮捕书后七日以内作出是否逮捕的决定，特殊情况下，决定逮捕的时间可以延长一日至三日。犯罪嫌疑人未被拘留的，上一级人民检察院应当在收到报请逮捕书后十五日以内作出是否逮捕的决定，重大、复杂的案件，不得超过二十日。

报送案卷材料、送达法律文书的路途时间计算在上一级人民检察院审查逮捕期限以内。

第三百三十条　对于重大、疑难、复杂的案件，下级人民检察院侦查部门可以提请上一级人民检察院侦查监督部门和本院侦查监督部门派员介入侦查，参加案件讨论。上一级人民检察院侦查监督部门和下级人民检察院侦查监督部门认为必要时，可以报经检察长批准，派员介入侦查，对收集证据、适用法律提出意见，监督侦查活动是否合法。

第三百三十一条　上一级人民检察院经审查，对符合本规则第三百零五条规定情形的，应当讯问犯罪嫌疑人。讯问时，按照本规则第三百零七条的规定进行。

对未被拘留的犯罪嫌疑人，讯问前应当征求下级人民检察院侦查部门的意见。

讯问犯罪嫌疑人，可以当面讯问，也可以通过视频讯问。通过视频讯问的，上一级人民检察院应当制作笔录附卷。下级人民检察院应当协助做好提押、讯问笔录核对、签字等工作。

因交通、通讯不便等原因，不能当面讯问或者视频讯问的，上一级人民检察院可以拟定讯问提纲,委托下级人民检察院侦查监督部门进行讯问。下级人民检察院应当及时将讯问笔录报送上一级人民检察院。

第三百三十二条 对已被拘留的犯罪嫌疑人,上一级人民检察院拟不讯问的,应当向犯罪嫌疑人送达听取犯罪嫌疑人意见书。因交通不便等原因不能及时送达的,可以委托下级人民检察院侦查监督部门代为送达。下级人民检察院应当及时回收意见书,并报上一级人民检察院。经审查发现应当讯问犯罪嫌疑人的,应当及时讯问。

第三百三十三条 上一级人民检察院决定逮捕的,应当将逮捕决定书连同案卷材料一并交下级人民检察院,由下级人民检察院通知同级公安机关执行。必要时,下级人民检察院可以协助执行。

下级人民检察院应当在公安机关执行逮捕三日以内,将执行回执报上一级人民检察院。

上一级人民检察院作出逮捕决定的,可以对收集证据、适用法律提出意见。

第三百三十四条 上一级人民检察院决定不予逮捕的,应当将不予逮捕决定书连同案卷材料一并交下级人民检察院,同时书面说明不予逮捕的理由。犯罪嫌疑人已被拘留的,下级人民检察院应当通知公安机关立即释放,并报上一级人民检察院;案件需要继续侦查,犯罪嫌疑人符合取保候审、监视居住条件的,由下级人民检察院依法决定取保候审或者监视居住。

上一级人民检察院作出不予逮捕决定,认为需要补充侦查的,应当制作补充侦查提纲,送达下级人民检察院侦查部门。

第三百三十五条 对应当逮捕而下级人民检察院未报请逮捕的犯罪嫌疑人,上一级人民检察院应当通知下级人民检察院报请逮捕犯罪嫌疑人。下级人民检察院不同意报请逮捕犯罪嫌疑人的,应当说明理由。经审查理由不成立的,上一级人民检察院可以依法作出逮捕决定。

第三百三十六条 决定逮捕后,应当立即将被逮捕人送看守所羁押。除无法通知的以外,下级人民检察院侦查部门应当把逮捕的原因和羁押的处所,在二十四小时以内通知被逮捕人的家属。对于无法通知的,在无法通知的情形消除后,应当立即通知其家属。

第三百三十七条 对被逮捕的犯罪嫌疑人,下级人民检察院侦查部门应当在逮捕后二十四小时以内进行讯问。

下级人民检察院在发现不应当逮捕的时候,应当立即释放犯罪嫌疑人或者变更强制措施,并向上一级人民检察院报告。

对已被释放或者变更为其他强制措施的犯罪嫌疑人,又发现需要逮捕的,应当重新报请审查逮捕。

第三百三十八条 对被逮捕的犯罪嫌疑人,作出逮捕决定的人民检察院发现不应当逮捕的,应当撤销逮捕决定,并通知下级人民检察院送达同级公安机关执行,同时向下级人民检察院说明撤销逮捕的理由。

第三百三十九条 下级人民检察院认为上一级人民检察院作出的不予逮捕决定有错误的,应当在收到不予逮捕决定书后五日以内报请上一级人民检察院重新审查,但是必须将已被拘留的犯罪嫌疑人立即释放或者变更为其他强制措施。

上一级人民检察院侦查监督部门在收到报请重新审查逮捕意见书和案卷材料后,应当另行指派办案人员审查,在七日以内作出是否变更的决定。

第三百四十条 基层人民检察院,分、州、市人民检察院对直接受理立案侦查的案件进行审查起诉时,发现需要逮捕犯罪嫌疑人的,应当报请上一级人民检察院审查决定逮捕。

报请工作由公诉部门负责。

第三百四十一条 需要逮捕担任各级人民代表大会代表的犯罪嫌疑人的,下级人民检察院侦查部门应当按照本规则第一百四十六条的规定报请许可,在获得许可后,向上一级人民检察院报请逮捕。

第三百四十二条 最高人民检察院、省级人民检察院办理直接受理立案侦查的案件,需要逮捕犯罪嫌疑人的,由侦查部门填写逮捕犯罪嫌疑人意见书,连同案卷材料、讯问犯罪嫌疑人录音、录像一并移送本院侦查监督部门审查。犯罪嫌疑人已被拘留的,侦查部门应当在拘留后七日以内将案件移送本院侦查监督部门审查。

第三百四十三条 对本院侦查部门移送审查逮捕的案件,犯罪嫌疑人已被拘留的,应当在侦查监督部门收到逮捕犯罪嫌疑人意见书后的七日以内,由检察长或者检察委员会决定是否逮捕,特殊情况下,决定逮捕的时间可以延长一日至三日;犯罪嫌疑人未被拘留的,应当在侦查监督部门收到逮捕犯罪嫌疑人意见书后的十五日以内由检察长或者检察委员会决定是否逮捕,重大、复杂的案件,不得超过二十日。

第三百四十四条 对本院侦查部门移送审查逮捕的犯罪嫌疑人,经检察长或者检察委员会决定逮捕的,侦查监督部门应当将逮捕决定书连同案卷材料、讯问犯罪嫌疑人录音、录像送交侦查部门,由侦查部门通知公安机关执行,必要时人民检察院可以协助执行,并可以对收集证据、适用法律提出意见。

第三百四十五条 对本院侦查部门移送审查逮捕的犯罪嫌疑人,经检察长或者检察委员会决定不予逮捕的,侦查监督部门应当将不予逮捕的决定连同案卷材料、讯问犯罪嫌疑人录音、录像移交侦查部门。犯罪嫌疑人已被拘留的,侦查部门应当通知公安机关立即释放。

第三百四十六条 对应当逮捕而本院侦查部门未移送审查逮捕的犯罪嫌疑人,侦查监督部门应当向侦查部门提出移送审查逮捕犯罪嫌疑人的建议。如果建议不被采纳,侦查监督部门可以报请检察长提交检察委员会决定。

第三百四十七条 最高人民检察院、省级人民检察院办理直接受理立案侦查的案件,逮捕犯罪嫌疑人后,应当立即将被逮捕人送看守所羁押。除无法通知的以外,侦查部门应当把逮捕的原因和羁押的处所,在二十四小时以内通知被逮捕人的家属。对于无法通知的,在无法通知的情形消除后,应当立即通知其家属。

第三百四十八条 最高人民检察院、省级人民检察院办理直接受理立案侦查的案件,对被逮捕的犯罪嫌疑人,侦查部门应当在逮捕后二十四小时以内进行讯问。

发现不应当逮捕的,应当经检察长批准,撤销逮捕决定或者变更为其他强制措施,并通知公安机关执行,同时通知侦查监督部门。

对按照前款规定被释放或者被变更逮捕措施的犯罪嫌疑人,又发现需要逮捕的,应当重新移送审查逮捕。

第三百四十九条 最高人民检察院、省级人民检察院办理直接受理立案侦查的案件,已经作出不予逮捕的决定,又发现需要逮捕犯罪嫌疑人的,应当重新办理逮捕手续。

第三百五十条 人民检察院办理直接受理立案侦查的案件,侦查部门应当将决定、变更、撤销逮捕措施的情况书面通知本院监所检察部门。

第四节 核准追诉

第三百五十一条 法定最高刑为无期徒刑、死刑的犯罪,已过二十年追诉期限的,不再追诉。如果认为必须追诉的,须报请最高人民检察院核准。

第三百五十二条 须报请最高人民检察院核准追诉的案件,侦查机关在核准之前可以依法对犯罪嫌疑人采取强制措施。

侦查机关报请核准追诉并提请逮捕犯罪嫌疑人,人民检察院经审查认为必须追诉而且符合法定逮捕条件的,可以依法批准逮捕,同时要求侦查机关在报请核准追诉期间不得停止对案件的侦查。

未经最高人民检察院核准,不得对案件提起公诉。

第三百五十三条 报请核准追诉的案件应当同时符合下列条件:

(一)有证据证明存在犯罪事实,且犯罪事实是犯罪嫌疑人实施的;

(二)涉嫌犯罪的行为应当适用的法定量刑幅度的最高刑为无期徒刑或者死刑的;

(三)涉嫌犯罪的性质、情节和后果特别严重,虽然已过二十年追诉期限,但社会危害性和影响依然存在,不追诉会严重影响社会稳定或者产生其他严重后果,而必须追诉的;

(四)犯罪嫌疑人能够及时到案接受追诉的。

第三百五十四条 侦查机关报请核准追诉的案件,由同级人民检察院受理并层报最高人民检察院审查决定。

第三百五十五条 地方各级人民检察院对侦查机关报请核准追诉的案件,应当及时进行审查并开展必要的调查,经检察委员会审议提出是否同意核准追诉的意见,在受理案件后十日以内制作报请核准追诉案件报告书,连同案件材料一并层报最高人民检察院。

第三百五十六条 最高人民检察院收到省级人民检察院报送的报请核准追诉案件报告书及案件材料后,应当及时审查,必要时派人到案发地了解案件有关情况。经检察长批准或者检察委员会审议,应当在受理案件后一个月以内作出是否核准追诉的决定,特殊情况下可以延长十五日,并制作核准追诉决定书或者不予核准追诉决定书,逐级下达最初受理案件的人民检察院,送达报请核准追诉的侦查机关。

第三百五十七条 对已经批准逮捕的案件,侦查羁押期限届满不能做出是否核准追诉决定的,应当对犯罪嫌疑人变更强制措施或者延长侦查羁押期限。

第三百五十八条 最高人民检察院决定核准追诉的案件,最初受理案件的人民检察院应当监督侦查机关的侦查工作。

最高人民检察院决定不予核准追诉,侦查机关未及时撤销案件的,同级人民检察院应当予以监督纠正。犯罪嫌疑人在押的,应当立即释放。

第三百五十九条 人民检察院直接受理立案侦查的案件报请最高人民检察院核准追诉的,参照本节规定办理。

图书在版编目(CIP)数据

刑事司法指南. 2013 年. 第 1 集: 总第 53 集/彭东主编. —北京: 法律出版社, 2013.4

ISBN 978-7-5118-4673-0

Ⅰ. ①刑… Ⅱ. ①彭… Ⅲ. ①刑法—研究—中国 ②刑事诉讼法—研究—中国 Ⅳ. ①D924.04 ②D925.204

中国版本图书馆 CIP 数据核字(2013)第 080411 号

责任编辑/程 岳　　**装帧设计**/李 瞻

出版/法律出版社　　**编辑统筹**/法律应用出版分社

总发行/中国法律图书有限公司　　**经销**/新华书店

印刷/北京北苑印刷有限责任公司　　**责任印制**/陶 松

开本/A5　　**印张**/8.125　　**字数**/198 千

版本/2013 年 4 月第 1 版　　**印次**/2013 年 4 月第 1 次印刷

法律出版社/北京市丰台区莲花池西里 7 号(100073)

电子邮件/info@lawpress.com.cn　　**销售热线**/010-63939792/9779

网址/www.lawpress.com.cn　　**咨询电话**/010-63939796

中国法律图书有限公司/北京市丰台区莲花池西里 7 号(100073)

全国各地中法图分、子公司电话:

第一法律书店/010-63939781/9782　　**西安分公司**/029-85388843

重庆公司/023-65382816/2908　　**上海公司**/021-62071010/1636

北京分公司/010-62534456　　**深圳公司**/0755-83072995

书号: ISBN 978-7-5118-4673-0　　**定价:** 24.00 元

(如有缺页或倒装,中国法律图书有限公司负责退换)